加快推进湖南新型城镇化对策研究

来亚红 著

世界图书出版公司

广州·上海·西安·北京

图书在版编目（CIP）数据

加快推进湖南新型城镇化对策研究 / 来亚红著 . --
广州 : 世界图书出版广东有限公司 , 2014.8
ISBN 978-7-5100-8465-2

Ⅰ . ①加… Ⅱ . ①来… Ⅲ . ①城市化—对策—研究—
湖南省 Ⅳ . ① F299.276.4

中国版本图书馆 CIP 数据核字 (2014) 第 182322 号

加快推进湖南新型城镇化对策研究

策划编辑： 刘　静
责任编辑： 廖才高　王梦洁
封面设计： 彭　琳
出版发行： 世界图书出版广东有限公司
地　　址： 广州市新港西路大江冲 25 号
电　　话： 020-84459702
印　　刷： 虎彩印艺股份有限公司
规　　格： 787mm×1092mm　1/16
印　　张： 18.5
字　　数： 240 千字
版　　次： 2014 年 8 月第 1 版　2016 年 1 月第 3 次印刷
ISBN 978-7-5100-8465-2/F・0153
定　　价： 45.00 元

前 言

　　湖南省是我国中部地区典型的农业大省，同时也是人口大省。截至2012年底，湖南省总人口达到7179.9万人，常住人口6638.93万人，城镇人口突破3000万人，城镇化率达到46.65%。近年来，湖南省按照循序渐进、集约发展、节约土地、合理布局的原则，立足自身发展基础、发展需要和省情现状，大力实施"四化两型"（"四化"是指新型工业化、农业现代化、新型城镇化、信息化；"两型"是指资源节约型、环境友好型）、"四个湖南"（绿色湖南、创新型湖南、数字湖南和法治湖南）战略，充分发挥长株潭两型社会试验区的示范引领作用，不断推动城乡、区域和经济社会的协调发展，城镇人口数量逐年增加，比重逐年提高。尤其是"十一五"以后，湖南省城镇化率由2006年的38.7%迅速增加到2013年的47.96%，年均增长率超过1.2%。同时，现代城镇体系逐步完善，城镇综合承载能力持续增强，城镇龙头带动作用日益显现，城乡统筹发展格局初步形成。尽管湖南城镇化建设取得了一定的进展，但与全国平均水平相比、与"四化两型"建设的要求相比，仍然存在不少制约因素和严峻挑战：资源日益短缺，制约城镇化发展进程；环境污染难缓解，影响城镇化持续发展；就业社保压力大，加大城镇发展难度；基础设施与公共服务供给不足，城镇承载力提升乏力……

　　新型城镇化是相对于旧的城镇化而言的，是对传统城镇化的优化升级，是深度的城镇化。加快推进新型城镇化进程，对湖南省社会经济发展全局意义重大：是树立和落实科学发展观的必然要求，是全面建成小康社会的必然要求，也是构建和谐社会的必然要求。加快新型城镇化建设一直是湖南省委、省政府富民强省的重要战略之一，特别是 2011 年底湖南省第十次党代会把大力推进新型城镇化、统筹城乡发展作为全面推动"四化两型"建设、实现"两个率先"（率先全面建成小康社会，率先基本实现现代化）、"两个加快"（加快完善社会主义市场经济体制，加快转变经济发展方式）的重要驱动力。近几年湖南省先后出台了《中共湖南省委湖南省人民政府关于加快新型城镇化推进城乡一体化的意见》（湘发〔2012〕6 号）、《湖南省推进新型城镇化实施纲要（2012 ~ 2020 年）》（湘政发〔2012〕37 号）等，目前正在启动和部署《湖南省新型城镇化规划（2014 ~ 2020 年）》编制工作。

"十二五"期间和即将到来的"十三五"时期，湖南省城镇化仍处在加速上升区间。如何准确认识湖南推进新型城镇化的优势与劣势、机遇与威胁，如何充分发挥优势并克服劣势，准确把握机遇并化解发展威胁，积极稳妥且科学合理地推进新型城镇化进程，如何采取积极有效举措探寻推进路径，如何创新湖南新型城镇化的推进模式，如何改革体制机制障碍，在加快推进新型城镇化步伐的同时提升城镇化质量，这些问题都是摆在湖南人面前亟待解决的重大课题。本书作者就以上问题进行比较深入的研究与思考，结合大量的实地调研和数据资料，借鉴国内外成功经验和失败教训，形成本书，以期为加快湖南的新型城镇化进程出谋划策，贡献绵薄之力。

目　录

第一章

城镇化理论概述

一、城镇化的概念

城镇化是我国对城市化（Urbanization）这一国际通用概念的中国化叫法。城市化一词起源于拉丁文，最早源于 1867 年西班牙工程师和规划师 A. Serdad 的著作《城市化基本理论》，这一概念被用来描述乡村向城市演变的历程。20 世纪 80 年代以后，我国有些学者将该词引入并将其译为"城市化"或者"城镇化"。

长期以来，"城市化"与"城镇化"在理论与实践中混用，比如百度百科对城市化定义的描述为："城市化也有的学者称之为城镇化、都市化，是由以农业为主的传统乡村社会向以工业和服务业为主的现代城市社会逐渐转变的历史过程，具体包括人口职业的转变、产业结构的转变、土地及地域空间的变化"；而维基百科将城镇化定义为："城镇化又称城市化、都市化，是指人口向城镇聚集、城镇规模扩大以及由此引起一系列经济社会变化的过程，其实质是经济结构、社会结构和空间结构的变迁。"李克强总理博士论文研究中国经济的三元结构，即城市、农村，以及在城市和农村之间的过渡地带——"镇"。从字面上看，"城市化"系指乡村向城市的演变,"城镇化"系指乡村向城市及"镇"的演变。

关于城市化与城镇化的概念区分。作为反映人口由农村向城市集中化的过程描述,"城市化"与"城镇化"甚至"都市化"的概念在其内涵上是基本一致的,但国际上更通用的词汇是"城市化",而非"城镇化"。"城镇化"主要是我国官方的通用词。从词义上看,城镇化对象既包含了"城市"又包含了"镇",含义比城市化更丰富,也更能体现我国的特色,即城镇化包括城市化,同时又突出了中小城市与城镇的地位。本书统一使用城镇化这一概念。

当前,关于城镇化的概念不同的学科有不同的解释。社会学认为城镇化就是农村乡土生活方式转化为城市现代生活方式以及传统价值观向现代价值观转变的过程。城镇化不是目的,只是生活方式演变的一种手段,根本目的是为了提高人民的生活水平,改善人们的生活质量,促进人的技能和素质的提高,提高人类社会的整体发展水平,使人与人、人与自然的关系达到和谐发展;人口学将城镇化等同于人口的城镇化,把城镇化定义为农村人口从分散聚居向集中聚居、农村人口转化为城镇人口的过程,指的是"人口向城市(城镇)地区集中或农业人口变为非农业人口的过程";地理学认为城镇化是人口居住区位格局、空间形态和功能由农村向城市变迁的过程;经济学认为城镇化是产业结构的转换和升级引起农村劳动力转移的过程,是农村经济转化为城市经济的过程,是工业化的必然结果。一方面,工业化会加快农业生产的机械化水平,提高农业生产率,同时工业扩张为农村剩余劳动力提供了大量的就业机会;另一方面,农村的落后不利于城市地区的发展,从而影响整个国民经济的发展,而加快农村地区工业化大生产,对农村区域经济和整个国民经济的发展都有积极的意义。

通过以上几个学科对城镇化定义的比较,我们可以发现对城镇化的内涵界定本质上是一致的:城镇化就是一个国家或地区的人口由农村向城镇转移、农村地区逐步演变成城镇地区、城镇人口不断增加的过程。在此过程中，城镇基础设施和公共服务设施不断完善，城镇价值观和现代文明不断向农村扩散。城镇化是由经济社会发展驱动的，而人类对城镇化的认知，则是随着城镇化的实践而不断深入的。城镇化是各个国家在实现工业化、现代化过程中一种社会变迁过程的反映，是客观规律的反映，也是现代化的应有之义和基本之策。

二、国内外城镇化研究状况

城镇化在西方的研究起源于十九世纪中叶。早期的理论主要关注农村人口向城市的转移，即城市化进程就是"城市和乡村之间的人口分布方式发生了变化"。马克思（1858）在《政治经济学批判》一书中指出，"现代历史就是城镇化的历史"。 A.Serdad（1867）在其著作《城市化基本理论》中提出，城镇地区包括农村、镇及镇以上的各级居民点。托达罗假定农业劳动者迁入城市的动机主要决定于城乡预期收入差异，差异越大，流入城市的人口越多，由此构建了一个城乡人口流动模型来研究农村劳动力向城市的迁移过程。美国城市经济学家沃纳赫希将城镇化定义为由人口稀少、空间疏散的农村经济转变为具有独立特点的城市经济的过程。日本城市经济学家山田浩之认为，城镇化的基础是经济与社会文化的有机结合。19 世纪末期的美国社会迅速工业化、城市化和垄断资本主义化，层出不穷的社会问题使得学者不得不对其予以回应，霍华德的"田园城市"是这一时期具有历史代表性的思想，城市生态理念逐步走入人们的视野。1933 年，国际现代建筑协会（CIAM）通过《城市规划大纲》，也即后来由勒·柯布西耶完善而成的《雅典宪章》，宪章所述的以人为中心的理念，实际上构成了城市化认知的一个标志性进步。美国麻省理工学院（MIT）的研究认为，城镇化需要坚持五项原则："拥有经久耐用的基础设施、确保碳足迹减少、与生态环境相适应、城市建设经济可行、维护社会公平"，未来的城市必须做到：基础设施拥有高度的智能化和灵活性；能源资源"自给自足"，并与产业创新发展联动；"智能交通"覆盖城市全域，充分提升公共出行效率；城市服务功能完善，社会管理迅速响应；传统与现代融合、自然友好的人居环境；经济可行性和良好的安全保障。满足上述要求的"新社区"，可以将能源、资源、土地、基础设施按照可持续发展理念进行设计，充分考虑能源资源绩效管理与再利用、城市发展的综合协调性与经济性、人居环境的和谐等要求。

当前国内关于城镇化的研究主要有以下几种主流观点，一是城镇化是大战略，积极稳妥地推进城镇化进程，是转变经济发展方式、实现社会主义现代化的重大战略任务。李克强总理指出：城镇化是我国最大内需潜力之所在，协调推进城镇化是实现现代化的重大战略选择；厉以宁认为，应把城镇化作为拉动经济增长、实现发展方式转型的重大战略。二是传统城镇化难以为继，迫切要求转变城市发展方式，着力提高城市发展质量。李克强指出，推进城镇化，核心是人的城镇化，关键是提高城镇化质量，目的是造福百姓和富裕农民；陈锡文认为，现有的城镇化模式不可持续，城镇化率也存在"虚高"现象，新型城镇化要与农业现代化齐头并进。三是在推进城镇化进程中，提升城镇化质量的重点和难点在于解决进城农民的市民化问题。汪阳红认为，进城农民的市民化问题不解决好，城镇化扩大内需的效益就会大打折扣；朱隽认为，推动进城农民市民化是新型城镇化的核心，应当创造条件让他们真正进城落户，安居乐业。四是推进城镇化必须强化制度保障，锐意改革，破除障碍，推进体制机制创新。黄祖辉认为，户籍制度改革应从淡化"农业"与"非农业"身份开始；简新华提出，未来新出台的城镇公共服务政策原则上不应该再跟户籍挂钩，这应该作为一条底线，以保证公平。

国内外学者从不同领域、不同层面对城镇化进行了研究，提出了许多有价值的观点，但总体来看，从国民经济角度出发的宏观研究和战略性研究较多，从区域角度出发关注中观层面的特色化研究不足；从城镇化某一专项领域进行研究的较多，从整体层面全面系统的研究较少；大多数研究只限于理论性、方向性、思路性层面，应用性、政策性、可操作性的研究比较欠缺，特别是关于湖南省新型城镇化发展方面的实证研究还比较鲜见。本书将以以往的研究短板为研究重点，着重研究加快推进湖南新型城镇化的路径、模式、对策和保障建议，为湖南省新型城镇化发展提供有价值的决策参考。

三、世界城镇化历程与发展模式

（一）世界城镇化历程

城镇化是各个国家在实现工业化、现代化过程中社会变迁客观规律的反映。纵观世界各国和地区的城镇化历程，无不与各自的国情区情息息相关，包括经济、社会、历史、地理、民族、文化等多方面因素，从而呈现出不同的城镇化路径和特征。

从世界范围来看，城市最早出现在原始社会向奴隶社会过渡的时期，但发展一直缓慢。据前人研究资料，1800年前后全世界的城市人口只占总人口的3%。国际社会真正意义上的城镇化，发端于18世纪工业革命时期，是伴随着工业化革命和乡村趋于衰落、城市大批兴起的世界性的社会现象。工业革命爆发引起社会化大生产和资本主义生产方式的产生和发展，带来了城市化和人口向城市的转移，于是城市人口高速增长。从工业革命至今，世界城镇化历程大致可以分为以下四个阶段。

1.世界城镇化第一阶段。18世纪在英国发端的工业革命，使西方城邦与城堡的初始形态，开始从政治管理中心和军事防卫堡垒，转向以工厂生产和贸易交换为主体形态的经济中心。在第一次产业革命的推动下，法国、德国、加拿大等国家相继启动了第一次大规模城镇化进程。英国在1851年城市化水平就超过了50%，率先进入成熟的城市化阶段。

2.世界城镇化第二阶段。19世纪中叶到20世纪中叶，在美、德、法等主要资本主义国家兴起的第二次产业革命，使得重化工业取代纺织等轻工业成为主导产业。其间，西方国家的城市化进程明显加速，发达国家的城市化水平从1850年的11.4%上升到1950年的52.1%。美国在

1780～1840年的60年间，城市人口占总人口比例仅从2.7%上升到8.5%。美国1870年开始工业革命时，城市人口所占的比例不过20%，而到了1920年，其比例骤然上升到51.4%。到了20世纪50年代初期，不少西方国家成功地实现了高度的城市化，当时的城市化水平英国达到了79%，美国为64.2%，德国为64.7%，加拿大为60.9%，法国为55.2%，瑞典为65.7%。这一阶段可以看作世界第二次城镇化浪潮。

3. 世界城镇化第三阶段。20世纪中期二战以后到世纪之交是全球城镇化快速发展的时期，这一阶段可以看作第三次世界城镇化浪潮。到20世纪末全球城镇人口达到28.6亿，全球城镇化率达到48%。这一时期受二战后人口剧增、工业化大发展、石油开发等多因素推动，空间上以拉美、东北亚、北欧、北非和中东的部分国家为主，最大特点是大量发展中国家开始快速城镇化。但是，被很多发展中国家看作经济增长巨大引擎的城镇化，带来集聚效应的同时也引发空间扩展失控，导致人口拥挤、交通拥堵、环境污染、就业和住房困难，拉大了城乡差距，造成了严重的社会公平与公正问题，甚至导致"城市病"和"农村病"并存。从某种意义上说，很多发展中国家的城镇化已经陷入著名环境思想家莱斯特·R.布朗所说的"A模式"泥淖。其中一部分国家由于农业生产率低下，农民缺少生计，大量拥入缺乏就业岗位的大城市而造成所谓"过度城镇化"现象；一部分发达国家则基本达到了城镇化相对停滞的阶段。这些国家的城镇化率不再上升，但并不意味着城市停止发展。

在整个20世纪全球城镇化过程中，随着城镇人口数量的增长和在国家和地区总人口中所占比重的提高，城镇的空间形态发生了很大的变化。首先是大城市的不断增长。百万人口以上的大城市，1950年71座，2000年增加到388座。人口超过1000万的巨型城市是20世纪后半期出现的。1950年只有1座，2001年已有17座，其中13座在发展中国家（包括中国的上海、北京）。这种巨型城市无一例外地都是"区域性的城市"，城市的"范围"就是一个"区域"。从区域范围看，随着交通运输条件发展和经济联系的日趋紧密，有些发达地区出现了以一个或几个大城市为核心，周围分布着成组成群中小城镇的都市连绵区和城市群。可见，全球城镇化不仅表现在数字上和比重的提高，还包含着丰富的、空间形态上的发展变化，表现出多样的形式和特点。

4. 世界城镇化第四阶段。21 世纪后，全球进入第四次城镇化的浪潮，世界城镇化的规模已经普遍达到了 50% 以上。这一阶段世界城镇化的特点是在全球化背景下受发展中国家经济发展动力驱动，以亚洲和非洲为主，尤其是中国、印度等国家的快速城镇化进程对世界城镇化发展影响深刻。国际上很多研究机构预测到 2020 年，全球的城镇化水平将超过 55%。

值得注意的是，在全球城镇化发展过程中有两个里程碑式宪章，即《雅典宪章》和《马丘比丘宪章》。《雅典宪章》即国际现代建筑协会（CIAM）于 1933 年 8 月在雅典会议上制定的一份关于城市规划的纲领性文件——《城市规划大纲》。《雅典宪章》针对英国及欧洲城市化过程中出现的众多问题，如公共卫生、瘟疫、环境污染及贫民窟等问题而提出的。该宪章因过分强调分区规划，把城市作为一个居住机器，盲目服从机动交通和功能分区等，带来了许多新的问题。1977 年 12 月初，一些国家的著名建筑师、规划师、学者和教授在秘鲁首都利马集会，以《雅典宪章》为出发点，讨论了 20 世纪 30 年代以来城市规划和城市设计方面出现的新问题，以及城市规划和城市设计的思想、理论和观点，在秘鲁马丘比丘山的古文化遗址签署了具有宣言性质的《马丘比丘宪章》，其哲学内涵就是人类不仅仅只有西方文明的理性世界，还有其他文明和思维方式，世界是多样化的，应该把城市看成是有机的、流动的、复杂的空间，而不能仅仅划定居住、工作、游憩和交通四大功能，或者简单地机械分割为若干相互孤立的功能区。这两大宪章指导了 20 世纪世界城镇化的发展。

（二）世界城镇化发展模式

按照政府与市场在城镇化进程中的地位与作用、城镇化进程与工业化和经济发展的相互关系，可将世界城镇化发展概括为四种模式。

1. 西欧政府调控下市场主导型城镇化

这一模式以西欧发达的市场经济国家为代表，市场机制在其城镇化进程中发挥了主导作用，政府通过法律、行政和经济手段，引导城镇化健康发展。城镇化与市场化、工业化总体上是一个比较协调互动的关系，是一种同步型城镇化。政府调控下市场主导型城镇化的显著特点，一是工业化与城镇化相互促进，城镇产业结构不断调整和重新分工，产业发展与城市发展密不可分；二是政府在城镇化过程中发挥着不可替代的作用。在西欧的城镇化过程中，人口、土地、资本等经济要素能够自由流动和配置，受市场主导。政府则通过体制机制的不断完善，弥补市场机制的不足。

以英国为例，英国的城镇化坚持以城乡规划为主体的公共干预政策。英国在城镇化初期，由于人口和产业活动的迅速集聚而城市缺少必要的供水、污水和垃圾处理等基础设施，导致了严重的环境污染和致命疾病的流行。自19世纪中叶起，英国通过了一系列的法案，对环境卫生问题进行管理。1909年颁布的《住宅与规划法》成为世界上第一部城市规划法，标志着规划成为重要的政府管理职能和引导城镇化进程的公开政策。继英国之后，欧洲各国相继建立了城市规划体系，采取了有力的行政干预来改变城市环境。各国相继制定法律法规对城市化和城市建设进行强制性规定和规划引导，并在城镇化进程中经历了制度、方法和技术的不断演进和完善。同时，政府的公共政策在英国城镇化过程中发挥着不可替代的作用。1936年，伦敦郡通过了"绿带开发限制法案"，由伦敦政府购买土地作为"绿化隔离带"引导城市建设开发，减少对乡村环境和利益的损害。从20世纪20年代开始，英国北部的传统工业城市出现经济衰退迹象，政府的区域发展政策始终扶持北部区域的经济发展和限制南部区域的过度发展。同时从20世纪70年代开始，大都市区的区域陷入严重衰退的困境。英国政府推行了一系列城市复兴计划，并且取得较为显著的成效，特别是滨水地区的复兴计划引起世界各国广泛关注。

2. 美国自由放任式城镇化

以美国为代表的自由市场经济国家，在其城镇化和城市发展过程中，市场发挥着至关重要的作用。由于美国政治体制决定了城市规划及其管理属于地方性事务，联邦政府调控手段薄弱，政府也没有及时对以资本为导向的城镇化发展加以有效引导，造成城镇化发展的自由放任，出现极度郊区化，城市不断向外低密度蔓延，引发经济、社会和环境的一系列问题，应当为世界各国引以为戒。1950 年到 1990 年，美国城市人口密度减少了40%。美国城市的郊区化有效地满足了广大中产阶级追求理想居住环境的需求，人口密度降低，城市与郊区、乡村之间的差距缩小，不断融合，但也为此付出了巨大的代价：土地资源浪费严重等。越富的人居住地离城越远，富裕的郊区环绕着相对贫穷的中心城区成为美国城市的主要特征。1990 年代以来，美国政府官员、学者和普通百姓都开始意识到过度郊区化所带来的危害，提出了"精明增长"理念。其主要内容包括强调土地利用的紧凑模式，鼓励以公共交通和步行交通为主的开发模式等，但美国模式过分浪费土地资源的教训应该汲取。

3. 东亚日韩集中型城镇化

以日本、韩国为代表的亚洲工业化国家的集中型城镇化道路被称为"东亚模式"。城镇化之路不仅使东亚经济健康快速增长，较短时间内实现了工业化，而且失业率较低，人民生活较快实现了富裕，收入分配较为公平，经济发展史上称之为"东亚奇迹"。

以资源极度匮乏的日本为例，为实现跨越式发展，选择了适合本国土地资源条件的区域布局和整体发展模式，走出了一条集中型城镇化道路。其主要特征是以大城市为核心的空间集聚模式，以获得资源配置的集聚效益。伴随着城市不断扩展和城乡人口转移，日本及时进行町（镇）村合并，其中1950 ～ 1955 年村的数量由 8357 个锐减到 2506 个，减少了 70%，提高了土地的使用率。进入 21 世纪，为应对经济全球化的发展形势，日本政府开始强调更具国际竞争力的区域发展政策。但政府区域发展政策的成效有限，东京等大都市圈人口和经济活动的"极化"现象越来越显著。

作为新兴工业化国家，韩国的经济腾飞也伴随着以首都圈为核心的空间高度集聚的城镇化进程，政府的公共政策发挥了十分重要的作用。韩国在城镇化进程中，看到了小农经济与农业现代化规模经营的矛盾，并且大量农村人口持续向城市转移，逐步退出农民的生活保障，代之以现代的社会保障。1961年以后，韩国政府对土地政策进行了一系列的修改，鼓励进城农民流转土地，以利于农业规模经营，并促进实现农民进城。在工业化和城镇化的初期，韩国政府曾忽视了农村发展，导致城乡差距不断扩大。后来政府将农村发展列入国家战略，开展了声势浩大的"新农村建设"，在工业化和城镇化过程中同步推进农村现代化。韩国城镇化的主要问题是首尔和首都圈的过度集聚发展。为了应对经济全球化的挑战和改善区域发展的不均衡状态，韩国政府的区域发展政策开始实施地方都市圈战略，以形成能够抗衡首都圈的经济规模。

4. 拉美过度型城镇化

拉美的巴西、墨西哥、委内瑞拉、哥伦比亚和秘鲁等国家城镇化水平远远超出了经济发展水平，是"过度城镇化"的典型代表。在经济全球化日益加剧的背景下，"进口替代"和重点发展大企业而忽视小企业的经济发展战略使拉美国家失去了国内消费市场的健康发展，而且导致城市中就业困难，失业率很高，贫富差距较大。在城镇化进程中，拉美各国政府过于强调市场机制而排斥政府作用，奉行土地私有制，加剧了农村的土地兼并，迫使大量农民破产而拥入城市。虽然政府借债和搞赤字搞福利，但脱离生产力发展水平，结果发生财政和债务及金融危机。外来资本主导下的工业化与落后的传统农业经济并存，工业发展落后于城镇化。城市化中的居住方式，相当数量是由贫民窟解决的。在20世纪80～90年代，许多拉美国家陷入持续的经济衰退和债务危机，城市问题也越来越严重。"过度城镇化"导致大量的城市失业群体，带来贫民窟的产生和犯罪率的上升等社会不安定问题。在乡村居民持续不断地流向城市的过程中，经济日趋衰落或停滞不前。正规就业水平持续下降，城市必要的基础设施严重短缺，环境恶化，贫民窟增多。该类国家城镇化水平与西方国家接近，但经济水平是西方国家的 1/10 ~ 1/20，城市发展质量较低。

四、中国城镇化的历程与现状

（一）新中国成立前中国的城镇化历程

城市在古汉语里是一个组合概念，"城"是指城墙等防御的工事，"市"是指交换、交易的场所，两者结合在一起就是具有防御功能的交易场所。古代中国城镇的出现由此解释可见一斑，即在防御工事周围集聚起来主要从事交易活动的、有别于农业地域的空间地域形式，由城而市，由市而城，二者相辅相成，形成最初的城市。驻守城的驻兵和从事市场交易的商人及被防御工事保护的统治者组成城镇的主要居民。

新中国成立前的城镇化伴随着劳动分工和生产力的发展，历程漫长而缓慢。早在新石器时代，中国城市的雏形已经初现，只不过由于生产方式的限制，几千年来建立在手工业和商业基础之上的城市与今天我们所见有所不同。以中国古代历史中唐朝的都城长安为例，长安当时的人口规模已经超过 100 万，俨然一个"国际化大都市"，即便是与 1000 多年后的城市规模作比较，长安城也算得上一个特大城市。但与如今城市形态不同的是，公元 7 世纪的长安城是建立在一种以农业生产为主体的社会之上，同时作为唐朝的首府国都，兼具军事意义。随着经济的发展和技术的进步，中国的城市框架不断扩张，但城镇的分布随着政权的更迭而变动。

近代以前，中国的城镇化并不是主观的政治经济政策，而是受生产方式限制和政权变更影响形成的被动之举。几千年"乡土中国"留下的不单单是制度，更是铭心刻骨的文化传承习惯。以农耕为基础的"乡土中国"是中国基层传统社会里的一种特殊的体系，凸显了乡土文化，同时也是中国历史上城镇化率不高的根本原因。新中国成立前中国的城镇化历程可以以鸦片战争为界限，分为古代城市的发展阶段（公元前 21 世纪 ~ 1840 年之前）和城市化的起步阶段（l840～1949年）即近代城市发展阶段。

（二）新中国成立后中国城镇化历程

新中国成立后中国城镇化历程可以归结为以下五个阶段：

1. 第一阶段（1949～1957年），城镇化起步阶段。1949年新中国成立时城镇化水平非常低，全国仅有132个城市，3949.05万城市人口（国务院发展研究中心课题组，2010），城市化率约为10.6%。城乡分布严重不均，城市大都集中在少数东部沿海地区。为了尽快建立起一套完整的现代工业体系，中国采取重工业优先的发展战略。为了配合工业发展目标，国家对已有城市布局作出了相应调整。首先，对旧的城镇体系进行了调整，对一批老城市（如武汉、成都、太原、西安等老工业城市）进行了扩建和改造（孔祥智，2001）；其次，156项工业重点工程的展开催生了一批新兴工业城市，新设城市11座（蔡秀玲，2011）。到1957年，城市人口增加到9949万人，城镇化水平上升至15.39%（孙正林，2006）。这一阶段的城镇化完全服务于国家工业化发展目标，没有全面、系统的城镇规划设计和政策指导。在工业化的推动下，大城市得到恢复和进一步发展，小城镇的发展却受到很大制约。1955年，国家对小城镇进行调整，数量从5400个降到3672个，加上城镇工商业社会主义改造和统购统销制度，小城镇发展举步维艰。

2. 第二阶段（1958～1965年），城镇化巨大波折阶段。在"大跃进"浪潮下，全国各地大炼钢铁，大量农村劳动力涌入城市，出现了一大批以炼钢为中心内容的小城镇。到1959年城镇人口净增1650万人，1960年城镇人口达13073万人，三年净增31.4%（孙正林，2006），城镇化水平达19.8%（孔祥智，2001）。迅速扩张的城镇人口超出城市和国家的承受能力，农业生产遭到严重破坏，国家经济结构严重失衡。为了缓解城市压力、促进农业生产，国家从1961年起实行三年调整，将25.7%的城市人口动员下乡，陆续撤销一批城市，降低部分城市的行政级别等，城市化率也随之下降到18%。这个阶段，国家缺乏对城市功能的基本判断，缺乏对城市承载能力的准确评估，缺乏对城市发展的有效调控，导致城镇发展大起大落、劳民伤财，严重打击了群众的劳动积极性，阻碍了社会经济发展。

3. 第三阶段（1966～1978年），城镇化停滞阶段。1966年以后，在政治和经济的双重制约下，中国城镇化发展进一步受到打击，基本处于停滞阶段。全国经济凋敝加上知识青年上山下乡导致的城镇人口流失，大城市丧失了基本的发展动力，对小城镇的影响也是灾难性的：一方面是外部经济、社会因素导致的衰退；另一方面是国家撤销了2万人以下的小城镇。13年间，全国只增加城市25个，到1978年，中国城镇化率才达到17.92%，中国的城镇化率约为当时世界平均水平的50%。

4. 第四阶段（1979～1999年），城镇化快速发展阶段。改革开放以后，国家开始鼓励并支持城镇化尤其是小城镇的发展。1978年全国城市规划工作提出控制大城市规模、多搞小城市的工作方针。1984年，国务院转批民政部《关于调整建制镇的报告》，大幅降低设镇标准。1989年《中华人民共和国城市规划法》规定，国家实行严格控制大城市规模，合理发展中等城市和小城市的方针。这一系列旨在促进城镇化的专门性文件有效地刺激了城镇化发展。在这期间，乡镇企业发展迅猛，促进农村劳动力向非农产业转移，辐射带动周边区域发展，进一步推动了小城镇的发展。这个阶段我国的城镇化率有了较快提升，1998年达到30.4%，年均增长率超过0.6%。与此同时，城镇化的质量也有了显著提高，城镇布局更加合理、基础设施逐步完善、产业分工比较明显、辐射带动作用增强。这个阶段中国城镇化进程与经济发展相辅相成、相互促进。国家对经济发展的认识和预期比较到位，并明确出台了专门的城市规划文件和法律规范城市发展，在中国城镇化进程中有重要意义。这一系列政策，极大地推动了中国的城镇化进程，且大幅提高了城镇化质量。

5. 第五阶段（2000年至今），大中小城市协调发展阶段。2000年以来，城镇化被提升到国家重点发展战略的高度，城镇化成为解决"三农"问题的重要途径。从"十五"计划开始，城镇化发展方针不再提及严格控制大城市发展，而是"在着重发展小城镇的同时，积极发展中小城市，完善区域性中心城市功能，发挥大城市的辐射带动作用，提高各类城市的规划、建设和综合管理水平"，走"大中小城市和小城镇协调发展的城镇化道路"。从此，我国城镇化进入高速发展期，在良好经济发展状况的支撑下，农村劳动力进一步向外转移，城镇基础设施建设更加完善，城镇化质量也在不断提高。截至到 2008 年底，我国的城镇化率是 45.7%，城镇人口 6.07 亿，小城镇数量从 1954 年的 5400 个增加到 2008 年的 19234 个。然而经过 10 年的发展，中国城镇化面临的内外部环境发生了重大改变，以往的城镇化带来的弊端日益显现，城镇化作为解决我国现阶段社会问题和促进我国经济可持续发展的重要作用开始显现。这一阶段，国家对城镇化的重视程度在增加，城镇化的发展也到了一个新的高度。城镇化不再被动地追随国家发展目标，而成为促进经济持续稳定发展、解决国内社会问题的重要手段。在此期间，城镇化确实取得了长足进步，但不可否认的是，过去的城镇化存在很多问题，众多制度约束下的畸形城镇化为中国未来发展埋下了诸多隐患。

（三）改革开放以后中国城镇化取得的成就与面临的问题

近年来，城镇化几乎成为举国上下极其关注的一个重要热点问题，它不但是学者们在论文中经常讨论的主题，而且成为众多科研机构、高等院校研究生的一项重要选题。近二十余年来历次党中央和人大会议都将城镇化作为一项重要议题。十三大报告："必须充分发挥城市的作用，把城市首先是大城市建设成为多功能的、现代化的经济中心。"十四大报告："充分发挥中心城市作用，努力发展各具特色的区域经济。"十五大报告："搞好小城镇规划建设。"十六大报告："要逐步提高城镇化水平，坚持大中小城市和小城镇协调发展，走中国特色的城镇化道路。"十七大报告："走中国特色城镇化道路，按照统筹城乡、布局合理、节约土地、功能完善、以大带小的原则，促进大中小城市和小城镇协调发展。以增强综合承载能力为重点，以特大城市为依托，形成辐射作用大的城市群，培育新的经济增长极。"十八大报告："坚持走中国特色新型工业化、信息化、城镇化、农业现代化道路。有序推进农业转移人口市民化、提高城市综合承载能力、推动机制体制创新。"

尤其重要的是,自从1998年中国政府关于解决我国"三农"(农业、农村、农民)问题的决策和在国家"十五"经济社会发展规划中提出推进城镇化的战略和对我国几十年不变的城市发展方针作了一定调整后,人们普遍认识到推进和加速城镇化,使农村富余劳动力和过量的农业人口转化为城镇人口是解决我国"三农"问题的重要措施之一。

1. 改革开放后中国城镇化发展成就

第一,城镇化快速发展,城镇人口迅速增加。1978年实行改革开放以后,中国的城镇化进程遇上了真正的发展契机,城镇化步伐摆脱了以往长期徘徊不前的局面,出现了一轮长达30多年的爆炸性增长阶段。我国经历了世界历史上规模最大、速度最快的城镇化进程,演绎了波澜壮阔的城镇化史诗,也有力地支撑了中国经济增长的奇迹。数据显示,中国的城市化率1978年是17.9%,2000年达到35%,2012年达到52.6%,平均每年增长1%以上,全国城市总数由1978年的193个增加到了2012年的658个。相应地,城市人口从1980年的2亿人,上升到现在的7亿人,实现了5亿多农村人口进入城市的人类历史从来没有见过的事实。中国的城镇人口已经超过了农村人口,对于一个有着数千年农耕传统的国家来说,这无疑预示着社会结构的剧烈变迁。值得一提的是,改革开放前中国城乡居民生活基本上处在温饱不足状态,农村有2.5亿贫困人口。改革开放后,进入城镇工作的人通过努力工作,极大地提高了收入水平,使中国贫困人口比例大幅下降。农村居民人均纯收入从1978年的133.6元增长到了2012年的7917元;城镇居民人均可支配收入从343.4元增长到了26959元。城乡居民生活水平正在向全面建设小康社会的目标迈进。

第二,城镇规模不断扩大,城镇体系不断完善。城镇化推动了城镇空间布局的调整。我国环渤海、长三角、珠三角三大城市群所占国土面积不到4%,却聚集了全国人口的18%,创造了约40%的国内生产总值。中国社科院发布的《城市蓝皮书：中国城市发展报告 No.3》（2010 版）指出，不论是年净增量还是城镇人口总量，中国城镇化的规模都已经长期位居世界第一。城镇人口总量为美国人口总数的 2 倍，比欧盟 27 国人口总规模还要高出 1/4。城市数量也快速增加，1978 ～ 2012 年，城市数量从 193 个增加到了 658 个，其中中小城市占了总数的 76.1%，建制镇有 19410 个，到 2010 年，全国超过 100 万人口的城市达到了 125 个。

第三，城镇基础设施不断完善，城镇功能明显增强。城镇建设投资大幅增加，人居环境明显改善，用水普及率从 2000 年的 63.9% 提高到了 2009 年的 96.1%，燃气普及率从 44.6% 提高到了 91.4%。"十一五"期间，城市道路长度从 24.7 万千米增加到了 29 万千米，城市公交专用道从无到有，建成投产 3726 千米。城市污水处理率从 52% 提高到了 82.3%，人均住房面积从 26.1 平方米提高到了 31.6 平方米。市政公用设施服务能力的大幅提升，扩大了城市人口容量，提高了城市现代化水平。

第四，体制改革取得进展。消除城乡二元结构迈出重大步伐。户籍制度改革取得较大进展，2000 年，国家全面放开了县以下城镇户籍，2012 年，全面放开了农民进入中小城市的户籍限制。部分大城市和特大城市户籍制度改革也在进行积极探索。农民工在城市就业的歧视性政策逐步取消，在城镇享受的公共服务得到明显改善。城乡用地制度改革稳步推进，对农村集体土地征收的补偿大幅提高，城乡建设用地增减挂钩和土地整治试点稳步推进，明确了农民对承包地和宅基地的永久使用权和用益物权。各地在户籍制度、用地制度以及城镇行政管理体制改革方面也进行了大胆的改革和实践。

2. 当前我国城镇化面临的主要问题

我国用 30 年完成了西方发达国家经历上百年时间才走过的城镇化历程，可以说成就显著，但也存在一些不容忽视和需要着力解决的问题。这些问题主要表现在下面四个方面：

第一，城镇化质量不高，人口城镇化不彻底，半城市化问题严重。

2012 年，我国城镇化率为 52.6%，但非农业户籍人口仅占总人口的 35%，两者相差近 17 个百分点。数以亿计的农民工虽然居住在城镇并被统计为城镇人口，但他们在享受城镇的公共服务方面和城镇户籍居民仍有较大差距，尚未真正融入城镇社会。因此，我国所实现的城镇化充其量只是一种"半城市化"状态，用严格的指标衡量，当前我国的实质城镇化率可能仅为 36%。（中央财经领导小组办公室副主任杨伟民在 2012 年 8 月 7 日曾表示，中国城市化存在不协调、质量不高的问题。比如，1.6 亿多农民工不能市民化，没有完整地享受城市居民应该有的国民教育、医疗卫生、社会保障、低保、社会救助、住房保障等，他们仍然处于半城市化的状态。扣除这些没有真正融入城市化的人口，中国实质的城市化率只有 36%。来源：《第一财经日报》社论"重视城市化率，更重视城市化质量"，2012 年 8 月 9 日。）让这么大一个基数的群体在短时间内处于不公平的二元结构之下也许可以给经济带来活力，但长期的不公平，势必造成社会动荡。所以半城市化问题已经不是一个经济问题，而是一个非常严肃的政治问题。

第二，城市发展方式粗放，城市管理水平不高。城市发展重面积扩张、资源投入，轻内部挖潜、结构调整和优化管理，土地产出率、资源利用效率低下；城市发展重城镇形象，轻人口转移，一些城市超越发展阶段，脱离现实国情区情，大量资源被用于形象工程建设；城市发展重新城建设和高档地产开发，轻老城区和外来人口集聚区等的改造，一些城市相继出现了交通拥堵、环境污染、突发性事件应急处理不当等问题。这些都对城市治理能力形成了新的挑战，也对城市政府在规划、基础设施投入、管理以及运营等方面提出了新的要求。2012 年底发生的全国大面积雾霾天气已经给传统城镇化模式敲响了警钟。

第三，土地城镇化快于人口城镇化，城乡用地不集约。城镇建设用地利用效率不高，目前城市人均建设用地 133 平方米，超过了国家规定的 80 ~ 120 平方米的标准。2000 ~ 2010 年全国城镇建成区面积扩张了 64.45%，而城镇人口的增长速度只有 45.9%，城镇建成区用地扩张速度要快于其吸纳人口的速度。乡村建设用地更不集约，在农村人口大量减少的同时，建设用地总量不减反增。2000～2010年我国农村人口减少了1.37亿，但村庄用地却从2.17亿亩上升为2.21亿亩。这种粗放型发展明显不符合中国的国情，未来必定缺乏可持续性。

第四，区域之间发展不平衡，城市之间、城镇之间资源分配机会不均。2012年，东中西部地区的城镇化率分别为56.4%、53.4%和44.9%，中西部地区的城镇化明显滞后。城市间公共资源分配不均等，2000～2012年，我国行政等级高的地级以上城市市辖区的建成区面积增长了95%以上，而同期我国县级以下城镇建成区面积仅增长了50%左右。城市间公共服务投入不均，2012年地级以上城市市辖区人均教育支出、人均床位数和人均医生数分别是县和县级市的1.97倍、2.6倍和2.8倍。部分小城镇权责不对称。5万人以上的特大镇，普遍存在城镇管理职能不健全、财权事权不匹配等问题。

五、城镇化的动力机制

城镇化的动力机制是推动城镇化发生和发展所必需的动力的产生机理，以及维持和改善这种作用机理的各种经济关系、组织制度等所构成的综合系统的总和。一般来说，城镇化的推进来源于两种力量：推力和拉力。推力是农村的生活条件和收入水平推动农民的非农就业；拉力是城市的工业服务业发展，创造大量就业机会，吸引农村居民进城务工。当推力远远大于拉力时，容易产生"贫民窟"现象；当推力远远小于拉力时，容易产生"民工荒"现象。只有推力和拉力基本均衡时，城镇化才能健康发展。

（一）农业的发展是城镇化的主要推力

农业发展对城镇化的贡献首先体现在农业剩余贡献，其中既包括产品剩余，还包括要素、资源的剩余。农业产品剩余一方面为城镇化人口提供了充足、优质的食物；另一方面，农业的发展为城镇化尤其是城市工业发展提供了生产原料。农业发展对城镇化的第二个贡献是市场贡献。随着收入水平的提高和恩格尔系数的不断下降，农民消费品的需求将不断增大，从而扩大了工业产品的销售市场，城市生产得以持续进行，特别对于中国当前农民收入普遍偏低的现状，由于边际消费倾向递减，农民增收对需求的拉动更大，更能刺激工业的发展。第三个贡献表现在为城市提供人力资源。农业的发展，解放了农村劳动力，使得大量农村劳动力得以脱离土地进入城市，为城市工业的发展提供了雄厚的人力资源基础。

（二）工业化的扩张是城镇化的主要拉力

工业化一般是指传统的农业社会向现代工业社会转变的过程。工业化的实质是在农业和非农业生产中日益相对较少地使用劳动而更多地使用资本。许多国家的城镇化历史表明，城镇化是随着工业化的发展而大力发展的，工业化是城镇化的"发动机"，是城镇化的根本动力。一个国家或地区的工业化过程与城镇化过程密不可分，工业化必然伴随着城镇化，城镇化反过来又加快了工业化的进程。

从历史上看，工业革命使得大机器生产得以普及，这为城镇化的发展提供了技术条件，同时它推动了生产率的快速提高。规模经济的出现改变了城镇化的规模，区域经济的出现，改变了城镇化的方式，奠定了城镇化发展的基础。随着工业化的进一步发展，社会分工进一步强化，产业间协作加强，不同等级和规模的城市开始出现。工业化的发展带来了工农业之间的收入差，各种资源集中于工业，城市规模得以进一步扩大。工业化生产的集中性、连续性促成了资本、人力、资源和技术等生产要素在有限空间上的高度组合，从而产生了对城镇化的强大推动力。

工业化与城镇化是相互推动的，其原因可以归结于工业化所具有的几个经济特性：最低临界值效应，它是指要新建或扩建一个工厂需要有一个最低销售额的支持，只要达到这个临界值，投资者就会作出投资决策。因此当城市人口达到一定规模后，工业化就会由于市场规模的扩大而得到发展；初始利益棘轮效应原则，它是指城市历史上形成的人口和经济状况会对现在的工业生产决策产生影响，即对未来的决策是根据现在的需要而为依据的，因此工业基础雄厚，基础设施良好的地区，会使得工业化得到更优良的生产和投资环境，同时也实现了城市经济规模的自我生长；循环累积因果关系原则，工业的建立吸引了更多的就业人口，城市规模得以扩大，贸易和投资充实了城市的经济实力，保障了基础设施建设的更多投入，而完善的基础设施建设反过来又吸引更多企业，整个循环过程具有累积效应。

（三）第三产业和新兴产业是城镇化的后发动力

随着工业化的实现，工业化对城镇化的作用不断减弱，而第三产业的作用却日益明显，成为城镇化的主要动力。首先，第三产业通过为工业和城市提供服务环境和基础条件，增强城市的吸引力，为城镇化提供动力。其次，第三产业通过其较高的就业弹性推动城镇化的发展。多数第三产业是劳动密集型产业，吸纳劳动力的能力较强，就业弹性高。因此，第三产业的发展会进一步提升就业结构，从而增强对城镇化的拉动作用。最后，第三产业对区位聚集的依赖性极强。服务业只有聚集才能以较低的成本为工业化提供全方位的服务，充分发挥其产业效能，从而有利于提高城市的聚合力和辐射力，优化城市的功能，充分发挥城市的作用。

（四）政府的制度安排是城镇化的摩擦性动力

之所以把政府行为称之为摩擦性动力，是因为政府行为一方面为城镇化的发展起着积极的规划、设计、引导、基础设施建设等作用，是城镇化发展整合的中心；另一方面又由于政府自身的一些缺陷而常常做出事与愿违的制度安排，结果人为地成为城镇化障碍。鉴于政府行为对城镇化有双向作用力，可以将政府行为称之为城镇化的摩擦性动力。

1.城镇化进程中政府的功能

政府在城镇化过程中的功能主要体现在以下几个方面：设计功能。设计功能是政府在城镇化进程中的主要功能，城镇化的主体包括政府、企业、个人三方，但是企业和个人追求自身利益最大化，不会从城市整体的发展考虑问题并调整自身行为，而政府作为宏观主体，就要根据城市的社会、经济发展目标，来科学设计城市的城镇化道路。诱导功能，是指政府对微观主体的诱导，微观主体的经济性行为可能与政府设计的城市的道路相悖，而政府就要运用市场手段而非简单的行政、法律手段，来影响微观主体的行为选择，使之与政府的宏观设计相一致。干预功能，是政府通过行政手段直接介入城镇化进程，它是市场出现重大危机时，针对政府监管失效进行的补救行为，即政府通过颁布行政指令强行驱使城镇化进程由非常规运行恢复到正常有序的发展状态。规范功能，是政府以法律、法规为依据，对阻碍城镇化发展的行为进行规制，对于城市开发过程中浪费资源和破坏环境的种种乱象，政府必须用法律手段以及相应的制度来加以规范和约束。

2.政府行为对城镇化的作用机理

政府行为作为影响城镇化进程的一个重要变量，发挥着关键的、不可替代的作用。政府通过行政、法律、经济等手段，充分发挥其设计、规范、干预和诱导功能，行使着经济调控、市场监管、社会管理、公共服务的职能，直接或间接地作用于城镇化进程，对城镇化起着或推动或阻滞的作用。政府行为对城镇化的推动作用，主要通过城镇化制度创新和公共制度安排来实现。在城镇化制度创新方面，政府作用主要通过职能转变、公众参与机制和行政区划调整的规范功能，通过土地制度改革和财税制度创新的诱导功能来促进市民化和新型工业化的发展（人口的流动和产业的空间聚集），从而实现推动城镇化发展的目的。在公共制度安排方面，政府作用主要通过城市规划的设计功能、产业政策、就业政策和投融资政策的诱导功能，以及社保政策、公共住房政策、教育政策和户籍政策的干预功能来促进市民化和新型工业化的发展，从而推动城镇化的发展。

第二章

新型城镇化解读

一、新型城镇化的提出

（一）新型城镇化的提出背景

1.时代背景

改革开放以后，中国的城镇化摆脱了以往长期徘徊不前的局面，经历了世界历史上规模最大、速度最快的城镇化进程，出现了一轮长达30多年的爆炸性增长阶段，也有力地支撑了中国经济增长的奇迹。本世纪之初的2002年是党的十六大召开之时，我国提出了工业化、城镇化、农业现代化等现代化建设的三大方略，全国由此进入了一个高速城镇化的时期。中国城镇化的发展也因此越来越受到国际社会的关注，世界银行在《2020年的中国》中直接指出"当前的中国正经历两个转变，即从指令性经济向市场经济转变和从农村、农业社会向城市、工业社会的转变"。诺贝尔经济学奖获得者、美国著名经济学家斯蒂格利茨也曾将中国的城镇化与美国的高科技发展并列为影响未来世界经济发展的两件大事。

但是，快速城镇化的推进已经面临多方面严峻挑战。与欧美国家主要依托市场机制自主发展的城镇化推进模式相比，我国城镇化率之所以能够快速提升，相当程度上依凭政府强力主导且低成本的推进模式。这种低成本主要体现在土地的低成本、劳动力的低成本以及基础设施和公用事业等大量的欠账。从前改革时代的"政治工具型的城镇化"到后改革时代的"经济工具型的城镇化"，我国城镇化之路的主脉络就是过分倚重城镇化的工具倾向却忽视了城市社会应有的本真。尤其是近十多年来，各级地方政府主要在"指标压力型体制"的驱使下，已显见的一个潜在危机就是：越来越将城镇化的工具性当成了城镇化的终极意义，城镇化中暗含的工具理性正不断吞噬城市所应有的社会价值。

当前，我国城镇化面临的挑战主要有：发达的城市与落后的农村并存，城乡二元结构日益凸显；资源短缺与利用效率低下并存，资源环境挑战日趋严峻；城镇化规模快速扩张与农民工市民化进程缓慢并存，社会矛盾日渐累积；城市高速发展与管理水平低下并存，"城市病"日益严重；农村发展缺乏要素支撑，空心化现象愈演愈烈等。这些挑战的存在和日益加剧迫使我们重新认识传统的城镇化道路，科学探索一条有别于传统城镇化的新型城镇化之路。

2. 国情背景

一是以相对不高的环境承载力支撑世界最大规模的人口城镇化。尽管我国国土面积辽阔，但是适宜居住且饮用水资源丰富的地区很有限，宜居程度较高的土地只占国土面积的 19%，人均淡水资源数量少且分布不均匀，人均石油、天然气可开采储量仅为世界平均水平的 7%。我国需要转移进入城镇的人口数量极大，在城镇化率达到 70% 时，需要城镇化的人口将突破 10 亿人，相当于西方发达国家的全部人口，我国城镇化不可能走蔓延式道路，不可能以大量资源消耗支撑城镇化发展。

二是在体制转轨环境下推动城镇化。我国实行的是世界上最为严密复杂的城乡二元管理制度，以户籍制度及附着的公共服务和社会保障制度为重点的制度障碍极大制约了农业转移人口转化为城镇人口。近年来，随着流动人口的迅速增加，国家逐步放开外来人口落户城市的条件，使得一部分在城镇稳定就业和居住的农民工能够获得城镇户口。但整体来看，放松对农民工落户限制的城市主要是中小城市和小城镇，落户大城市的约束条件相对较多。推进城镇化需要破解城乡二元体制障碍，进一步推进户籍制度改革，并在农民工培训就业、子女上学、公共卫生、住房租购、社会保障等方面做出合理的制度安排。这使得我国的城镇化在注重发挥市场推动决定性作用的同时，还要紧紧依靠制度创新进行推进。

三是在经济全球化过程中推进城镇化。与人类历史上的几次大规模城镇化不同，中国当前的城镇化处于一个更加开放、更为复杂的国际环境中，经济全球化深度和广度都有了明显的提高，全球气候变化、国际失衡、贸易争端等全球治理问题也进一步凸显，各国之间的相互影响和联系更加紧密，我国必须建立起符合绿色、循环、低碳发展潮流的城镇化模式，因此面临的约束因素更多更复杂。

（二）新型城镇化概念的不断完善

"新型城镇化"的提出，并不是要全盘否定过去的城镇化道路，而是要在充分肯定过去城镇化成效的同时，清醒地认识到我国城镇化过程中出现的问题，从而有效提高未来城镇化的质量。作为中国未来发展的战略支点，新型城镇化是在发展实践中不断形成和完善起来的。从2002年十六大开始，中央逐渐明晰"走中国特色城镇化道路"的发展思路，到2012年十八大明确新型城镇化的发展路径，再到2014年颁布到2020年我国新型城镇化的具体规划，共经历了七个阶段。

第一阶段：十六大提出"走中国特色城镇化道路"。2002年10月，党的第十六次代表大会在北京召开，当时城镇化率达到37.7%，全国城镇化发展迅猛，以此为背景，十六大报告首次将新型城镇化的雏形——"走中国特色城镇化道路"明确提出，并将大中城市与小城镇的协调发展作为其初步内涵。

第二阶段：十六届五中全会胡锦涛总书记提出"新四化"，倡导新型城镇化。2005年10月十六届五中全会通过的《中共中央关于制定国民经济和社会发展第十一个五年规划的建议》第一次使用"工业化、城镇化、市场化、国际化"概念。十六届五中全会将新型城镇化作为"新四化"的主要内容郑重提出,将新型城镇化摆到了国家战略的层面,奠定了新型城镇化的地位。

第三阶段:十七大确立"新五化",利用科学发展观推进新型城镇化。2007年10月,十七大报告将新型城镇化列入"新五化"范畴,全国新城镇建设进入崭新阶段。2007年11月至2008年3月,在各省的贯彻党的十七大精神学习会议上,都将"新型城镇化"作为十七大重要指示加以推进。2010年10月,住建部副部长仇保兴提出六大转型推动"新型城镇化"建设。十七大明确了新型城镇化的内涵,提出了新型城镇化的指导思想与建设路径,在新型城镇化的提出与发展的道路上达到了理论的集大成。

第四阶段:新型城镇化深入指导"十二五"实践。2011年制定的中国"十二五规划"提出:坚持走中国特色城镇化道路,科学制定城镇化发展规划,促进城镇化健康发展。新型城镇化开始全面指导全国城乡建设。其后,在各省的"国民经济和社会发展第十二个五年规划纲要"均提出"以新型城镇化"为指导,全面建设小康社会,新型城镇化在各省展开实践。

第五阶段:十八大明确新型城镇化的发展路径——"新四化"融合共进。2012年11月,党的十八肯定了中国的新型城镇化的建设,指出"城镇化水平明显提高,城乡发展协调性增强",并提出"坚持走中国特色新型工业化、信息化、城镇化、农业现代化道路,推动信息化和工业化深度融合、工业化和城镇化良性互动、城镇化和农业现代化相互协调,促进工业化、信息化、城镇化、农业现代化同步发展"。十八大报告肯定了新型城镇化、信息化、新型工业化及农业现代化的新四化道路,并为未来新型城镇化与信息化、新型工业化、农业现代化的综合协调提供了明确的方向。

第六阶段:十八届三中全会定调城镇化。2013年11月12日,持续四天的中共十八届三中全会闭幕。全会提出,城乡二元结构是制约城乡发展一体化的主要障碍。必须健全体制机制,形成以工促农、以城带乡、工农互惠、城乡一体的新型工农城乡关系,让广大农民平等参与现代化进程、共同分享现代化成果。要加快构建新型农业经营体系,赋予农民更多财产权利，推进城乡要素平等交换和公共资源均衡配置，完善城镇化健康发展体制。专家指出，按照现有的速度，15～20年后我国城镇化就能达到国际平均水平；赋予农民更多财产权利，表明农村宅基地入市转让流通的可能性加大；城镇化的核心是基本公共服务的城乡一体化、均等化，包括不存在户籍的差异，社保和教育等公共服务覆盖全体国民。

第七阶段：国家新型城镇化规划（2014～2020年）发布。2014年3月16日，在我国首部城镇化规划——《国家新型城镇化规划（2014～2020年）》（以下简称《规划》）正式发布。党中央国务院明确指出，《规划》是今后一个时期指导全国城镇化健康发展的宏观性、战略性、基础性规划。城镇化是现代化的必由之路，是解决农业农村农民问题的重要途径，是推动区域协调发展的有力支撑，是扩大内需和促进产业升级的重要抓手。制定实施《规划》，努力走出一条以人为本、四化同步、优化布局、生态文明、文化传承的中国特色新型城镇化道路，对全面建成小康社会、加快推进社会主义现代化具有重大现实意义和深远历史意义。

值得注意的是，李克强总理2014年3月5日在第十二届全国人民代表大会第二次会议上所做政府工作报告指出："推进以人为核心的新型城镇化。城镇化是现代化的必由之路，是破除城乡二元结构的重要依托。要健全城乡发展一体化体制机制，坚持走以人为本、四化同步、优化布局、生态文明、传承文化的新型城镇化道路，遵循发展规律，积极稳妥推进，着力提升质量。今后一个时期，着重解决好现有'三个1亿人'问题，促进约1亿农业转移人口落户城镇，改造约1亿人居住的城镇棚户区和城中村，引导约1亿人在中西部地区就近城镇化。有序推进农业转移人口市民化。推动户籍制度改革，实行不同规模城市差别化落户政策。把有能力、有意愿并长期在城镇务工经商的农民工及其家属逐步转为城镇居民。对未落户的农业转移人口，建立居住证制度。使更多进城务工人员随迁子女纳入城镇教育、实现异地升学，实施农民工职业技能提升计划。稳步推进城镇基本公共服务常住人口全覆盖，使农业转移人口和城镇居民共建共享城市现代文明。加大对中西部地区新型城镇化的支持。提高产业发展和集聚人口能力，促进农业转移人口就近从业。加快推进交通、水利、能源、市政等基础设施建设，增强中西部地区城市群和城镇发展后劲。优化东部地区城镇结构，进一步提升城镇化质量和水平。加强城镇化管理创新和机制建设。要更大规模加快棚户区改造，决不能一边高楼林立，一边棚户连片。以国家新型城镇化规划为指导，做好相关规划的统筹衔接。提高城镇建设用地效率，优先发展公共交通，保护历史文化和自然景观，避免千城一面。加强小城镇和村庄规划管理。探索建立农业转移人口市民化成本分担、多元化城镇建设投融资等机制。通过提高建设和管理水平，让我们的城镇各具特色、宜业宜居，更加充满活力。"

二、新型城镇化的含义

如上文所述，中国共产党第十六次全国代表大会明确指出走中国特色的城镇化道路。此后，学界和政界掀起了中国城镇化道路的研究热潮。本书认为，中国特色的城镇化和新型城镇化是一脉相承、本质相同的概念，两者的内涵是一致的。

关于新型城镇化的内涵和本质特征主要有以下观点。孙久文等认为，新型城镇化是以科学发展观为指导，实现从速度型向"又好又快"的质量型转变，走集约型城镇化道路。一是以"统筹城乡综合配套改革"为基本的制度建设方向；二是以区域协调带动城乡协调，建立和完善城市群规划体系；三是制定适合主体功能区发展的城市发展政策；四是转变"移民就业"的大规模人口流动模式。彭红碧、杨峰认为，新型城镇化是以工业化和信息化为主要动力，资源节约、环境友好、经济高效、文化繁荣、城乡统筹、社会和谐，大中小城市和小城镇协调发展、个性鲜明的健康城镇化。牛文元认为，中国特色的城镇化应该更加注重城乡一体化、均等化，更加注重集约发展、和谐发展，提升农民和新增城镇居民的生存条件和生活质量，转变经济发展方式，实现资源节约、环境友好、大中小城镇协调发展。仇保兴则强调，和传统城镇化相比，新型城镇化从城市优先发展的城镇化转向城乡互补协调发展的城镇化；从高能耗的城镇化转向低能耗的城镇化；从数量增长型的城镇化转向质量提高型的城镇化；从高环境冲击型的城镇化转向低环境冲击型的城镇化；从放任式机动化的城镇化转向集约式机动化的城镇化；从少数人先富的城镇化转向社会和谐的城镇化。王如松提出，新型城镇化的"新"，是指观念更新、体制革新、技术创新和文化复新，是新型工业化、区域城镇化、社会信息化和农业现代化的生态发育过程。"新型"指转型，包括产业经济、城市交通、建设用地等方面的转型。魏后凯提出，要采用集约、智能、绿色、低碳的发展方式，高度关注农民市民化，着力解决城乡和城市内部"双二元结构"；新型城镇化是人本城镇化、市场城镇化、文明城镇化、特色城镇化、绿色城镇化、城乡统筹城镇化、集群城镇化和智慧城镇化等的统一。李铁从城乡关系的角度揭示新型城镇化的特点，那就是实现城镇化从数量型增长到质量型提升的转变，也就是说要解决农民工进城后公共服务均等化和定居落户难的问题。倪鹏飞认为，新型城镇化的目标是建设城乡一体化的城市中国，即以科学发展观为指导方针，坚持"全面、协调、可持续推进"的原则，以人口城镇化为核心内容，以信息化、农业产业化和新型工业化为动力，以"内涵增长"为发展方式，以"政府引导、市场运作"为机制保障，走可持续发展道路，建设城乡一体的城市中国。胡际权认为，新型城镇化体现以人为本、全面协调可持续发展的科学理念，以发展集约型经济与构建和谐社会为目标，以市场机制为主导，大中小城市规模适度，布局合理，结构协调，网络体系完善，与新型工业化，信息化和农业现代化互动，产业支撑力强，就业机会充分，生态环境优美，城乡一体的城镇化发展道路。

综合以上观点，结合党中央国务院对新型城镇化的要求，新型城镇化的概念可以归纳为：新型城镇化就是坚持以人为本，全面提高城镇化质量，以城乡统筹、产城互动、节约集约、生态宜居、和谐发展为基本特征的城镇化，是大中小城市、小城镇、新型农村社区协调发展、互促共进的城镇化。

新型城镇化的内涵至少应包含以下几个方面：第一，人口城镇化。实现城镇化的核心要素是人，传统城镇化过度强调土地的城镇化，追求片面发展，而忽视了人类的主体地位，从而带来了"城乡分化"、"贫富分化"、"劳资对立"、"人与自然分离"等诸多的社会矛盾。新型城镇化就要求我们坚持以人为本的原则，以人为出发点和归宿点，突出人的价值观、道德观和发展观，通过城乡体制的改革、就业政策、文化教育、医疗卫生、社会保障等社会事业的快速发展、有序推动农业转移人口的市民化等措施，使得在土地城镇化的过程同时实现农村人口的市民化，做到人与人、人与政府、人与建筑、人与环境的和谐统一，使城市的发展充满生机和活力。第二，集约城镇化。集约与粗放是社会、经济发展的两种方式。传统城镇化主要是一种粗放型的发展方式，即以高投入、高消耗为基础，通过对土地、能源资源等的大量消耗和低效利用来追求城镇在数量上、规模上的扩展，而新型城镇化则是积极的、内涵式的、职能化的集约城镇化，即要求我们在现有城镇物质基础上，在节约土地、能源的过程中，强调资源的优化配置和有效利用，通过加强规划、提高产业聚集度和用地强度、优化城镇与乡村集聚区的布局、完善城镇和乡村集聚区的功能、培育和利用高端要素等方式，来整合城镇内部各组成要素，完善城镇结构，强化城镇内涵和提升城镇功能，使城镇化在水平和质量上得到更大的提升。第三，生态城镇化。新型城镇化是一种生态文明的城镇化，在人口、经济、资源和环境相互协调的基础上，按照"资源节约和环境友好"的要求，依托城镇的资源和环境承载能力聚集产业和人口，推动信息化和工业化深度融合、工业化和城镇化良性互动、城镇化和农业现代化相互协调，促"四化"同步发展。新型城镇化要求高举生态文明的旗帜，走发展与治理同步的路子，努力发展低耗经济、低碳经济、循环经济，节能减排，保护和改善生态环境，确保生态

平衡，实现人类、城市与自然的和谐共生。新型城镇化不以牺牲生态和
环境为代价，着眼于以人与自然和谐、发展与资源环境相协调为根本的
价值取向，坚持将环境的损伤降低到最低限度，充分考虑资源和环境的
承载能力，高效合理地利用自然资源、土地资源、空间资源和智力资源等，
使城市人口、经济、资源、环境协调发展，走可持续的生态型城镇化道
路，推动城市与自然、人与城市环境和谐相处，推进经济与社会、与人文、
与生态环境协调发展。

三、新型城镇化的特征

与传统的城镇化相比较，新型城镇化在城镇化的目的、城乡关系、城
镇化的质与量关系、资源利用、与环境关系、产业与城镇关系、城镇体系、
可持续性等方面都有非常明显的特点，如表 2-1 所示。

表 2-1　传统城镇化与新型城镇化对比

	传统城镇化	新型城镇化
目的	以物为本，产业非农化，土地非农化，高楼大厦。	以人为本，提高城镇居民的生活质量，让农村转移人口获得同样的幸福感受。
城乡关系	城乡分离，重城轻乡，优先发展城镇；城市像欧洲，农村像非洲。	统筹城乡协调发展，城乡一体化，城乡差距缩小，基本公共服务均等化。
质与量关系	重数量、重规模、重速度。	重质量，重结构、重效益。
资源利用	粗放，土地城镇化远远快于人口城镇化。	集约使用，土地城镇化与人口城镇化基本同步。
与环境关系	高污染、高排放，高碳。	低污染、低排放、低碳。
产城关系	产城分离，力争互促。	产城融合互动。
城镇体系	或强调中小城镇优先发展，或优先发展大城市。	大中小城市和小城镇统筹协调发展、特色发展，充分发挥城市群的作用。
可持续性	不可持续。	可持续。

由以上对新型城镇化函义解读和与传统城镇化对比可以看出，新型城镇化就是经济社会转型、变迁的过程，同时也是人类不断完善自身、追求和谐幸福的过程。新型城镇化进程中彰显出以人为本、城乡统筹、集约高效、生态文明、体系协调、功能完善的新特征，具体反映在以下七个转变上：

（一）从城乡分离转变到城乡统筹

在传统城镇化的加速阶段，往往以牺牲农业的利益，来换取城市二三产业的发展；在城市成长、繁荣的同时，伴随着农村的落后与衰败；农民与市民在自身发展和享受现代文明上的差距日益扩大。这种城乡"二元"分离的方式，虽然也有力地推动了城镇化进程，却为最终完成从传统农业社会向现代城市社会的转变留下了诸多障碍，有着明显的时代局限性。新型城镇化从城乡分割的现实出发，注重工业反哺农业、城市支持农村；注重城市公共服务向农村覆盖、城市现代文明向农村扩散，让城镇化的过程成为促进农业增效、农民增收、农村繁荣的过程，以形成城乡互补、共同发展的良好格局。

（二）从传统工业化带动转变到以新型工业化为支撑

工业化带动城镇化，城镇化反过来影响工业化，二者互相促进，相互制约。传统工业化的突出弊端是重物轻人、粗放发展，与此相对应，作为工业化空间表现形态的城镇化，则往往伴随着城镇建设缺乏人文气息、城镇空间布局不合理、城镇功能缺失与紊乱、城镇就业严重不足、城镇人口过度集中与分散并存等系列"城镇化病"。以新型工业化为支撑，就是按照资源集约高效利用的要求，注重产业的合理布局与配套集群发展；注重做大做强新型产业，尤其是现代服务业；注重生产方式和工艺流程创新升级，推动城镇向数字城、信息城、智能城、知识城方向发展，促使城镇地理空间优化、中心城市与卫星城镇共同繁荣，造就城镇宜居宜业宜游的环境。

（三）从轻视资源环境转变到崇尚生态文明

传统工业化与城镇化虽然创新了生产和生活方式，带来了社会财富的急剧增长，推动了人类的进步，但走的是一条先发展、后治理的道路，轻视资源利用效率和环境保护。由此带来了资源被大量消耗、有害物质大量产生、温室气体大量排放等诸多问题，使得人类难以实现可持续发展。新型城镇化要求高举生态文明的旗帜，走发展与治理同步的路子。按照"资源节约和环境友好"的要求，努力发展低耗经济、低碳经济、循环经济，节能减排，保护和改善生态环境，确保生态平衡，实现人类、城市与自然的和谐共生。

（四）从城镇体系不合理转变到城镇协调发展

在传统城镇化过程中，大中小城市和城镇之间难以形成合理有效的梯次结构，城镇职能缺乏强有力的互补配套，同一区域的城镇未能形成有机整体。有的国家和地区，人口过度集中到大城市，使大城市不堪重负，出现"有规模但不经济"。有的国家和地区则过度限制大城市发展，人口主要向中小城市和城镇聚集，达不到规模经济的要求，缺乏效率。有的国家和地区城镇之间、城镇与农村腹地之间各自为政，联系松散，缺乏合理分工与协作。新型城镇化不仅注重克服上述弊端，更力求按照现代经济在更大空间、更广范围内展开分工与协作的要求，推动城镇组团式、簇群式发展，形成城市群、都市带和大都市连绵区。通常，在一定区域内，以一个或几个中心城市为核心，辐射带动周边多个次中心城市、中心镇、一般集镇乃至村庄，它们之间尽管形态各异、禀赋不同，但结构有序、功能互补、联系紧密、协调发展。

（五）从城镇功能缺失与低效转变到功能完善与高效

相比农村地区而言，城镇具有明显不同的政治功能、经济功能、文化功能和社会功能。这些功能是否完善、高效，取决于其背后的制度、文化及基础设施等支撑体系的好坏。在传统城镇化过程中，由于普遍存在着重经济轻文化、重生产轻生活、重建设轻管理的倾向，导致城镇支撑体系建设乏力，进而造成城镇功能单一或不足，功能的专业化程度不高、辐射力不强等弊端。新型城镇化要求根据城镇的不同规模和区域角色定位，选准功能多样化与专业化间的平衡点。超大城市和区域中心城市主要朝综合性、多样化方向发展；中小城市和小城镇在基本功能完整的同时，主要向个性化、专业化方向发展。为此，要求创新城镇管理体制和手段，运用现代信息技术，促进城镇管理的精细化、科学化和智能化，提高城镇的日常管理和应急管理水平；要求完善城镇道路、通信、供水等市政基础设施与防灾减灾设施，增强城镇基础设施综合配套能力；要求重视历史文化名城（镇）保护，延续历史文脉，创造现代文明，彰显城镇个性，增强城镇文化魅力。

（六）从社会矛盾积聚转变到社会和谐发展

城镇化究其本质是整个人类由传统文明走向现代文明的过程，核心是"化人"。传统城镇化忽视了人类的主体地位，追求片面发展、过度发展，带来了"城乡分化"、"贫富分化"、"阶层对立"，带来了"传统与现代割裂"、"人与自然分离"，激发了诸多社会矛盾。伴随着城镇化的快速发展，社会犯罪率急剧上升，道德水平不断滑坡，资源开始枯竭，环境日益恶化，导致人类的整体幸福大打折扣。新型城镇化要求坚持以人为本的原则，按照"一切为了人，为了一切的人，为了人的一切"的要求，通过城乡体制的改革，有序推进农民的转移转化；通过积极的就业政策，努力提高全社会的就业水平；通过文化教育、医疗卫生、社会保障等社会事业的快速发展，建立惠及全民的基本公共服务体系；等等。

（七）从政府主导城镇化转变到政府引导城镇化

传统城镇化模式的一个重要特征是政府主导，城镇化过程中的各种重大事务基本上都由政府来发起、政府来推动，市场在其中的作用难以得到有效的发挥。传统土地城镇化的核心是政府主导了城镇化的整个过程，这个主导权的实现关键在于政府在一级土地市场上的排他性地位。只有政府才可以通过征收的方式将农村土地转变为城市土地。从理论上看，政府代表全体民众的利益，进行相关土地的征收出让，推动城市建设和发展，以实现这个地方社会整体利益的最大化。然而，地方政府本身亦有自己的利益，一旦在城镇化推进过程中获得了排他性地位，那么它一方面会压制和剥夺其他主体（农民、城市居民、企业）的权利和利益，千方百计地使自己的利益最大化；另一方面又具有非常强的道德风险倾向，将相关的风险（粮食安全、金融稳定、社会稳定等）转嫁给中央政府。如何规范地方政府在土地市场上的行为、真正能够有效切断地方政府在城镇过程中的掠夺农民之手，关键是在于要打破政府在城镇化过程中的排他性地位，将城镇化过程中由"政府主导"转变为"市场主导、多方参与、政府引导"。地方政府应该从"经营城市"必须要"经营土地"的理念中跳出来，政府并非只有采取排他性"经营土地"的方式才能在土地增值中获益最大，才能最快地带动城市建设和地方发展。在导致社会矛盾激化和群体性事件的条件下，大规模的"经营土地"反而可能带来地方政府总体利益的得不偿失。地方政府从一级土地市场上退出来，加强相关监督，通过相应的税收安排在第三方土地交易的增值中受益，也是可行之道。城镇化推进的各个环节，政府并非要亲历亲为，而应从相关规划制定执行、相应监督执行以及税收安排上下功夫，真正做好政府该做且应做的事，才能推动城镇化迈向新路。

四、新型城镇化的测度与评价

对城镇化水平的测度通常采用城镇化率指标，又称城镇化度、城镇化水平、城镇化指标等。城镇化率测度的最基本、最传统方法是人口指标法，通常用市人口和镇驻地聚集区人口占全部人口（人口数据均用常住人口而非户籍人口）的百分比来表示，用于反映人口向城市聚集的过程和聚集程度。但是这种评估指标过于简单，是一种简略的、单维度的城镇人口数量比较。由于城镇人口统计口径的变动，往往会产生与实际城镇化水平的偏离，无法反映新型城镇化的真实内涵，构建新型城镇化测度方法已成为目前亟待解决的理论与现实问题。

新型城镇化的内涵丰富，涉及人口、经济、社会等多个方面，不能片面地用人口这个单一指标或其他单方面的指标来衡量，而应当由描述人口转移转为突出城市功能，从功能意义上界定城镇化的新内涵，建立全面科学的指标体系，综合测度与评价新型城镇化发展水平。对新型城镇化的科学评价既可对城市发展理念产生方向性的引导作用，也可能更直接地指引城市发展政策。

新型城镇化指标体系是对城镇化的具体量化，它应当准确、客观地反映城镇化的水平。本研究在深刻剖析新型城镇化的内涵的基础上，遵循定量与定性相结合、质量与速度相结合、增量与总量相结合、城区与市域相结合的原则，充分考虑指标的代表性、数据的可获取性及计算上的可操作性，吸取一些地区的实践经验和教训，构建了新型城镇化评价指标体系。体系分为总体层、系统层、目标层、指标层四个等级。总体层：全面表达新型城镇化发展程度；系统层：依据新型城镇化逻辑关系，分为城镇化发展动力系统、城镇化发展质量系统和城镇化发展公平系统；目标层：从目标导向着手，形成经济高效、水平提高、功能完善、环境友好、资源节约、城乡统筹、社会和谐、管理有序等 8 个子目标层；指标层：充分考虑指标的代表性、数据的可获取性及计算上的可操作性，选取 45 个指标，全面系统地对新型城镇化进行了定量的描述，构成指标体系最基层的要素。

（一）新型城镇化发展动力系统

1.经济高效。这是城镇化发展的根本动力和基础。产业结构的不断优化和发展方式的转变，将对经济的发展提供日趋优良的宏观环境条件，从而推动新型城镇化建设。主要反映与城镇化发展密切相关的经济发展实力、产业结构优化、产业创新能力等方面内容。一般可以由以下 7 个指标构成：

（1）人均 GDP；

（2）人均地方财政收入；

（3）地方财政收入增长速度；

（4）城镇工矿建设用地产出率；

（5）第二、三产业增加值占 GDP 的比重；

（6）高新技术产业增长率；

（7）恩格尔系数。

2. 水平提高。体现城镇化发展水平和速度，反映城镇集聚发展水平。一般可以由 5 个指标构成：

（1）城镇化水平；

（2）城镇化增长速度；

（3）城区城镇人口增长率；

（4）城镇固定资产投资完成额占 GDP 比重；

（5）第三产业从业人员比重。

（二）新型城镇化发展质量系统

1. 功能完善。这是提升城镇综合竞争力的重要基础，是反映城镇承载能力的重要指标。由 7 个指标构成：

（1）城镇居民人均道路面积；

（2）万人拥有公交车辆；

（3）城镇用水普及率；

（4）城镇燃气普及率；

（5）互联网普及率；

（6）人均市政基础设施投入；

（7）城镇居民人均住房面积。

2. 环境友好。加强环境污染治理、保护生态环境，实现人与自然的和谐，是城镇健康发展的标志，是城镇化可持续发展的重要保障。由 6 个指标构成：

（1）城市人均绿地面积；

（2）城市建成区绿化覆盖率；

（3）城市空气质量优良天数；

（4）城市污水处理率；

（5）城市生活垃圾无害化处理率；

（6）环保投入占 GDP 的比重。

3.资源节约。资源是城镇发展的基础和保障，城镇化可持续发展的基础条件。产业结构的优化、经济发展方式的转变，经济社会持续又好又快发展，均需要我们在发展进程中注意资源的节约和合理利用。由5个指标构成：

（1）万元GDP用水量；

（2）万元GDP能耗；

（3）资源环境效率；

（4）城镇新建建筑节能标准实施率；

（5）人均CO_2排放量年均值。

（三）新型城镇化发展公平系统

1.城乡统筹。城乡统筹协调是顺利推进新型城镇化的重要环节，是新型城镇化的核心内容。是综合反映提高农村生活质量、缩小城乡生活水平差距程度的重要指标。由5个指标构成：

（1）城镇居民人均可支配收入；

（2）农村居民人均纯收入；

（3）城乡居民收入比；

（4）农村居民养老保险参保率；

（5）农村新型合作医疗覆盖率。

2.社会和谐。社会和谐是城镇发展的理性选择，是城镇化建设的社会保障。主要反映社会服务和保障水平和社会文明程度的重要指标。由6个指标构成：

（1）城镇养老保险参保率；

（2）城镇医疗保险覆盖率；

（3）高中教育毛入学率；

（4）万人高等学历数；

（5）千人拥有医护人员数；

（6）城镇登记失业率。

3.管理有序。城镇管理水平和制度创新程度是新型城镇化建设的重要内容。由5个指标构成：

（1）规划编制完成情况；

（2）规划管理执法情况；

（3）城乡综合环境整治情况；

（4）市政公用设施投资情况；

（5）保障性住房建设情况。

由于评价指标体系能够融入新型城镇化多维度协调发展理念，评估对象包括新型城镇化的程度、速度、质量、协调性等，因此可引导相关部门在推进新型城镇化过程中，及时发现城镇化进程中的薄弱环节和存在问题，科学制定新型城镇化的发展目标，走经济、社会、生态环境相协调的城镇化道路。

五、新型城镇化与劳动力、资金及技术的互动关系

（一）新型城镇化与劳动力素质提升

城镇化本身是一种复杂的社会经济现象，城镇化提高了人的发展水平，而人的发展水平的提高特别是劳动力素质的提升反过来又促进了城镇化的进程。

1.新型城镇化是对人的发展目标的回归。正如亚里士多德所言："人们来到城市，是为了生活；人们留在城市，是为了更好地生活。"实现人的全面发展也是马克思主义的最高追求。从这个角度看，推进城镇化的终极目标是实现人的全面发展而不是城镇化，城镇化只是实现人的全面发展的一种手段，通过城镇化为人的全面发展提供了更加高水平的物质生活基础，更加丰富的精神文化享受，以及更加好的教育和医疗服务等。但是，在很长一段时间里，我们却把城镇化当成了一种目标，过于强调物的城镇化，追求城市规模的扩大和高楼道路的建设而忽视了"被城镇化的人"的城镇化，这就是通常所说的传统城镇化。现在，我们提新型城镇化，其核心是要实现人的城镇化，而人的城镇化是相对于以往传统城镇化过于强调物的城镇化而言的，是对传统城镇化发展目标的修正，是对人的发展目标的回归。

2. 新型城镇化对劳动力素质提出了更高要求。城镇化的动力是工业化，通过工业化实现资本、劳动力、土地等资源要素的流动和集中，形成具有一定空间规模的资本和人口集聚区以及与之配套的各种服务和设施。传统城镇化以粗放低效的传统工业为动力，新型城镇化以集约高效的新型工业为动力，从技术要求而言，传统工业化下的劳动力素质要求和新型工业化下的劳动力素质要求明显不同，传统工业化以粗放低效为特征，其生产的流程和工艺、产品销售的手段和方法所需的劳动力普遍不需要具有良好的教育水平，而新型工业化由于融合了大量高新技术，使其在生产与销售的各个环节甚至是消费者环节都提出了更高的素质要求。

3. 劳动力素质水平对新型城镇化的影响。新型城镇化对劳动力素质提出了更高的要求，从另外一个角度看，劳动力的素质水平反过来会对新型城镇化的推进产生影响。这种影响存在正反两个方面。一方面，如果现阶段劳动力素质水平过低，从传统工业化向新型工业化的转型升级就会出现问题，没有普遍的更高素质的适应新型工业化的劳动力资源，新型工业化就只能是妄谈，而没有传统工业化向新型工业化的转型，也就没有真正意义上的新型城镇化。另一方面，假如现阶段的劳动力素质水平比较高，社会上已经拥有一支规模较大的能够满足新型工业化发展需求的劳动力队伍，那么从传统工业化向新型工业化的转型就会比较顺利，进而新型城镇化的推进也就指日可待。

（二）新型城镇化与资本集聚

资本集聚是产业发展的必要基础，是城镇化进程的重要内容。在一定程度上，资本集聚的速度和程度决定了城镇化进程的快慢和质量。与传统城镇化对应，推进新型城镇化在资本集聚方面应该实现以下三个方面的转变：

1. 由政府主导向市场主导转变。改革开放以来的城镇化进程中，政府主导是资本集聚的主要方式，发展什么样的产业、提供什么样的政策、引进什么样的资本基本是由政府说了算。应当说，政府主导型的资本集聚在城镇化初期资本稀缺时起到了是事半功倍的效果，但是随着城镇化水平的提升其存在的诸多弊端也逐步显现，特别是由于地方政府间的发展竞争，出现遵循"主官"意志而不遵循产业发展规律的现象，造成了雷同产业发展的遍地开花，人为造成了某类产业资本的相对稀缺，最后导致严重的产能过剩出现和资本浪费。党的十八届三中全会提出进一步改革的核心是处理好政府和市场的关系，新型城镇化中的资本集聚也应当由政府主导向市场主导转变，地方政府在产业发展中应当更加遵循产业自身发展规律，注重发挥市场对资本集聚的作用，政府的角色也应由主导者向服务者转变。

2. 由粗放资本向集约资本转变。长期以来，只注重资源投入量而不考虑产出效率的"高投入低产出"粗放型发展理念在人们心中根深蒂固，在资本需求方面，求量不求质的现象十分普遍。造成大量低效的粗放资本进入城镇化进程中，虽然为城镇化的快速推进起到了积极作用，但是对我们推进新型城镇化的制约作用也不断凸显，特别是由于先入为主，粗放资本型的产业往往占据了大量优质土地资源同时由丁技术门槛和成本限制导致自身升级动力不强，造成了极大的土地资源浪费。实现集约发展是推进新型城镇化的要义之一，具体到资本集聚上要做好存量和增量两个方面的工作。存量方面，要通过升级改造积极引导原先低效粗放的资本向集约型资本转变，以提高城镇空间的产出效率，实现集约发展；增量方面，要扛起科学发展的大旗，在鼓励吸引集约型资本进入的同时限制粗放型资本的发展。最后通过引导升级粗放型存量和鼓励吸引集约型增量，实现新型城镇化资本集聚与粗放向集约的转变。

3. 由无序投入向有序集聚转变。多年来，由于发展速度过快，城市前期规划不科学、不到位的现象突出，造成城镇化进程中的资本投入随意性很大，出现遍地开花的局面，城市空间布局混乱，工业区、生活区、商贸区杂居一处，不仅限制了工业区的规模扩大也影响了人民群众居住品质，同时为城市管理服务带来了一系列难题，如城市环境污染治理难、便民公共设施提供不到位等。推进新型城镇化，必须科学调整发展规划，优化城市空间布局，实施合理的功能分区，使得资本由无序投入向有序集聚转变，形成生产性资本进工业区、房地产资本进生活区、商业流通资本进商贸区的发展新局面。

（三）新型城镇化与技术创新

新型城镇化的推进离不开产业的转型升级，而产业的转型升级又必须以技术创新为动力。技术创新要真正成为产业转型升级的动力存在两个支点：一是有没有一支掌握新技术应用的劳动力队伍，二是技术创新与产业资本的结合互促程度是否紧密。此外，还应该充分发挥技术创新的溢出效应，以提高城市管理和服务效率。

1. 以技术创新来增强劳动力素质。正如前面所述，由传统城镇化向新型城镇化的转变要依赖于传统工业化向新型工业化的升级，在这个过程中，劳动力素质的提升极为关键。以技术创新来增强劳动力素质要"干前学"和"干中学"两手都要硬，"干前学"就是要重视新技术在职业院校和技术培训机构教育中的普及程度和更新力度，这关乎到掌握新技术应用的高素质劳动力储备，应该把相对成熟的新技术应用作为职业院校和技术培训机构的重要教学内容，并根据其最新发展不断进行更新，使很多青年劳动力在进入相应产业前就已经熟悉和掌握了对应的新技术；"干中学"就是要加强对已在职劳动者技术素质和能力的培养，在具体的生产实践和技术改造中实现对掌握新技术及其应用，最终培育出一支技术够新、素质够高、能力够强的产业工人队伍。

2. 强化技术创新与资本的结合度。近年来，随着创新型国家建设的推进，我国的技术创新能力和水平有了长足发展，但是与先进国家和先进水平相比仍然存在较大差距，究其原因就是技术创新和资本的结合互促程度不够。具体表现在两个方面，一是有创新没有实践，拥有创新能力和创新成果的人或团体游离于相应产业之外，技术创新成果很难转化为产业应用，即通常所讲的产学研结合问题；二是想创新没有投入，想要进行创新的企业由于考虑到技术创新的高投入、高风险和高成本而最终放弃创新意愿。要解决这两个问题就必须强化技术创新与资本的结合度，在产学研结合方面，政府应该积极承担"中间人"角色，为科研机构和企业提供沟通协调的服务平台，既实现技术创新从企业市场需求出发，又促进创新成果向生产实践的转换，最终达到共赢；鼓励企业自主创新方面，应该充分发挥各种资本力量特别是风投资本对企业进行技术创新的支撑作用，积极为企业和风投资本搭建各种合作平台。

3. 以技术创新提高城市管理效率。城镇化进程的高速度和相对无序，大量人流、物流的涌入在很大程度上增加了城市管理的难度，原先的城市管理体系和制度越来越不适应现阶段城镇化进程的速度，交通拥堵、大雨淹城、重复挖路等现象屡见不鲜，公共服务程序过多、过滥、办事难、城管执法不文明的事件大量见诸网络，所有这些都是当前城市管理低效的突出表现。推进新型城镇化，必须充分发挥技术创新所带来的溢出效应，以提升城市管理和服务效率，尤其要借助现代网络通信技术、新能源技术等。借助不断发展的网络通信技术打造各类信息高效交互的智慧城市，最大限度的降低由于信息不对称所带来的各种交易成本；借助新能源技术，大量提供绿色能源公共设施，鼓励建造绿色商业楼宇和住宅小区，最大限度降低城市资源能源消耗，缓解城市资源能源的瓶颈制约，提高城市居住品质和承载能力。

六、加快推进新型城镇化必须处理好六个关系

城镇化是自然历史过程，是随着经济结构的变化引起的人口自然聚集过程。这一过程，不仅包括城市人口和城市数量的增加，也包括既有城市经济社会的进一步社会化、现代化和集约化。推进城镇化要从我国社会主义初级阶段基本国情出发，遵循规律，因势利导，使城镇化成为一个顺势而为、水到渠成的发展过程。推进新型城镇化，需要正确处理若干重大关系。

（一）速度与质量的关系

美国城市地理学家诺瑟姆（Ray M.Northam）通过对多个西方国家城镇化发展历程的考察研究提出了城市化初级、加速、稳定三阶段论，主要内容是：（1）城市化初级阶段：城市化水平较低，一般在30%以下，农业人口占绝对优势，工业生产力水平较低，工业提供就业机会有限，农村剩余劳动力释放缓慢，需要经过几十年甚至上百年城市化水平才能够达到30%；（2）城市化加速阶段：城市化水平达到30%～70%之间时，城市工业基础雄厚，经济实力明显增强，农业劳动生产率大幅度提高，大批农业人口转为城市人口，城市化水平可在较短时间内突破50%，进而上升到70%；（3）城市化稳定阶段：城市化水平超过70%后，农业现代化基本完成，农村人口相对稳定，城镇人口的增加渐趋缓慢甚至停滞，最终城镇人口比重稳定在90%以上的饱和状态，后期城市化不再表现为农村人口向城市人口的转移，而是第二产业向第三产业转移。

按照诺瑟姆的城市化三阶段论，我国的城镇化率在30%～70%之间都将处于城镇化加速阶段，这是城镇化发展的规律。2012年，中国城镇化率达到了52.6%，应该说进入了城镇化快速发展阶段。虽然我国没有出现诸如拉美和印度那样严重的"城市病"，但也存在诸如"半城镇化"、"隐性城镇化"、"被城镇化"、"过度城镇化"和一定程度上的"病态城镇化"等现象和问题，而且各种问题和矛盾日渐积聚、突出。此外，由于缺乏有效措施和调控机制，在城镇化宏观整体布局上，还存在着大城市过度集聚、小城镇发展无序，地区发展失衡、城市之间的关系不协调等问题。这些问题如果不未雨绸缪、及早诊治，势必演化为日益严重和难以治疗的"城市病"，甚至陷于"拉美陷阱"，严重影响中国城镇化的健康发展。因此，在城镇化进入快速发展周期和城市病显性化和发作阶段的叠加期，城镇化面临的主要问题已经不是速度太慢的问题，而是城镇化质量方面存在缺陷，我们必须以提高城镇化质量为关键，推进城镇化健康发展。否则，城镇化就走不下去。

从当前的突出矛盾出发，处理好质量与速度的关系必须首先处理好以下几个方面的问题：一是要积极促进农民工市民化，逐步解决半城镇化问题。要按照因地制宜，分步推进，存量优先，带动增量的原则，坚持两手抓，一手推动户籍制度改革，一手推动基本公共服务均等化，有序推进农民工市民化。二是要以人为本，妥善解决城市病问题。着力解决群众反映强烈的突出问题，积极完善城市硬件、软件设施，大力提高城市文明水平，不断提高群众对城镇建设的满意度。要提供与城镇经济发展水平相适宜的的基础设施和基本公共服务，优先解决城镇人口的就业、安居、教育、医疗、交通等问题，提高城镇居民生活质量。三是要转变城镇发展模式，提升城镇的可持续发展能力。要加强城乡不同类别的空间管制，大力推进低碳生态城市建设，促进城镇集约紧凑发展；围绕提升城镇发展软实力，加快城镇服务功能建设和综合管理，提高城镇管理服务水平。四是要建立城镇化发展评价体系，确保城镇化健康发展。科学制定城镇化质量评价指标体系，将城镇化质量纳入政绩考核、重大事项督查范围。五要不断优化城镇化布局和形态，在我国城镇化目前的空间形态基础上，更加重视中西部城市群的协调建设，更加重视小城镇的建设，加强城市的辐射带动作用，利用综合交通运输体系缩小城市距离。加快发展中小城市，有重点地发展小城镇。

（二）人口城镇化与土地城镇化的关系

城镇化既是农业剩余人口由农业和农村向非农产业和城镇转移，也是土地由农业、农村用途向工业、城镇用途转变，是农业剩余人口市民化（人口城镇化）和农地非农化（土地城镇化）的统一。据国家发展改革委宏观经济研究院国土开发与地区经济研究所副所长高国力的调查研究，1996 年我国城镇面积是 1.3 万平方公里；到 2011 年，扩大到 5.3 万平方公里，增长了 3.1 倍；而同期的城镇人口，仅从 3 亿增加到 6.9 亿，只增加了 1.3 倍。人口城镇化严重滞后于土地城镇化。

由于城乡二元制度的存在，农业剩余人口市民化被分割为农民非农化和农民工市民化两个过程。改革开放以来，农村改革的成功、工业化和城镇化进程加速，极大地推动了农民非农化和农地非农化，但由于城乡二元制度的阻碍，农民工市民化速度却异常缓慢。2000～2012 年间，城镇化率始终落后非农化率 14 到 15 个百分点；如果仅仅考虑户籍人口，城镇化率落后农民非农化率的差距就更大了（2012 年为 31 个百分点）。土地城镇化（或农地非农化）的速度也大大快于人口城镇化的速度。如何协调农民非农化、农民工市民化与土地非农化的关系，需要处理好以下三个关系：一是中央财政转移支付与农民工市民化挂钩。二是实行征地和农民工市民化挂钩。三是促进有能力在城镇稳定就业和生活的常住人口有序实现市民化。当然，对于其他就业能力较差、不能稳定就业的农民工，政府也应尽可能的做到基本公共服务的均等化，并通过教育和培训，提高劳动技能和就业能力，积极为其落户创造条件。

（三）顶层设计与地方探索的关系

加快推进新型城镇化是一项系统工程，需要一系列公共政策的集合。从我国城镇化发展历程看，来自中央的各项政策支持和规划引导发挥着至关重要的作用。当前，尤其要加强城镇化的规划引导和制度的顶层设计，按照主体功能区的要求，加强全国城镇化的科学布局和统筹规划，统筹谋划和大力推进户籍制度、土地制度、社会保障、财税金融、投资融资、行政区划等方面的改革，妥善处理关系城镇化发展全局的几个重大战略难题，只有这样才能保证新型城镇化的正确方向，促进新型城镇化健康发展。如逐步剥离附加在户籍上的福利待遇，健全户籍制度和居住证制度有效衔接的人口管理制度；探索实行城镇建设用地增加规模，与农业专业人口落户数量相挂钩的政策；建立可持续的城市公共财政体系和投融资机制，为实现城镇基本公共服务、常住人口全覆盖和城市基础设施建设提供资金保障；通过财税金融体制改革，形成有利于城镇化健康发展的激励机制；深化行政体制改革，冲破行政区划的壁垒，赋予地方更多的发展自主权。同时，要把顶层设计和鼓励地方探索结合起来，调动基层的创新与探索的动力，发挥好地方的积极性和能动性。今后，更加要深化试点示范，通过小范围实践、小步子突破，逐步总结推广。如鼓励地方政府根据全国规划布局和改革要求，因地制宜，积极试点探索建立农业转移人口市民化成本分担机制，探索建立进城落户农民承包地流转和宅基地退出机制，降低行政成本的设市模式，积极探索和总结各地城镇化道路和模式。

（四）物质文明和文化传承的关系

新型城镇化与传统城镇化的一个重要区别，就是新型城镇化更加重视文化传承和城镇文化建设。对一个城镇来讲，如果没有自己的文化，就形不成自身的特色，优势就发挥不出来，造成的结果必然是"千城一面"、"千镇一面"。新型城镇化的"新"就是要由过去片面注重追求城市规模扩大、空间扩张，改变为以提升城市的文化、公共服务等内涵为中心，真正使我们的城镇成为具有较高品质的适宜人居之所，而不是简单地建高楼和建广场。上世纪八九十年代以来，在城镇化进程中很多文化遗产被破坏和遗弃，留下了太多惨痛的教训，城市化进程中对文化资源保护意识不强、保护水平不高、保护后使用不当等问题十分突出，致使不可再生的历史文化资源迅速流失、传承悠远的历史文脉被粗暴割裂、千姿百态的城市和乡土文化个性逐渐消遁。新型城镇化不是简单的经济物质条件的聚集，而是遵循传统文化、乡村结构的城镇化。这既是对我国农村经济的自然解构，又是我国产业升级的自然结果。在加快推进新型城镇化过程中，一定要处理好物质文明和文化传承的关系，既要做好产业的转型升级，避免简单的产业累加，造成产能过剩，又要营造良好的创业环境，增强对人口集聚和服务的支持能力。一方面，注重从 GDP 增长的物质积累向物质文明发展转变，注重由文化外表下的经济增长向以文化为内涵的经济发展转变。另一方面，加强文化的积淀，从水泥森林的城市向新型城市、绿色城市、智慧城市、人文城市转变。同时，城镇都是由乡村发展起来的，乡土文化是城镇文化的根基。所以在新型城镇化过程中，一定要重视乡土文化的传承和保护，不能因为城镇的崛起而失去了发展的根脉。

（五）主动城镇化与被动城镇化的关系

在城镇化进程中有"被动城镇化"与"主动城镇化"之分。被动城镇化是指政府引导下城镇扩容和本地农民进城，主动城镇化是指市场引导下产业聚集、城镇扩容和外来人口就业。因此"主动城镇化"与"被动城镇化"的关系实质上是政府引导与市场主导在推进新型城镇化中的作用强弱关系。从我国城镇化历程可以看出，"被动城镇化"主要由工业化推动，这一阶段的城镇化是工业化的副产品；"主动城镇化"是由城镇依靠渗透辐射实现自生发展，这一阶段是工业化、信息化和农业现代化和城镇化共同成为推动经济社会发展的主要动力。

从我国经济社会发展和城镇化的实际出发，"被动城镇化"还将在一段时期内发挥应有的作用，但是，随着改革开放在广度和深度的不断拓展，市场成为资源配置的决定性力量，"主动城镇化"将逐渐替代"被动城镇化"成为推动我国经济社会发展的主要动力。其战略意义主要体现在更加有利于优化产业结构、扩大内需和城乡融合发展。同时，推进新型城镇化，一定要处理好人口的主动迁徙与被动转移的关系，正确引导人口的有序转移。一方面，遵循经济社会发展规律，对人口的主动迁徙做好公共服务工作，分类管理、分类引导。另一方面，根据城市发展的规划主动提供居住环境引导人口向中心城镇、中小城市聚集。同时，促使进城人口实现三维转换，即从农业到非农业的职业转换、从农村到城镇的地域转移以及从农民到市民的身份转换。

（六）城镇资源投放与发展现代农业的关系

长期以来，我国的土地财政模式使得我国城市发展过分注重对城市的资源投放，过多强调提高城市土地要素的利用效率，导致公共服务向城市倾斜，尤其是医疗、教育向中心城市聚集。事实上，城镇化并不自然导致城乡一体化。因此，推进新型城镇化，要处理好城市资源投放与加快发展现代农业农村的关系，促使传统的城乡二元格局的利益分配由失衡走向平衡，实现国民利益分配均等化、无歧视，以及资源投放的合理化。要促使城乡要素的集中，产生协同效应和学习效应，降低运输成本和交易成本。要创新体制机制，统筹城乡的要素发展，引导城市和农村的"土地、人力、资金、技术"等要素的市场统一，推动实现城乡发展一体化。

七、当前中国推进新型城镇化面临的挑战

1. 西方发达国家的排挤。西方一些发达国家在进行早期快速城镇化时期，排放了大量二氧化碳，现在到了我们发展城镇化了，却遇到非常严格的环保要求和低碳排放的要求。城镇化的过程是一个必然增加能耗和碳排放的过程，中国现在每年要消耗世界上水泥产量的 40%，所有钢材的 35%，城镇化需要原材料、能源的消耗以及二氧化碳排放，要完成城镇化又不能有排放，这是不可能的。这对中国是一个巨大的挑战，同时中国自身的特点也对城镇化发展具有很大挑战。

2. 资源环境的约束。中国是一个耕地少、水资源短缺的国家。中国人均耕地只有 1.4 亩，每年因城镇化要减少耕地 1800 万亩左右。中国人均水资源被国际有关组织列为贫水国家，而且我国水资源分布还非常不均匀，华北地区人口占全国的 1/3，但是水资源仅仅占 6%，而人口很少的西南地区却拥有大部分的水资源。中国的水土资源和各个大国相比，耕地只是他们的 1/20，水资源、森林面积也只是他们的 1/20，在这样的情况下，中国如何以全球 7% 的耕地、7% 的淡水资源来支撑全球 21% 人口的城镇化？

3. 特殊的农民工问题。中国有一个非常特殊的"候鸟式"农民工群体，而且其流向非常的不均匀。中国特有的土地制度规定，城市的土地属于国家，而农村土地属于集体。农民转到城里去了，但是土地还保留在村里，农民离土不离村，现在中国城市中持农村户口的农民工总数量已经超过了持城市户口的工人，而且中国的大城市里的城中村扮演着一种"贫民窟"的角色，许许多多农民工住在这里。从 2001 ～ 2004 年农民工进城的就业分布来说，大城市更受到农民工的青睐，小城市吸引力在下降，这会导致危险的倾向——像北京、上海这样的大城市人口会越来越密集。

4.能源储量结构失衡。中国的煤储量相对来说较为丰富些，而人均石油和天然气的储量只是全球平均水平的 11% 和 4%。西方发达国家以前是用煤作为工业燃料的，现在用的却是天然气了，二氧化碳排放就减少一半。而中国因天然气储量低没有这个条件转换，并且我国的能耗中的 40% 是用来生产外贸产品，可以这样说中国替外国转移了一部分的二氧化碳排放。

5.城镇化的推动力单一。中国的城镇化主要依靠工业化来推动，导致服务业发展比较滞后。其结果是工业排放污染就比较大，我国也出现了发达国家已经历过的工业化阶段的水污染、空气污染问题，加上污水收集管网不足，工业和城市污水排放量上升很快，尤其是中国沿海和其他河域地带污染问题越来越突出，突发性的事故非常严重，这引起了中国政府的高度重视，下决心加强污水治理。

6.照搬国外城镇化模式。中国是自然和历史文化遗产众多的国家，但是整个城镇化过程中，也遇到一味追求"洋风格"，盲目照搬国外城镇发展模式的问题。在这个过程中，由于照搬国外模式使得城市的风格雷同，城市的规划设计缺乏地方特色，并且自然文化遗产受到很大破坏，这不仅对中国甚至对世界都是一大损失。

7.居民收入差距日益拉大。2012 年中国全国居民收入的基尼系数为 0.474。2003 年到 2012 年的十年间，基尼系数在 2008 年达到最高值 0.4910，随后开始逐步回落。10 年间，基尼系数全部高于 0.4。按照国际一般标准，0.4 以上的基尼系数表示收入差距较大，即 0.4 是国际公认警戒线。这种扩大的趋势表明不同阶层居民之间的收入差别在扩大。

八、中国推进新型城镇化具体路径

（一）走以人为本的城镇化道路

发展城镇要依靠人也是为了人，城镇化的一切应当围绕人的城镇化来展开。"以人为本"的城镇化的关键是推进"迁转俱进"：实现人口从乡村到城镇的迁移与人口从农民到市民职业身份转换同步推进，让迁移到城市的居民能够在城市里"住有所居"、"学有所教"、"老有所养"、"劳有所得"、"娱有所乐"、"病有所医",充分享受到城镇现代化的公共基础设施和服务,拥有一个良好的居住和空间环境、良好的人文社会环境、良好的生态环境、清洁高效的生产环境。"以人为本"是目的也是手段,提高了人口素质和收入水平,改善了要素供给,也扩大了消费需求,有利于城乡可持续发展。

(二)走倾斜平坦的城镇化道路

聚集和自由流动能够确保资源的最佳配置以及分享规模经济与外部经济,从而提升经济效率,但是过度聚集将会导致拥挤的成本、"城市病"、区域差距扩大。推进新型城镇化,第一,在全国空间布局上,一方面,要发挥中国作为大国的规模优势,积极消除城市之间各种市场分割障碍,促进全国统一大市场的形成,实现国内市场充分一体化;另一方面,要把握城镇化空间聚集的度,使城镇化聚集最大化规模经济和外部经济的效益,最小化规模经济和外部经济的成本。第二,在城市规模和城市间发展关系方面,强调大城市、中等城市、小城市和小城镇协调和联合发展的城市集群化道路,改变单纯走中心城市带动或小城镇发展的道路。让空间上接近的若干大城市、中等城市、小城市和小城镇紧密联系起来,以便互相补充、相互配合,使处在城市群或城市带的每个城镇都能享受到城市群的正外部经济。第三,在城乡关系方面要走城乡一体的道路,要把工业与农业、城市与乡村、城镇居民与农村居民作为一个整体,逐步打破二元结构。实现基础设施和公共服务的城乡一体化,加快基础设施和公共服务向农村延伸和衔接;加强城市向农村的反哺力度,通过转移支付实现对弱势农村和落后地区的支持。

(三)走产城互动的城镇化道路

第一,继续保持或扩大第二产业优势,尤其是提升第二产业的国际竞争力,不仅能够为产业工人提供就业机会,而且能够提高第二产业的收入水平;第二,大力发展就业吸纳能力高的生产性和社会性服务业,不仅能够促进经济发展,而且能够加快城镇化的步伐;第三,积极推进农业产业化,提高农业生产效率,增加农民收入;第四,制定实施城市居民收入增长计划,确保城市居民收入增长,在扩大就业机会的同时提高非农就业者迁移到城市的能力,从而推进城镇化和经济社会发展。

(四)走绿色发展的城镇化道路

未来城镇化不走先发展后治理的老路,也不走唯环境不发展的道路,要走低碳化、工业化与城镇化协调发展之路。第一,鼓励发展节能性环保产业,降低产业发展对能源、水资源、空气等生态资源的消耗或破坏;第二,支持探索循环经济模式,以更少资源生产更多经济价值;第三,要求工业入区、入园,促进产业集群,既可以集中处理污染,又可以使各产业分享外部经济;第四,加强节能环保宣传,鼓励城市居民在日常生活中践行节能环保;第五,加强城市绿地资源建设,提高生态环境自我净化能力;第六,倡导绿色消费,减少消费污染;第七,重视调解资源占用与分配、环境污染方面的矛盾、冲突,促进城镇化与环境保护的良性互动。

(五)走包容增长的城镇化道路

推进新型城镇化,应统筹城镇化与社会发展的关系,在社会和谐中推进城镇化。第一,在政治方面,让更多的人获得参与决策和议事的机会,为不同社会阶层的人提供发展的机会和平台,让所有的人分享城市发展进步的成果。第二,在社会方面,正确处理政府、企业和居民的关系,保护农民和城镇居民的合法权益,尊重居民的意愿和选择;正确处理当地居民和外来居民的关系,切实保护外来居民权益,让外来居民与当地居民和谐相处;正确处理不同收入阶层之间的关系,既鼓励人们创新、创业和创富,同时关心和保护弱势群体,实行向弱势群体倾斜的普惠福利,建立与完善配套的社会保障政策,缩小贫富差距。

(六)走创新驱动的城镇化道路

中国作为后发城镇化国家,应毫不犹豫地实施创新驱动战略。第一,实施创新要素驱动,推动经济增长,迎头赶上先发国家。为此,要将教育置于更加优先发展的位置上，继续加大教育投入，延长义务教育，扩大职业教育和成人教育，建立与未来城市中国经济社会发展相适应的多层次的教育体系。加大科技投入，培育创新的主体，构建创新的网络，搭建创新的平台，积极发展和城市体系相适应、与产业体系相匹配的分层次、有分工的科技创新体系。第二，实施制度和管理创新，保障新型城镇化可持续推进。第三，不仅要在技术上不断创新，而且在管理上尤其在发展方式上不断创新，力争后发先至，后来居上，进而引领世界潮流。

（七）走政府引导的城镇化道路

城镇化是市场主体分享外部经济偏好在空间聚集上的显示，是市场主体空间自由选择的过程。城镇化要求健全市场制度体系，但由于存在市场失灵，仅仅通过市场选择难以实现最优均衡。促进城镇化健康可持续发展，需要政府创造适宜的硬件环境和软件环境。一方面，便利市场主体流动，使其空间偏好得以显示；另一方面，兼顾国土空间利用的"效率与公平"。因此，政府的主要职能是：第一，顺应城镇化发展规律，对城镇化进行前瞻性科学规划；第二，建设辖区范围内的一体化的公共基础设施；第三，为在不同区位的居民提供均等化的公共服务；第四，为在不同空间区位活动的企业和居民提供公平、公正、均等、统一的规范化的制度环境。

（八）走全面开放的城镇化道路

第一，利用全球，借力世界。要积极实施全方位开放战略，利用全球的要素、资源和市场，借鉴全球的发展经验，坚持世界的发展标准，顺应全球的发展趋势，构建一个充分国际化的城市国家。

第二，立足本土，保持个性。每个地方的城镇，都有自己不同的基础、背景、环境和发展条件，每一个城镇都应该有自己的个性，要突出多样性。在城市功能上，大城市、经济中心城市应该发挥集聚功能，增强对区域的辐射能力，重点发展具有优势的技术密集型和资本密集型产业，大力发展生产性服务业，强化技术创新和制度创新，成为中国参与国际竞争的重要力量。中小城市则要在保持产业特色的同时，依托相对较低的投资成本和比较完善的产业发展环境，主动承接大城市的产业转移，为城市发展提供强有力的支撑和充足的动力，提升对周边区域的凝聚力和带动力，增强自身向大城市发展的能力。

第三，在文化上，坚持国际化的多样性与当地化的主旋律的结合。一方面，要海纳百川，积极吸收外来优秀文化；另一方面，要注重保护和继承文化遗产，尊重当地居民的各种文化和生活特性，体现古今交融的文化魅力，实现当地文化与外来文化的多元并存和融合发展。

第三章

湖南省城镇化历程与现状

一、湖南省城镇化历程

湖南省位于长江流域中游南部，属于中国四大板块中的中部区域。全省国土面积 21.18 万平方公里，辖 13 个地级市、1 个自治州、16 个县级市、106 个县（区）。全省 29 个设市城市中，人口在 100 万以上的特大城市有 2 个，50 万～100 万人的大城市有 8 个，20 万～50 万人的中等城市有 7 个。全省 71 个县城中，20 万～50 万人的大县城有 6 个，10 万人以下的小县城共 32 个。全省县以下建制镇有 979 个。湖南在新中国建国初期只有长沙和衡阳两市，城市人口 235.95 万，全省城镇化率只有 7.90%；到 2012 年底，湖南省城镇人口为 3097.06 万人，城镇化率达到 46.65%。通过分析湖南的城镇化率数据，可以把湖南城镇化发展历程划分为五个阶段：

第一阶段（1949～1957 年），缓慢起步阶段。城市自古就有，但城镇化是指自产业革命以来，伴随工业化的发展，人类经济活动在特定区位大量集聚发展的过程。新中国成立前，湖南民族工业发展缓慢，城镇化率相应较低。1949 年，湖南城镇化率仅为 7.9%，比全国平均水平低 2.74 个百分点。新中国成立后，湖南的城镇化是通过国家工业发展战略逐步推进的，但由于湖南不是国家工业布局的重点地区，全省城镇化步伐依然较慢。伴随国民经济的恢复性的发展，有力地促进了城镇化的进程，到 1957 年底，全省共有省辖市 2 个，地辖市 7 个，镇 205 个；城镇人口达到 314.67 万人，城镇化率由 1949 年的 7.9% 上升到 1957 年的 8.7%。

第二阶段（1958～1965 年），起伏阶段。受"大跃进"冒进思潮的影响，有些城镇脱离实际的超速发展工业，导致大批劳动力流入城镇，城市人口骤然增长。1959 年全省城镇人口达到 494.52 万人，城镇化率上升到 13.4%。由从 1961 年开始调整经济结构，精简城市人口，1965 年的城镇化率为 10.4%，比 1957 年仅增长了 1.7%。

第三阶段（1966～1977 年），停滞阶段。十年动乱，大批知识青年及城市人口上山下乡，城市发展止步不前，出现逆城镇化现象。1977 年省辖市 3 个，地辖市 7 个，镇 163 个，城镇化率为 11%，比 1965 年仅增长了 0.6%。1977 年湖南城镇化率为 10.98%，比全国平均水平低 6.57 个百分点，与全国的差距进一步拉大。在近 30 年里，湖南城镇化率仅提高了 3.08 个百分点，年均提高 0.11 个百分点，低于同期全国年均提高 0.26 个百分点的水平。

第四阶段（1978～1999 年），稳定发展阶段。随着家庭联产承包责任制和经济体制改革的实施，特别是第二、三产业的加快发展，湖南城镇化稳定较快发展，从 1978 年到 1999 年，湖南城镇人口增加 1162.79 万人，城镇化率提高 15.41 个百分点，年均提高 0.7 个百分点，但仍落后于全国年均提高 0.78 个百分点的水平。

第五阶段（2000 年至今），加速发展阶段。进入新世纪以来，湖南城镇化在工业化的有力推动下步伐明显加快，在 2000 年城镇化率达到 29.75% 后，近几年以年均 1.76 个百分点的速度加快提高，快于全国年均提高 1.27 个百分点的水平。据湖南省统计局消息，到 2013 年底湖南省城镇化率达到了 47.96%，比 2012 年增加 1.31 个百分点。

二、湖南城镇化的主要成就

改革开放以来,湖南推进城镇化取得巨大成效,尤其是自2008年召开新型城镇化工作会议以来,湖南城镇化建设速度明显加快。2012年11月,湖南省政府发布《湖南省推进新型城镇化实施纲要(2012～2020)》,明确提出快速推进新型城镇化的总体要求:以科学发展观为统领,以人口城镇化为核心,以城乡一体化为方向,大力提升城镇化水平和发展质量。坚持以人为本和改善民生,着力创造宜居宜业环境;坚持资源节约和环境友好,着力构建"两型"产业和"两型"生活;坚持城乡统筹和区域协调,着力提高县城和中心镇发展水平;坚持提升城镇综合承载能力和辐射带动能力,着力完善城镇功能;坚持全面发展和可持续发展,着力创新体制机制。随着城镇化发展思路的逐步明确以及城镇化实践的不断深入,湖南省推进新型城镇化发展在实践探索中取得了长足的进展,城镇化水平快速提高,城镇建设日新月异,城镇功能日益完善,城镇体系逐步优化,城镇经济实力不断增强,对区域经济的辐射带动作用进一步增强,城镇人居环境显著改善,城镇化建设取得了令人瞩目的成绩。

(一)城镇化水平快速提高

2012年,全省城镇化率达46.65%,比2007年提高6.5个百分点,年递增长1.1个百分点。其中,长沙、株洲和湘潭分别达到69.38%、59.10%和54.02%,分别比全省平均水平高22.73个、12.45个和7.37个百分点(见表3-1)。从增长速度看,全省城镇化年均增长率为3.05%,大部分地区年均城镇化增长率都在2%以上,湘潭、衡阳、常德、永州和怀化五市年均增长率均超过3%,城镇化增速最快的是株洲和邵阳,年均增长率分别达4.51%和4.44%。城市规模进一步扩大,2011年末,全省市级城区建成区面积达1175平方公里,比2005年增加397.5平方公里,年均递增7.1%。城市人口进一步增多,2011年末,全省市级城区家庭总户数为462.47万户,比2005年增加74.41万户,平均每年新增12.4万户;年末总人口达1360.7万,比 2005 年增加 173.7 万，占全省总人口的比重由 2005 年的 17.6% 上升到 19.1%。

表 3-1 2007 ～ 2012 年湖南省及各市（州）城镇化率（单位：%）

地 区	2007 年	2008 年	2009 年	2010 年	2011 年	2012 年
全 省	40.15	42.15	43.20	43.30	45.10	46.65
长 沙	60.20	61.25	62.63	67.69	68.49	69.38
株 洲	47.40	48.83	50.30	55.48	57.48	59.10
湘 潭	46.55	49.44	49.94	50.11	52.08	54.02
衡 阳	41.22	42.57	43.15	44.50	46.99	47.90
邵 阳	29.02	29.85	30.43	32.84	34.13	36.06
岳 阳	45.10	45.50	46.70	46.01	47.81	49.30
常 德	36.05	37.02	38.30	38.87	40.10	42.95
张家界	35.61	37.10	38.60	36.19	39.15	41.10
益 阳	37.52	39.75	41.50	39.86	41.10	42.15
郴 州	40.02	41.30	42.36	41.70	43.30	45.28
永 州	34.20	36.46	37.98	35.38	37.94	39.87
怀 化	33.11	34.46	36.20	36.09	37.69	39.01
娄 底	34.24	35.09	35.60	34.97	37.50	39.23
湘西自治州	32.50	34.30	35.59	34.72	36.07	37.60

资料来源：表中数据来源于历年《湖南统计年鉴》。

（二）现代城镇体系逐步完善

大中小城市和小城镇协调发展的关键是构建科学完善的城镇等级体系、职能体系和空间体系。2012 年，湖南从自身的城镇体系特点与实际出发，坚持统筹规划、合理布局、完善功能、以大带小的原则，积极打造环长株潭城市群，积极发展区域性中心城市和中小城市，着力做大做强县城和中心镇，全省城镇规模进一步扩大，城镇等级结构逐步优化，城镇功能日益完善，城镇的辐射带动作用显著增强。截至2012年末，全省共有设市城市29个（省辖市13个，县级城市16个），1109个建制镇。其中，特大城市（100万人以上）1个，大城市（50万～100万人）9个，中等城市（20万～50万人）7个。从市辖区人口看，长沙超过200万人，100万～200万人的5个，分别是株洲、衡阳、岳阳、常德、益阳。长沙市建成区面积超过200平方公里，株洲超过100平方公里，湘潭、衡阳、岳阳、常德、益阳介于50～100平方公里。湖南初步形成以城市群为主体形态，环长株潭城市群为核心，区域中心城市为依托，县城和中心镇为基础的大中小城市与小城镇相互协调、共同发展的城镇体系，在人口集聚、空间布局、融合发展、城乡统筹、产业布局、资源配置和生态保护上为城市更快发展奠定了良好基础。

（三）龙头城市建设突出

长沙、株洲、湘潭以"两型社会"试验区建设为契机，逐步扩大城市建成区的规模，拓展优化城市空间布局，实质性融城进展迅速，城市群核心增长极地位不断增强。长沙一方面积极谋划"一主、两次、四组团"式的发展布局（"一主"指中心城区，"两次"指河西新城和星马新城，"四组团"指暮云、捞霞、高星、含浦四个组团），另一方面积极向株洲和湘潭方向拓展。株洲在河西规划建设13平方公里的新城区进一步向湘潭方向拓展，并沿长株潭高速公路两侧发展，北上与长沙实现对接。湘潭则重点向北、向东发展，向北朝长沙方向拓展，沿江规划建设20平方公里的新城区，向东则与株洲实现对接。城区规模的进一步扩大，加速了长株潭三市的融城速度，特别是2012年6月20日长沙市大河西先导区和湘潭（九华）经济技术开发区战略合作框架协议的签订，在长株潭融城项目上实现了实质对接，是长株潭城市群融城的实质性重大突破，标志着湖南特大龙头城市建设进入全面快速实施的新阶段。2014年6月10日，经湖南省委研究同意、湖南省政府批复，依托长沙先导区组建跨行政区的湘江新区正式挂牌成立，这意味着长株潭龙头城市群的"龙头"正式确立。湘江新区的建设既有利于做大做强湖南经济发展的核心增长极，又有利于试点探索新型城镇化的实现途径；既是长沙市自身发展的迫切要求，也是全省经济发展的必然选择。湘江新区以"两型社会"建设为主要特色和主打品牌，作为长株潭城市群核心示范区和湖南省新的增长极，打造服务中部、引领全国的创新驱动中心，全国第一流的高新技术产业新区。

（四）城镇综合承载能力持续增强

在推进城镇化进程中，湖南把增强城镇综合承载能力摆在重要地位，2012 年全省完成固定资产投资 14576.61 亿元，增长 27.5%。其中，完成城镇投资 13202.28 亿元，增长 26.3%。在城镇投资中，基础设施投资 3302.91 亿元，增长 15.9%；民生工程投资 511.88 亿元，增长 26.3%；生态环境投资 426.69 亿元，增长 57.3%；房地产开发完成投资 2210.52 亿元，增长 13.7%。为适应城市扩张、功能提升的要求，湖南加快系统化、立体化的城市基础设施网络建设，不断改善城镇基础设施承载能力，2011 年末，全省市级城区实有城市道路面积 16669 万平方米，比 2005 年增加 7942.1 万平方米，年均增长 11.4%；城市人均道路面积由 2005 年的 7.35 平方米增加到 11.01 平方米。2012 年，全省实现建筑业总产值 1366.42 亿元，同比增长 7.9%。城市社会公共服务承载能力进一步增强，2011 年，全省市级城区用于教育和医疗卫生的财政支出达 210.5 亿元，是 2005 年的 5.94 倍，年均递增 34.6%，占全省市级城区地方财政一般预算内支出的比重由 2005 年的 12.8% 提高到 17.5%。从事教育的人员达 23.08 万人，比 2005 年增长 25.7%，年均增加 3.9%。全省市级城区拥有医院、卫生院 1242 个，比 2005 年增长 31%；拥有医生数 55297 人，比 2005 年增长 60.2%；拥有注册护士 56589 人，比 2005 年增长 95.2%；医院、卫生院床位数达 114897 张，比 2005 年增长 60.1%。城镇森林、湿地、水体生态系统保护进一步加强，城市绿地面积进一步扩大，城镇环境承载能力进一步增强，2012 年人均公园绿地面积 9.0 平方米，比 2011 年增加 2.15 平方米；城市污水处理率

86.5%，比 2011 年提高 3.68 个百分点；生活垃圾无害化处理率 96.8%，比 2011 年提高 10.45 个百分点。城镇住房保障能力进一步增强，2007~2011 年，共投资 649.49 亿元，完成各类保障性住房和棚户区改造 85.06 万套。其中，廉租住房 35.35 万套，经济适用住房 10.82 万套，公共租赁住房 6.47 万套，各类棚户区改造建设安置住房 32.6 万套，解决了 108 万户城镇住房困难家庭的住房问题。

（五）城镇经济实力稳步提升

湖南从战略和全局的高度把握新型工业化、新型城镇化、农业现代化和信息化的内在机理，积极推进"四化"联动，以新型工业化助推新型城镇化，以新型城镇化促进新型工业化、农业现代化，带动信息化，发挥"四化"建设在经济社会发展中的最大合力，促进了城镇经济持续快速增长，城镇经济实力和竞争力不断提高，对全省经济贡献率不断提高，对区域经济的拉动作用增强。

一是环长株潭城市群业已成为全省经济的发展引擎和核心增长极，对周边区域的辐射带动作用进一步增强。近年来，特别是 2007 年获批"两型社会"建设综合配套改革试验区以来，环长株潭城市群依据资源节约、环境友好社会建设的总体要求，坚持走新型工业化、新型城镇化的发展道路，积极创新体制机制，实现了经济社会的跨越式发展。2012 年，环长株潭城市群城镇化率为 50.5%，比全省平均水平高 3.85 个百分点；地区生产总值 17660.72 亿元，占全省的 79.7%；城镇居民人均可支配收入为 22632.63 元，比全省平均水平高 1313.63 元；规模工业增加值平均增长速度为 15.06%，比全省平均水平高 0.46 个百分点；固定资产投资 10385.87 亿元，占全省固定资产投资的 71.3%；社会消费品零售总额 6004.06 亿元，占全省的 76.4%；进出口总额 181.4 亿美元，占全省的 82.7%。环长株潭城市群日益成为湖南产业最为密集的区域，是湖南经济发展的龙头，也是实现中部崛起的重要支撑力量。

二是城市开发区规模扩大，经济实力迅速增强。2012 年，湖南共有

78家省级及以上开发区，其中，国家级开发区13家，省级开发区65家。从开发区类别来看，工业园区29家，高新技术产业园区9家，综合开发区40家。全省78家开发区实际已开发面积755.54平方公里，比上年增长13.8%。拥有企业16609家，其中，工业企业9550家，比上年增加1117家；高新技术产品企业1715家，增加270家；出口型企业806家，增加122家。年末从业人员达187.81万人，增长11.6%。

（六）城乡统筹发展格局初步形成

湖南省坚持把统筹城乡发展作为加快新型城镇化的新路径，逐步实现了城乡基础设施、公共服务、劳动就业、社会保障协调发展。一是各项投入力度加大。2012年，完成农村固定资产投资1374.32亿元，增长58.7%；财政对农林水事务支出437.87亿元，对城乡社区事务支出、改造县乡公路等支出均实现了不同程度的增长。二是城乡基础设施对接增强。通过加强县城、小城镇建设，促进城市道路、管网、供水、供电、垃圾污水处理设施向农村延伸，完善了农村水、电、路等基础设施，以及沼气、垃圾和污水处理等生活设施，有效实现了城乡基础设施的对接。三是农民生活质量逐步提高。全省农民人均纯收入达到7440元，农民人均生活消费支出5870元，均比上年增长13.3%，其中在居住条件、交通条件的改善和医疗保健等方面的人均支出分别为1088元、482元和497元，分别比上年增长了12.2%、14.2%和25.4%。四是社会保障进一步完善。2012年，全省城镇新增就业72.35万人；城镇居民基本医疗保险参保人数达到1544.26万人，增长34.1%；参加城镇基本养老保险职工人数1048.14万人，增长6.1%；发放城镇居民最低生活保障经费42.68亿元，增长25.7%。新型农村合作医疗参保人数达到4671.16万人，建立农村居民生活保障制度县（市、区）达到122个。

（七）"两型社会"建设成效突出

湖南省坚持把城镇发展与"两型社会"建设有机结合，走资源节约、环境友好和科技创新的新型城镇化道路。2011年，全省科学技术财政支出达 40.68 亿元；七大战略性新兴产业投资 2505.78 亿元，增长 25.4%，对全省固定资产投资的贡献率为 31.5%；规模工业中的高加工度工业、高技术产业分别实现增加值 2739.6 亿元和 429.85 亿元，分别增长 28.8% 和 32.4%，占规模工业增加值的比重分别达 33.7% 和 5.3%，同比分别提高 1.7 个和 0.7 个百分点。2012 年，全省高新技术产业总产值 11514.53 亿元，增长 19.8%，高新技术产业增加值 3317.24 亿元，占 GDP 的 14.97%；湘江流域重金属污染治理有序开展，农村环境连片整治纳入国家试点。重点生态功能区保护和建设进展顺利，完成退耕还林 2.4 万亩，森林覆盖率稳定在 57.34%。特别是环长株潭城市群地区"两型"产业实现了集聚发展。2011 年，环长株潭城市群区域面积为全省土地总面积的 45.6%，但创造了全省约 80% 的地区生产总值、60% 以上的地方财政收入、90% 左右的工业增加值；三次产业结构由"十五"期末的 16.9 ：42.4 ：40.7 调整为 10.6 ：54.4 ：35.0；高新技术增加值 2550.36 亿元，占 GDP 的 16.5%；规模以上工业企业当年科技活动经费支出总额 313.82 亿元，相当于 GDP 的 2%。主导产业中，工程机械、轨道交通等优势产业实力壮大，电子信息、新能源等战略性新兴产业迅速发展，一批千亿元产业、千亿元集群和千亿元园区逐步形成，环长株潭城市群成为全国重要的先进装备制造业基地、电子信息产业基地、文化创意产业基地和商品粮生产基地。

三、湖南省城镇化进程中的主要制约因素

湖南城镇化建设虽然取得了较大的成就，但也存在不少的困难与问题，还有多方面的制约因素束缚了城镇化在发展水平和发展质量上的进一步提升。

（一）传统观念制约

制约湖南城镇化进程的因素首先是来自人们思想意识方面的传统观念。这种观念是从两千年来以碎小地块为载体的农耕经济中衍生出来的，

除了安于现状的保守特征外，还有不愿意接受改变的处世态度和依照自然经济田园生活、生产方式与节奏习惯，使他们对城镇化和现代产业的生产与生活秩序持有怀疑、恐惧和观望情绪。其次，一些地方政府在城镇化过程中往往陷入"以物为本"的单一性、片面性、盲目性城镇化。在发展理念上，将城镇化误读为城市建设、基础设施大投入、造新城、大拆大建等，于是一些地方政府从自身利益出发，刻意将以前老路径的"投资大跃进"、"房地产化"、"人为造新城"等老的模式都装到"新型城镇化"这个筐里。目前很多地方已经出现了"人为造新城"给挂上"新型城镇化"的牌子。在价值取向上，往往将城镇化发展片面地理解为城镇化率的提高，即城镇人口的持续增加和城镇规模的不断扩张，对"新增城镇人口或准城镇人口如何在城镇安居乐业"、"在城镇人口不断增加的同时，如何同步或适度超前完善城镇基础设施和基本公共服务"等问题，则缺乏同等程度的重视和关注。再次，新型城镇化更强调的可持续发展也要求技术的绿色升级，进而对城市建设规划和管理也提出了更高的要求。这些要求让一些地方政府感觉不知从何处入手。一方面，地方政府认为很多制度改革的权力在中央政府手里，地方政府很难有大的突破，于是采取了等待的办法，等中央政府出台政策后才考虑动手。另一个方面，对于这种质量型城镇化的路径感觉压力巨大，找不到升级的办法和路径。毕竟现在的地方政府比较熟悉的领域是经济发展、吸引投资，而新城镇化提出的转型要求是他们不擅长的，难免无所适从，觉得"出路"迷茫。这种"迷茫"型的地方政府，更多地分布在思想比较保守、经济实力较弱的湘中、湘西地区。

（二）体制机制制约

一是行政等级化的城镇管理体制。在政府主导的城镇化模式下，以行政级别为基础形成的等级化城镇管理模式，造成各级城市政府间财权与事权的分配失衡，行政级别高的城市就可以利用自身的行政地位来吸取各种要素，包括土地、资金、人才等等，导致城镇体系发展的严重失衡，即大城市尤其是行政级别较高的顶级大城市畸形扩张，而中小城市则发展不足。同时造成城市区域之间存在着严重的行政分割现象，各城市政府之间区域合作受到严重限制。政府的行政级别就成为了推进各地城镇化过程中最重要的资源。二是难以剥离的户籍附着利益。户籍管理制度及附着于其上的社会保障、教育、医疗、就业、保险、土地等制度，是横亘在城乡之间一道难以逾越的鸿沟。城乡户籍差别的背后是巨大的既得利益差别。但由于以户籍制度为代表的城乡二元管理制度由来已久，利益复杂，难以靠某一点的突破而推动全局的发展。三是割裂僵化的城乡规划管理体制。现行规划决策管理体制重城轻乡、规划多头、部门分割。由于规划主体、技术标准、规划目标和编制办法的不同，湖南省经济、城乡、土地等规划之间还存在内容重叠、协调不周、管理分割、指导混乱等突出问题，导致了城镇开发管理上混乱和建设成本增加，影响了城镇经济社会健康发展。

（三）资源要素制约

城镇化是各种资源和要素不断积聚和再配置的过程，城镇的形成和发展对资源及生产要素有着很强的依赖性，城镇发展的规模、数量以及速度要受到资源和要素条件的约束。与传统的城镇化粗放使用各种资源要素模式相比，新型城镇化虽然更讲求资源的集约使用，但湖南省面临的却是资源受限和要素短缺的现实。

一是资源约束愈演愈烈。近年来，省委、省政府全面推进"两型"建设，在节能减排、循环经济、低碳发展领域开展了一系列卓有成效的工作，资源能源利用水平逐年提升、污染排放负荷逐年降低。但由于历史欠账多，经济体量大，增长速度快，总体来看，资源环境的约束仍在强化。按现有发展模式，湖南将受到资源能源、土地空间、环境生态三个"难以为继"的硬约束。湖南省万元工业增加值水耗是全国的 1.5 倍，北京的 7.9 倍，天津的 12 倍。季节性、地区性缺水严重；湖南省缺电、少煤、无油、无气，一次能源对外依存度近 50%，随着能源刚性需求不断增长，供需矛盾将进一步凸显；低效率的城镇化空耗了土地资源，用地瓶颈在全省各地都有出现；环境容量也在透支，省内大部分地级市环境容量堪忧。

二是资金、技术等要素缺口巨大。新型城镇化道路的资金需求是巨大的。湖南省是中西部经济发展比较落后的省份，资金短缺是各地在城镇化过程中普遍遇到的制约难题。一方面，地方政府要提高基本公共服务的财政支出以满足新增居民的公共需求，包括基础设施建设、廉租房建设、养老金支付、义务教育支出、公共卫生和公共安全支出等；另一方面，土地制度改革和土地经营模式转变要求地方政府将土地增值收益与被征地农民和进城务工农民按比例分享，很大程度上削减了地方政府的可用资金。户籍和土地制度改革的共同推进必然增大地方政府的资金压力。在此背景下推进新型城镇化，不可避免地面临巨大的资金缺口；生态低碳城镇建设，客观上将催生对生态低碳技术的庞大市场需求。但是目前，湖南省绿色建筑发展尚处于起步阶段，国内现有的许多生态低碳技术处于研发试验阶段，而国外生态低碳技术和材料的引进成本高昂；有些技术成熟的绿色材料和产品，还没有形成市场竞争优势，不能够大规模推广，因此当前还是非常低弱的低碳智慧城镇建设技术供给能力。

（四）路径依赖制约

任何制度一经形成，都会带来路径依赖问题。大多数西方国家在城镇化过程中，政府的作用不可或缺，但政府更多的发挥的是引导、规划和参与的角色。长期以来，湖南省与全国其他地区一样，城镇化是建立在"城乡割裂、城乡二元"的基础上，走的是一条低成本城镇化道路，城镇发展是建立在低成本获得城镇建设用地、廉价使用劳动力、环境承载严重压力基础之上的。湖南省现有的城镇化模式已经形成一个完整、自我循环、自我加强的利益链条。历来已经形成的各级政府主导下的城镇化规划、建设和开发模式，使得在现有土地和财政制度安排下，各级政府都偏好于扩大城镇规模，不仅忽视了人的城镇化问题，同时也造成了土地资源利用的低效率及对土地财政和房地产的过度依赖。城镇化推进过于依赖政府主导，使得在现有土地制度和财政制度安排下各级政府纷纷热衷于扩大城市规模，造成对土地资源的低效利用以及对土地财政和房地产的过度依赖。房价过高、房地产市场膨胀业已对继续健康推进城镇化构成了严重障碍，不仅带来普通居民的住房问题，也抬高了城市内企业运营的成本，对实体经济的发展造成威胁，使得产业结构畸形演进，为城市的未来发展埋下隐患。推进新型城镇化需要打破固有政府主导下的城镇化模式，打破已有模式下制度安排的相关利益链条，进行牵一发而动全身的改革。

以上各种制约因素的存在大大束缚了湖南省的城镇化进程，也给新型城镇化发展带来了障碍和挑战，如何克服和化解这些制约因素，是湖南省在推进新型城镇化过程中要重点关注的问题。

四、湖南加快推进新型城镇化的必要性

加快推进新型城镇化是湖南扩大内需的重要手段。新型城镇化推进的过程，是投资大幅增加、产业快速发展、人口大量聚集的过程，这些都将加速释放内需潜能和增长动能。改革开放以来，由于出口乏力，投资与消费一直是湖南经济增长的主要动力。从投资来看，2003 年以后，投资对湖南经济增长的贡献率均超过 60%，成为拉动经济增长的主力军。虽然消费也保持一定的增长，但增长速度明显低于投资增速。因此，扩内需促消费是湖南经济稳增长的重要手段。新型城镇化是扩大内需的重要途径。一方面，新型城镇化意味着更多的农民进城，带动消费规模实现大幅度增长。另一方面，新型城镇化的核心是人的城镇化，人的城镇化必然带动农民消费观念、消费方式实现由农村向城市转型，实现消费规模提升的同时，消费品质也出现大幅度提高，成为湖南经济持续增长的大型发动机。湖南省目前城镇化率低于全国平均水平，不仅城镇化本身有加快发展的空间，而且也有拉动内需的巨大潜力。省委、省政府认为，这种潜力主要表现在两个方面：一方面，新型城镇化将给消费需求装上"倍增器"。2012 年，湖南省城镇居民消费支出是农村居民的 2.48 倍，而新型城镇化的发展，意味着更多的农村人口将不断成为城镇人口，新市民的衣食住行必然带来消费方式的转变和消费规模的提升。另一方面，新型城镇化将给投资需求装上"加速器"。据测算，全省城镇化率提高一个百分点，可转移70多万农村人口，带动3500亿元投资，增加70亿元消费。这说明，新型城镇化的发展，将给湖南省扩大内需提供"弹跳板"，城市轨道交通、供水供电、天然气管网、城市排水系统、通信、文化娱乐等方面的公用基础设施建设投资将会明显增加，带动多个相关产业的发展。

加快推进新型城镇化是湖南经济稳定增长的重要保障。近年来，由于世界经济复苏缓慢，湖南省发展速度也和全国一样有所放慢，在这种形势下，迫切需要稳增长，寻找新的经济增长点和发展新动力。省委、省政府深刻认识到：新型城镇化是稳增长的"新载体"，这是因为，新型城镇化一头连着工业化，一头连着农业现代化，涉及几十个产业，可以产生巨大的市场需求，按目前湖南省新型城镇化发展速度测算，城镇化发展每年可以推动湖南省 GDP 增长 3 到 6 个百分点；新型城镇化是稳增长的"新红利"，这是因为，现在人口数量的红利正在逐渐消失，人口结构的红利正在逐步显现，在城镇化进程中，人口从农村走向城市，这种人口结构的变化将会产生新的红利；新型城镇化是稳增长的"新动力"，这是因为，新型城镇化是一个涉及改革最多的领域，包括户籍制度、土地制度、公共服务体制、财税体制等方面，而改革的深化将进一步解放和发展生产力，释放推动经济增长的强大动力。

加快推进新型城镇化是促进湖南转变经济发展方式的有力杠杆。近年来，湖南省经济结构调整取得了明显进展，但还存在"转得慢"、"转得难"的问题。如何变慢为快、变难为易？省委、省政府分析认为，加快新型城镇化是一条最便捷而有效的现实路径。只有加快推进新型城镇化，才能拓展湖南省产业结构调整的新空间、新平台、新市场，实现产业结构的集约化、低碳化、高端化；只有加快推进新型城镇化，才能增强湖南省城乡结构的平衡性、协调性、互补性，实现以城带乡，城乡一体、城乡互补；只有加快推进新型城镇化，才能进一步增加城镇人口的比重，提升全省人民素质，使湖南省逐步转型为以城市发展为主导的现代社会。新型城镇化也是湖南优化经济结构的重要举措。随着新型城镇化不断推进，农村居民进城及消费观念的转变，餐饮、娱乐、家政等服务业加速发展，对服务的需求规模会不断扩大，市场细分越来越明显，将催生更多的服务业种类，促进城镇产业结构升级。同时，伴随着大量农民进城，农村土地流转会不断加速，土地规模经营条件更加充分，将有利于推进湖南农业现代化，实现农业由过去"散、小、弱"转变为"集中、规模、强大"的现代农业，从而实现转型发展。

第四章

湖南省新型城镇化 SWOT 分析

SWOT 分析就是基于内外部竞争环境和竞争条件下的态势分析。S（strengths）优势、W（weaknesses）劣势是内部因素，O（opportunities）机会、T（threats）威胁是外部因素。运用 SWOT 分析方法，可以对研究对象所处的情景进行全面、系统、准确的研究，从而根据研究结果制定相应的发展战略、计划以及对策等。对湖南新型城镇化进行 SWOT 分析就是试图将与新型城镇化相关的各种主要内部优势、劣势和外部的机会和威胁等，通过调查分析列举出来，进行全面、系统、准确的研究，并依照矩阵形式排列，然后把各种因素相互匹配起来加以分析，从中得出一系列相应的结论，为提出对策建议提供依据。

一、湖南省新型城镇化发展优势分析

（一）全省上下高度重视为新型城镇化提供了有力保障

湖南省委、省政府历来高度重视新型城镇化建设，将此作为推动科学发展、实现富民强省的重大战略举措来研究部署。2006 年省第九次党代会提出大力实施新型工业化带动战略，大力推进城镇化进程；2007 年长株潭城市群获批为全国两型社会综合配套改革试验区，成为湖南新型城镇化建

设的标志性工程；2008 年召开了全省新型城市化工作会议，对新型城市化工作进行全面部署；2011 年召开的省第十次党代会明确提出了"两个加快、两个率先"的总任务和"四化两型"发展战略，新型城镇化正式纳入全省发展的总战略，2012 年 2 月 17 日，省委省政府出台了《关于加快新型城镇化推进城乡一体化的意见》（湘发〔2012〕6 号）；2012 年 11 月，省政府正式公布《湖南省推进新型城镇化实施纲要（2012～2020 年）》（湘政发〔2012〕37 号）；2014 年 6 月，湖南省发改委召开全省新型城镇化规划编制工作会议，启动和部署《湖南省新型城镇化规划（2014～2020 年）》编制工作。通过多年努力，全省新型城镇化进程明显加快，2012 年，全省城镇化率达到 46.7%，比 2007 年提高 6.2 个百分点。

在实践中，全省上下普遍形成了"新型城镇化是加快湖南发展的主平台"的共识和共为。今天的湖南人以"师法自然"的理念来描绘和展现"和谐自然"的中国城市意境，推出既自然又现代、既人文又原始的新型生态城市构想，这与我国新型城镇化建设"望得见山、看得见水、记得住乡愁"的美好愿景一脉相承、两相契合。

（二）现代农业蓬勃发展为新型城镇化提供了直接动力

新型城镇化与农业现代化同属"新四化"，两者之间是相辅相成的关系。相比传统农业而言，现代农业是指广泛应用现代科学技术、现代工业提供的生产资料和科学管理方法进行的社会化农业。现代农业一方面大大提高了农业劳动生产率，为农村小城镇生产和生活提供原料、资金、市场和食物，同时劳动生产率的提高使农业劳动力出现剩余，剩余的农业劳动力必然要向小城镇转移，农村农业剩余劳动力向小城镇的转移进一步加大了对生活用品和事务的需求，从而促进小城镇的繁荣与发展。另一方面，农业现代化的高度发展要求与非农人口和非农产业相对集中，产生显著的空间集聚效应和规模效应。由农业现代化引发的农村第三产业发展和科技进步等因素也会对农村城镇化起到推动作用。

湖南是传统的农业大省、"鱼米之乡"，改革开放以来特别是近年来，省委、省政府出台了一系列政策措施，有效地推动了现代农业发展。一是农业结构调整稳步推进，现代农业布局初步形成。全省初步形成了 10 大优势产业带，区域化、专业化、规模化的生产格局正在逐步形成；二是产业化水平进一步提高，现代农业经营组织有序发展。基地建设初具规模。全省已建设了 100 多个优质农产品基地县和 200 多个重点生产基地。农业产业化龙头企业不断壮大。农民专业合作组织快速发展；三是农业科技创新和物资装备达到新的水平，现代农业生产要素条件显著改善。近年来，湖南积极推进科技兴农工作，农业科研与技术推广服务领域日益拓展，农业科技进步贡献率已超过 50%，主要农作物良种覆盖率达到 95 % 以上。农业物资装备水平大幅提高；四是农业基础设施建设取得实效，现代农业建设能力显著提升。农田水利建设成就显著，全省连续 10 年实现耕地占补平衡。农村路网建设、改造取得实效，实现了 100% 的乡镇和 98% 的行政村通公路；五是农业政策落实到位，现代农业建设的软环境有效改善。农业投入不断加大，积极稳妥地开展农村税费改革，农村金融改革，农产品流通体制改革，乡镇机构改革等，增强了农业和农村经济发展的活力。

（三）新型工业化快速推进为新型城镇化提供了产业支撑

新型城镇化离不开新型工业化作为产业支撑。一方面，新型工业化是开启新型城镇化发展的动力源泉。一是工业总量将不断增加，从而带动农村剩余劳动力向工业部门转移，使得农村的人口流向城镇，促进城镇化的发展。二是工业结构调整对城镇化发展产生重要的影响，在发展和改造传统工业的基础上，将不断加大对战略性新兴产业的扶持力度。工业化发展能够创造大量的就业机会，其所创造的财富有利于改善城镇的基础设施和各项软硬件条件，为新型城镇化的发展奠定基础。另一方面，新型城镇化的发展有利于推动新型工业化的进程。通过人口的集聚带动人才和科技资源等其他要素的集聚，促使技术创新和升级，提升区域经济规模，优化生产力要素，重构产业链，有效降低发展成本，充分实现大中小城市功能互补，切实保障基础设施共建共享，促使资源的集约和节约利用，提高经济效益，产生一种结构性优化和功能性提高的综合效应。

湖南新型工业化快速推进为新型城镇化奠定了坚实的基础。自从 2006 年 11 月省第九次党代会作出了把新型工业化作为富民强省第一推动力的重大决策后，新型工业化实现跨越式发展，主要体现在 5 个方面：一是综合实力显著提升。从工业总量来看，2012 年全省全部工业增加值 9140 亿元，形成了机械制造、食品、石化、轻工、有色、建材、冶金、电子信息等 8 大千亿产业；工程机械、电工电器 2 个千亿子产业；长沙工程机械产业集群、岳阳石化产业集群 2 个千亿产业集群；长沙高新区、长沙经开区、株洲高新区 3 个千亿产业园区；五矿有色控股 1 家千亿企业。从工业增速来看，2012 年，湖南省全部工业增加值和规模工业增加值分别同比增长 13.5% 和 14.6%，分别高于同期国家增速 5.6 和 4.6 个百分点。从新兴产业来看，战略型新兴产业高速发展，2012 年，全省 7 大战略性新兴产业增速为 20.2%，高于同期工业增加值增速，成为湖南经济增长的强大引擎。二是主导作用日益凸显。2011 年，我省全部工业增加值占地区生产总值的比重达到 41.3%，比 2007 年提高 5.3 个百分点，工业对经济增长的贡献率由 2007 年的 45.6% 提升到 56.1%，成为科学发展和富民强省的主力军。三是发展方式持续优化。2011 年，全省七大战略性新兴产业增加值占地区生产总值的比重为 10.7%，增加值比上年增长 31.1%，比地区生产总值增速快 18.3 个百分点。四是创新能力不断提升。2011 年，全省规模工业实现新产品产值 3437.4 亿元，占规模工业总产值的比重达 13.0%，比 2007 年提高 2.6 个百分点。规模工业中的高新技术产业实现增加值，占全省规模工业增加值的比重达到 34.2%。五是发展后劲明显增强。2011 年，全省完成工业投资 4812.1 亿元，是 2007 年的 3.1 倍，占固定资产投资的比重为 42.1%。

（四）综合交通体系不断完善为新型城镇化提供了先行引领

快速、便捷、高效的交通基础设施是城镇化的重要前提。省第九次党代会以来，湖南高度重视交通基础设施建设，目前已经形成了水、陆、空立体的交通运输体系。从铁路来看，京广高铁已经建成通车，连接湖南东部发达地区四个市州，沪昆高铁正在加紧建设，即将在 2015 年建成通车，湘桂铁路扩能改造基本完成，具备开启动车组的条件，衡茶吉铁路即将通车，这一系列快速干线的建成通车将在现有的基础上不断完善湖南的铁路运输网络，构建快速的铁路运输体系，进一步缩短了湖南与全国重要城市的"时间距离"。高速公路方面，截至 2012 年底，湖南高速公路通车里程达到 3969 公里，预计到 2015 年，全省高速通车总里程将达到 6450 公里，打通 25 个出省通道。航空方面，目前湖南有 5 个机场，其中 1 个枢纽机场，4 个支线机场，黄花机场吞吐量近年来一直稳居中部地区第一位。此外，湖南"十二五"时期共规划新建 7 个机场，衡阳机场已于今年 7 月试飞成功，标志其满足了通航条件，随着支线机场建设步伐不断加快，湖南将形成以黄花机场为中心，其余支线机场为补充的机场群。水运方面，湘江长沙综合枢纽工程已经开始蓄水通航，航运等级将从 1000 吨级提升至 2000 吨级，湖南的大宗商品运输将顺畅地实现通江达海；2012 年，岳阳港实现货物吞吐量 1.008 亿吨，成为湖南的亿吨大港。综合交通运输体系日益完成将进一步促进湖南相关城市群发展壮大，扩大对外开放，加快开放型经济发展。

（五）多层次城市群积极发育为新型城镇化提供了战略依托

在新型城镇化发展进程中，中央提出要走以城市群为主体形态，大、中、小城市和小城镇协调发展的城镇化之路。湖南近几年，通过各级政府努力，逐渐形成了以长株潭城市群为主，邵阳东部城市群、郴州大十字城镇群、衡阳西南云大经济圈、怀化鹤中洪芷经济圈等不同类型、不同层次的城市群共同发展的格局。其中，长株潭城市群在 2007 年获批全国两型社会建设试验区以来，发展质量明显提升，交通网络化、通讯一体化、金融同城化加速推进，2012 年，长株潭地区生产总值 9441.7 亿元，占全省地区生产总值的 42.62%，成为全省新型城镇化的核心增长极。邵阳东部城市群、怀化鹤中洪芷经济圈、湘西吉凤花城镇带逐渐成为大湘西地区的核心增长极，带动大湘西地区实现快速脱贫，2012 年，大湘西地区生产总值 2870.1 亿元，占全省地区生产总值的 12.96%。郴州大十字城镇群、衡阳西南云大经济圈、永州冷零祁经济圈等城市群（圈）加速成型，带动湘南地区实现加速崛起，2012 年，湘南地区生产总值 4523.5 亿元，占全省地区生产总值的 20.42%。

二、湖南省新型城镇化发展劣势分析

（一）城镇化进程相对滞后

经过几十年的发展，湖南城镇化建设的势头较好，城镇化率有了大幅提高，与全国平均水平的差距虽在缩小，但不管在数量上还是在质量上都存在不少差距。

1. 城镇化发展滞后于全国和中部其他地区。从城镇化发展水平看，湖南城镇化发展一直落后于全国平均水平，2012 年比全国低 5.95 个百分点，居全国第 22 位，城镇化水平与湖南在全国的经济总量水平排位不太相称，也滞后于人均 GDP 居 20 位的水平。在中部六省中，湖南的城镇化发展水平也处于中等偏下，2012 年湖南城镇化水平比湖北、山西、江西分别低 6.85、4.61 和 0.86 个百分点，在中部六省中居第 4 位，与 2007 年比较后移一位。从城镇化发展提升幅度看，2012 年与 2007 年比较，湖南城镇化发展上升幅度不仅比全国低 1.46 个百分点，而且也滞后于中部其他五省，湖南比湖北低 3 个百分点，比河南低 1.89 个百分点，也低于山西、江西、安徽，在中部六省中发展最慢。2012 年湖南城镇化率为 46.65%，这一水平即使是与 2011 年全国城镇化平均水平相比仍有 4.62 个百分点的差距，与同为中部地区省份的山西、湖北两省 2011 年的城镇化率相比，仍分别有 4.25 个、5.15 个百分比的差距，与沿海的江苏、浙江、广东三个省份的 2011 年的城镇化率相比差距更大，分别低了 15.25 个、15.65 个和 19.85 个百分点。根据中部地区六省份发布 2012 年的政府工作报告，与其他五省比较，湖南的城镇化率仍难以领先，湖北省和山西省的城镇化率均超过了 50%，分别为 53% 和 51.8%，江西省达到 47.5%。与临近的湖北省相比，差距扩大到 6.35 个百分点（安徽和河南城镇化率分别为 46.5%、42.4%）。

表 4-1　湖南与全国及中部其他五省城镇化率对比

	2007 年		2012 年	
	城镇化率（％）	排序	城镇化率（％）	排序
全国	44.94		52.60	
山西	44.03	2	51.26	2
安徽	38.70	5	46.50	5
江西	39.80	4	47.51	3
河南	34.34	6	42.43	6
湖北	44.30	1	53.50	1
湖南	40.45	3	46.65	4

数据来源：各省统计年鉴（2007，2012）。

2. 城镇化发展滞后于产业结构和就业结构。产业结构、就业结构和城镇化是城乡关系最为重要的构成部分，正常的情况应该是三者相互协调发展，其中城镇化水平高于工业化水平，非农就业比例与产业的非农化水平相一致。当前湖南城乡结构失衡，其实质是就业结构的非农化滞后于产业结构的非农化、城镇化滞后于就业结构的非农化，这意味着工业化没有有效地带动更多的农村人口城镇化，产业的非农化又没有创造更多的非农就业机会，无论是第二产业的发展还是第三产业的发展，对劳动力的非农化转移影响有限，导致城乡结构转型迟缓。总之，经济结构的变化没有有效地带动社会结构的变化，而社会结构的变化缓慢，在一定程度上反过来又阻碍经济结构的优化。2012 年湖南第一产业增加值占 GDP 的比重为 13.6%，但第一产业就业人员为 41.4%，两者相差 27.8 个百分点，产业结构的非农化没有有效地将农村劳动力从第一产业吸纳过来，这意味着 40% 以上的农村劳动力只能分享 GDP 的 13.6%，要赶上城市居民的富裕程度，几乎是不可能的。与此同时，人口的城镇化又慢于就业结构的非农化，这意味着大量农村流动人口进城务工经商，但是他们没能实现城镇化。

表4-2 湖南省产业结构、就业结构和城乡人口结构对比

	第一产业增加值占GDP的比重 %	第一产业就业人员占的比重 %	乡村人口占的比重 %
2000 年	22.1	59.3	70.25
2001 年	21.5	57.6	69.20
2002 年	20.4	55.8	68.00
2003 年	19.0	53.1	66.50
2004 年	18.1	50.3	64.50
2005 年	16.7	48.6	63.00
2006 年	16.5	46.6	61.29
2007 年	17.2	44.9	59.55
2008 年	16.4	44.0	57.85
2009 年	15.1	43.0	56.80
2010 年	14.5	42.4	56.70
2011 年	14.1	41.9	54.90
2012 年	13.6	41.4	53.35

数据来源：湖南统计信息网。

3.城镇化进展较慢，对工业化、信息化、农业现代化的承载能力不佳。一是城镇化总体水平偏低，不利于工业化、信息化的快速推进。二是城镇化步伐慢，城市承载能力低，不利于农业现代化的快速发展。2012年，湖南农民工总量1470.8万人，其中外出农民工1056.9万人，占总量的71.9%。这表明与本省比，农民工更加愿意到收入水平高，就业机会多，发展更快的外省务工。现阶段大量农民工依然不能离开农业生产，脱离农村，再加之在医疗、低保、教育等方面仍不能全面实现城乡一体化，农村户口转城镇户口体制仍比较难等因素影响，城镇化面临发展步伐慢、承载

能力低，对农业现代化促进作用有限的诸多挑战。另外，当前湖南城镇化的质量仍然比较低，城镇化水平是建立在许多农村流动人口市民化问题没有获得彻底解决的基础上的，在城市居住六个月以上的农村人口统计为城镇常住人口，但是他们中的许多人并没有真正融入城市社会，处于"半城镇化"状态，在制度上没有享受完全的市民权，还不能被视为真正的城市人口。

（二）公共服务难以满足城镇化需求

社会服务水平是衡量城镇化质量的重要指标，当前湖南城镇化发展仍然存在着社会服务数量和质量不能满足广大居民需求的问题。一是社会服务功能总体偏弱。2011 年全省市级城区三次产业结构比为3.9 ：52.7 ：43.5，呈现"二三一"的产业结构，并且出现第二产业占绝对优势的趋势，而 2005 年全省市级城区三次产业结构比为 5.8 ：43.2 ：51，与 2005 年相比，全省市级城区呈现第一、三产业比重下降，第二产业比重上升的趋势，这一数据充分说明，全省市级城区第三产业所占比重偏低，服务功能仍偏弱，难以满足日益聚集增加的城镇人口的需要。二是公共服务供给城乡失衡。在教育供给方面，城镇拥有较完备的教育体系，拥有良好的教育资源，且财政对城市教育资源重点投入偏向持续存在，相较之下，农村教育财政投入明显匮乏，特别是湘西等贫困山区教学环境差、师资力量不足问题非常突出，农村学生的辍学率也居高不下。医疗卫生保障供给失衡同样明显，城镇公共卫生资源所占比重远远高于农村。以环长株潭城市群为例，城市人口每千人拥有卫生技术人员 5.8 人，拥有医院病床 4.4 张，而农村人口每千人拥有卫生技术人员仅 1.5 人，拥有病床仅 0.8 张，两者相距甚远。农村卫生投入明显不足，医护人员素质亟待改善，在 34125 名乡村医生中，拥有大专及以上学历的有 1300 人，仅占总数的 3.81%。

（三）城乡资源配置严重不合理

近几年，中央出台了一系列支农惠农政策，不断增加对农村的公共投入，但由于利益刚性化，各级政府要在确保城市既得利益的前提下对农村配置更多的公共资源具有较强的财政约束性，城乡资源配置的不平衡问题依然突出。从基础设施投入看，2012 年，湖南固定资产投资 14576.6 亿元，其中农村投资 1374.3 亿元，仅占固定资产投资 9.4%，投资不足严重制约了农村基础设施的建设步伐，成为农业和农村经济发展的瓶颈因素。当前政府用于农业的财政支出占财政总支出的比重仍然不足 20%。从医疗卫生资源看，政府也是向城市倾斜，医疗卫生保健方面的经费支出中 80% 用在城镇，而农村得到的经费不足 20%。在城乡间卫生资源分配的公平性和享用度明显存在不均，2011 年湖南每千人口卫生技术人员城市为 8.08 人，农村为 3 人，城市居民是农村居民的 2.7 倍；每千人口执业医师城市是农村的 2.3 倍；每千人口注册护士城市是农村的 4.1 倍；每千人口医疗卫生机构床位数城市是农村的 2.6 倍；民政部门人均医疗救助水平城市是农村的 1.6 倍。从社会保障看，最近几年，湖南各级政府把农村最低生活保障作为最重要的农村工作之一，农村救济费占全省抚恤和社会福利救济费的比重稳定上升，2011 年为 25.7%，比 2007 年上升了 7.1 个百分点。但城乡保障水平不同，2012 年湖南城市低保对象月人均补助 248.7 元，农村 103.4元，城市是农村的 2.4 倍。即使把城镇生活成本比农村高的因素考虑在内，农村社会保障的水平与城镇相比仍存在较大差距，社会保障制度对农村居民的保障明显不足。

（四）省域内城镇化发展不平衡

由于历史、地理等原因，湖南城镇化水平的地区差异非常明显。根据湖南省统计局发布的数据，2013 年，长株潭地区城镇化率达到 64.54%，比全省平均水平 47.96% 高出 16.58 个百分点，比全国平均水平 53.73% 高出10.81 个百分点。其中，省会长沙市的城镇化率突破 70%，达到 70.60%，株洲市和湘潭市的城镇化率分别为 60.12%、55.10%，这意味着长、株、潭三市常住人口中一半以上是城镇人口，三市的城镇化率均高于全国平均水平。湖南省四大区域中，城镇化率次于长株潭的是洞庭湖和湘南地区，分别为 46.36%、45.70%，较长株潭地区低 18 个多百分点，而最低的大湘西城镇化率仅有 39.59%，比长株潭地区低了近 25 个百分点。大湘西地区的邵阳、怀化和湘西自治州是湖南少数民族和农业人口集聚地区，也是城镇化发展最缓慢地区。地区差异使周边城市和中西部地区接受长株潭辐射、融入城市群发展的难度加大，为新型城镇化的全面健康推进埋下了隐患。

表 4-3 　湖南省各地州市城镇化率一览表

地区	常住人口（万人）	常住人口（万人）	城镇化率（%）
全省	6638.93	3097.06	46.65
长沙	714.66	495.84	69.38
株洲	390.66	230.88	59.10
湘潭	278.10	150.23	54.02
衡阳	719.83	344.77	47.90
邵阳	717.00	258.57	36.06
岳阳	552.31	272.29	49.30
常德	576.00	247.39	42.95
张家界	150.21	61.74	41.10
益阳	434.23	183.03	42.15
郴州	463.27	209.79	45.28
永州	525.82	209.65	39.87
怀化	477.50	186.27	39.01
娄底	381.21	149.56	39.23
湘西州	258.12	97.05	37.60

资料来源：湖南统计信息网。

湖南县域城镇化水平同样存在较大差距。从县级市来看，2012 年平均城镇化率为 44.58%，低于全省平均水平 2.07 个百分点；城镇化水平较高的冷水江市、资兴市和津市市，城镇化水平已经超越部分中心城市。而湘乡市、武冈市和涟源市城镇化水平在 30% 左右，低于 71 个县的城镇化平均水平。从县来看，全省 71 个县的常住人口为 4073.02 万人，占全省常住人口的 61.35%，而城镇人口只有 1416.33 万人，只占全省城镇人口的 45.73%；乡村人口 2656.69 万人，占全省乡村人口的 75.01%；平均城镇化率只有 34.77%，低于全省平均水平 11.88 个百分点。其中，城镇化水平超过全省平均水平的县只有长沙、攸县和茶陵 3 个，全省尚有 17 个县城镇化率不足 30%，主要集中在邵阳、永州、怀化、湘西州等地区。

（五）资源环境约束日益严峻

当前湖南城镇化发展面临着巨大的资源环境压力：一是环境保护压力不断增大。随着城镇化进程加快，城市环保压力增大，淡水、能源等资源约束趋紧，生态环境污染加重，生产生活污染叠加，水、气、土污染相互影响的生态环境破坏问题日趋严峻，城镇发展与环境保护之间的矛盾日益尖锐。2011 年，全省市级城区工业废水排放量、工业二氧化硫排放量分别为 99498 万吨、73.7 万吨，分别比上年增长 6.2%、22.1%。二是绿化压力。随着城市扩容建设步伐的增快，城市绿化面积虽有所增加，但增长幅度远不能跟上城区面积的增长步伐。2011 年，全省市级城区绿地面积达 42645 公顷，比 2005 年增加 10511 公顷，占建城区面积的比重由 2005 年的 41.3% 下降到 2011 年 36.3%。三是交通压力持续增长。城市的发展很大程度上依赖交通体系的完善，尽管交通投资不断增长，但是湖南的汽车保有量增速远远超过公路建设速度，导致城市交通压力增大。2011 年，全省公路年末总里程为 23.21 万公里，比上年增长 1.8%，而年末民用汽车保有量为 290.58 万辆，比上年增长 19.2%，其中：轿车为 126.86 万辆，比上年增长 26.7%。随着城市人口增加和居民生活水平提高，市区每百户居民家庭家用汽车拥有量大幅增加，全省市级城区每百户居民家庭家用汽车拥有量已从 2005 年的 2 辆增加到 2011 年的 12 辆，其中长沙市区每百户居民家庭家用汽车拥有量从 2005 年的 4 辆提高到 2011 年的 30 辆。湖南各城市均面临着交通拥堵、停车难等问题。

（六）居民贫富分化持续扩大

防止贫富差距扩大是所有地区在城市发展中必须高度重视的社会问题。湖南城镇化高速增长的同时，也面临着贫富分化持续增长的问题。一是城乡贫富悬殊。由于长期存在的重城轻乡政策观念以及二元城乡社会经济政策体制，农村经济社会发展始终滞后于城市，并且呈现差距逐步拉大的局面。数据表明，湖南城镇居民收入与农民收入差距由 2005 年的 6406 元上升到 2011 年的 13879 元，扩大了 116.7%，城乡居民收入比在 2012 年仍达 2.87 ：1 。二是城市内部贫富悬殊。数据表明，湖南城镇居民 10% 最高收入户收入与 10% 最低收入户收入差距已由 2005 年的 23978 元扩大到 2011 年的 41241 元，提高了 72%。城镇居民内部收入差距过大的问题十分突出，并将成为全省未来城市经济可持续发展的一个重要制约因素。三是农民工与市民贫富悬殊。在城镇化进程中产生的农民工群体，由于城市经济接纳与社会排斥的双重态度，在市区工作机会、薪资待遇、社会保障等方面与"市民"存在着极大的差距，无法完全融入城市社会，无法充分享受经济社会发展的成果，导致该群体与城市居民之间的贫富差距持续扩大。

三、湖南省新型城镇化发展机遇分析

（一）国家区域发展战略：湖南新型城镇化发展的新动力

当前，我省城镇化正处在一个加快发展的重要战略机遇期，面临着许多来自国家战略的重大机遇。

1. 中部崛起战略。国家实施中部崛起战略是在我国经济进入新的发展阶段实施的又一重大决策，是统筹区域发展的重大举措。国家相关部门制定了支持中部崛起的各项政策，如国家发改委制定的《促进中部地区崛起规划实施意见》和《关于促进中部地区城市群发展的指导意见》，指导和支持中部六省以中心城市和交通要道为依托，加快发展城市群、经济带等经济密集区，支持中部加快结构调整，促进新型工业化进程等；湖南长沙、株洲、湘潭、衡阳参照执行东北老工业基地改造政策；湘西部分县市参照

执行西部大开发政策；商务部和海关总署启动加工贸易新政，促进东部地区加工贸易企业向中西部地区转移等；财政部也加大了对中部地区的支持力度，重点是财政转移支付力度。这一系列政策的出台将有利于湖南加快产业升级改造步伐，提升经济增长质量和效益，实现跨越式发展，为湖南对接"泛珠三角"经济带和沿江产业带的梯度转移创造条件。

2. 一带一部定位。2013 年 11 月，习近平总书记在湖南视察时指出，希望湖南发挥作为东部沿海地区和中西部地区过渡带、长江开放经济带和沿海开放经济带结合部的区位优势，抓住产业梯度转移和国家支持中西部地区发展的重大机遇，提高经济整体素质和竞争力，着力推进经济持续健康发展。习总书记对于湖南"一带一部"的定位，是从国家战略布局的高度对湖南的新定位。"一带一部"正成为湖南改革发展的新坐标、区域发展的新棋局。从发展战略上看，"一带一部"的提出，表明国家区域经济发展的布局和重心，正在向中西部倾斜，这将给湖南带来开放型经济发展、产业转型升级、市场拓展等重大发展机遇。

3. 长江经济带大发展。长江开放经济带是中国经济版图中的重要轴线，东起长三角地区、西至云贵高原，覆盖上海、江苏、浙江、安徽、江西、湖北、湖南、四川、重庆、云南、贵州等 11 个省（市），包括中国农业、工业、商业、文化教育和科学技术等方面最发达的地区，也连接着中国十分贫困的地区。当前，长江经济带是我国最具经济增长潜力的地带，长三角区域则是最具经济活力的区域。湖南必须紧紧抓住这一重大机遇，抢占新一轮全面深化改革的发展先机，主动对接上海自贸区，对接国家"一带一路"（丝绸之路经济带、21 世纪海上丝绸之路）对外开放战略，主动融入长江经济带。

4. 武陵山片区和罗霄山片区扶贫开发。国家启动武陵山片区和罗霄山片区区域发展与扶贫攻坚试点，是我国新时期区域发展与扶贫开发具有里程碑意义的大事，是党中央、国务院站在全局和战略的高度作出的重大决策。湖南省作为武陵山片区和罗霄山片区扶贫开发的主战场，无疑为覆盖区域的经济社会带来了千载难逢的发展机遇，同时更为新型城镇化建设提供了新的战略支撑点，注入了强大动力。新型城镇化建设过程中所涉及的基础设施建设、产业发展、改善农村基本生产生活条件、农村劳动力转移、社会事业、生态环境保护等方面，在中央出台的《武陵山片区区域发展与扶贫攻坚规划（2011～2020年）》中均有明确的要求、表述和政策支持。比如，《规划》明确指出："加强县城基础设施建设，完善城镇功能，提高人口集聚能力。推进城乡统筹发展和基本公共服务均等化，扩大就业渠道，带动当地群众增加收入，改善生活条件。"基础设施方面，《规划》指出："加强城市道路建设和改造，建设便捷通达的城市道路网络。加强中小城市、重点城镇供排水、供气、道路等公用设施建设，加大城镇污水处理、垃圾无害化处理设施建设力度，不断提高城市及重点城镇的综合质量。"改善农村基本生产生活条件方面，《规划》指出："以县城和周边中心镇为重点，加快小城镇建设步伐。支持一批小城镇加快发展，加强道路、电力、供水、供气、污水和垃圾处理等市政基础设施建设，完善建制镇功能，提高人口集聚能力，引导农村人口向小城镇适度集中。"政策支持方面，包括：适当提高农村小型基础设施建设补助标准；取消公益性建设项目县及县级以下资金配套；合理安排小城镇和产业聚集区建设用地等等。在《规划》中与新型城镇化建设相关的表述多达几十处，涵盖了新型城镇化建设过程中的方方面面，这不仅为我们进行城镇化建设指明了方向，更为湖南贫困地区的城镇化建设提供了有力支持。

（二）承接产业转移：加快湖南新型城镇化的新支撑

2011年10月6日，国家发改委正式下发《关于设立湖南省湘南承接产业转移示范区的批复》，同意设立湖南省湘南承接产业转移示范区。从区域发展格局看，东部沿海地区经济已经进入优化发展阶段，产业加速向内地转移，外地务工人员开始回流，我省作为中部省份将会成为新一轮城镇化发展的重心。从区域发展阶段看，东部沿海地区经济已经进入优化发展阶段，而湖南省仍然处于加速工业化阶段，沿海产业加速向内地转移的趋势将更加明显。湖南濒临珠江三角洲，连接长江三角洲，区位优势明显，劳动力资源丰富。衡阳、郴州、永州三市是湖南改革开放的先行地区，具有区位条件优越、资源要素丰富、产业基础和配套能力较好等综合优势。建设湘南承接产业转移示范区，有利于顺应国内外产业转移新趋势，为中部地区科学有序承接产业转移探索新途径、新模式，发挥典型示范和辐射带动作用，推动湘南地区经济社会又好又快发展。富士康等一大批世界500强企业抢滩湖南，截至 2012 年，在湘投资的世界 500 强企业达 127 家，7000 多家香港企业在湖南投资。2012 年，湖南实际利用外资 72.8 亿美元，同比增长 18.4%，利用外资规模居中部第一位。承接产业转移加速将进一步推动湖南新型工业化，为农民就地城镇化提供有利的条件。

（三）"两型社会"建设：推进湖南新型城镇化的新导向

2007 年 12 月，国家批准长株潭城市群为全国"两型社会"建设综合配套改革试验区，明确要求试验区要走出一条有别于传统模式的工业化、城市化发展新路。建设综合配套改革试验区，为湖南城镇化发展提供了极为难得的历史机遇。抓住这一机遇，将长株潭上升到国家战略层面，有利于提升城市群的知名度、影响力和吸引力，凝聚各方力量，汇集新的动力源泉，进一步发挥核心增长极的作用，辐射和带动全省加速发展；有利于湖南在更广领域、更高层次、更大程度上调整优化产业结构，完善基础设施，增强资源环境承载力，拓展新型工业化发展的空间。从而最终有利于我们深刻把握发展规律，以城市群为依托，加快推进湖南全省的新型城市化，增强湖南的长远竞争力。作为湖南最发达的地区，随着长株潭城市群及其核心城市自身结构的优化和科技进步的推动，城市产业向周边城镇经济腹地转移和梯度扩散，同时发生人才、资本、技术、信息等高级生产要素溢出，将辐射和带动周边经济区域、乡村的发展，湖南城镇化进程将进一步加快。长株潭城市群在工业化进程中的卓越表现，不仅使工业对经济增长的贡献率日益提高并位居各业之首，而且促进了三市的城镇化水平，为三市经济的增长夯实了基础，增添了后劲，促进了产业的聚集，使三市经济呈现出快速稳步发展的良好态势，初步进入城市化推动工业化的阶段。

湖南城镇化发展要紧紧抓住这些重要战略机遇，加强区域的对外开放、交流与合作，主动对接长三角、京津冀、西部大开发，提高生产要素合理流动和合理配置的程度，使城镇区域通过外溢效应有效地了解、引进、吸收外部的知识、技术、技能、制度、文化，全方位提升城镇实力，支撑新型城镇化的加速推进。

四、湖南省新型城镇化发展威胁分析

（一）新型城镇化发展软环境有待进一步优化

区域经济发展离不开区域发展环境的影响。发展环境分为硬环境和软环境，硬环境如交通设施、电力设施、通讯设施等基础设施；软环境如法律法规、地方文化、民俗风情等。随着基础设施不断完善，湖南的硬环境在不断改善。软环境方面，虽然在不断努力改善，如湖南通过实施《湖南省行政程序规定》、《湖南省规范行政裁量权办法》、《法治湖南建设纲要》，建立中小企业联系点和信息员制度、行业监督测评站制度、企情报告制度等优化经济发展环境的制度，但依然存在一定的问题，突出表现在：行政审批效率总体偏低、违规执法现象比较严重、行政部门主动服务意识淡薄、违规收费较为严重等问题。2012 年，三一重工提出搬迁至北京在一定层面上反应了湖南经济发展环境的差距。因此，这是湖南工业化前进道路上的一道障碍，在一定程度上必将影响湖南新型城镇化发展。

（二）新型城镇化资源要素竞争日益激烈

当前，在全国城镇化竞相发展的大背景下，来自各个层次对资源要素的竞争都越来越激烈。从全球范围来看，周边国家竞相采取低价策略与中国争夺各种资源与要素市场；从国内看，长三角、珠三角、京津冀地区起步较早城市化基础较好，发展势态良好，产业经济发达和吸引力较强，区域整体竞争力不断增强。湖南省在推进新型城镇化过程中必然面临周边地区的竞争。新型城镇化的竞争事实上是要素在区域之间的竞争，政策、区位、发展环境等方面具有优势，则新型城镇化发展也具有优势。

从中部地区来看，目前各省都在加快改进基础设施，区位优势之间的差距在不断缩小；政策方面，各省都有进入国家层面的"金字招牌"；发展环境方面，湖南相对优势不明显，在招商引资、市场开拓、资源环境等方面，湖南与中部其余5省比较起来，优势并不明显，甚至在某些方面还不如其余5省，新型城镇化在要素集聚方面面临中部其余省份的强烈竞争。从竞争的结果来看，湖南城镇化竞争优势不突出。根据2012年中部六省的统计公报，湖南省城镇化率依次低于湖北省、山西省和江西省，位于第四，与排名第一的湖北相差近7个百分点，（见表4-4）比排名第五的安徽省仅高0.15个百分点。除了城镇化率靠后之外，湖南的特大城市长沙与湖北的武汉市在人口规模、面积、经济总量、产业发展、技术创新等方面相比明显靠后，武汉城市圈对湖南的挑战主要是人力资源质量较高、数量更大、通达性更好、吸引力更强。2012年，武汉GDP超过8000亿元，在全国省会城市中排位第四，而长沙GDP为6399.91亿元，在全国26个省会城市居第7位。

表4-4　2012年中部六省城镇化率比较

省份	湖北省	山西省	江西省	湖南省	安徽省	河南省
城镇化率（%）	53.5	51.26	47.51	46.65	46.5	42.43
排名	1	2	3	4	5	6

数据来源：各省2012统计年鉴。

同时，湖南交通区位上的通道溢出效应也给新型城镇化带来新挑战。近几年来，贯通南北的"京广"和连接东西的"沪昆"两条高速铁路在湖南汇集并穿越全省。高铁的联通对湖南来说是把双刃剑，它在提高我省对外通达性的同时，也为我省人口、资源等外流提供了更多便利。湖南相对于长三角、珠三角和武汉城市圈三大人口集聚区而言，并不具有明显的吸引力。这种状况极有可能使得湖南省主要城市的扩散效应大于极化效应，从而出现通道溢出效应，不利于人口和产业集聚，进而影响到新型城镇化发展。

（三）新型城镇化发展的体制障碍依然存在

就湖南而言，尽管阻碍乡村人口流入城市的体制性障碍有较大松动，但城乡二元的户籍管理体制、就业制度、社会保障体系以及向城市倾斜的财政金融政策等还未从根本上得以消除，城市和农村在户籍、就业、教育、医疗、福利、保险等领域，都存在着政策差异，严重地影响和阻碍着农民向市民的根本转变，迟滞着城镇化发展的进程。

五、SWOT 矩阵表

表 4-5　湖南新型城镇化发展 SWOT 矩阵表

	优势 S	劣势 W
	1. 全省上下高度重视； 2. 现代农业蓬勃发展； 3. 新型工业化快速推进； 4. 综合交通体系不断完善； 5. 多层次城市群积极发育。	1. 城镇化进程相对滞后； 2. 公共服务难以满足需求； 3. 城乡资源配置不合理； 4. 省域城镇化不平衡； 5. 资源环境约束严峻； 6. 贫富分化持续扩大。
机遇 O	SO 战略	WO 战略
1. 国家区域发展战略； 2. 承接产业转移； 3. 两型社会建设。	1. 积极对接国家各项区域发展战略，准确定位，科学谋划，有序推进； 2. 主动承接产业转移，促进农业现代化和新型工业化，以此推进新型城镇化进程； 3. 以两型社会建设为契机，带动湖南中心城镇群——环长株潭城市群的发展； 4. 以国家区域发展促进政策为动力，发挥便捷完善的交通网络和基础设施条件促进多层次城市群的发展，带动全省新型城镇化发展。	1. 抓住国家促进新型城镇化发展机遇，以及中部崛起、长江经济带建设、武陵山片区扶贫开发等机遇，迅速提升城镇化水平和公共服务水平； 2. 以加快产业结构调整和承接产业转移为突破口，平衡省内产业布局和城乡资源要素配置，逐步缩小贫富差距； 3. 以全面两型社会建设破解资源环境约束，促进新型城镇化健康发展。

（续表）

威胁 T	ST 战略	WT 战略
1. 发展软环境不优； 2. 资源要素竞争激烈； 3. 体制障碍依然存在。	1. 注重新型城镇化顶层设计和配套改革，逐步优化发展环境； 2. 以农业现代化和新型工业化的加速推进提高湖南资源要素市场竞争力，支撑新型城镇化发展； 3. 以城市群作为新型城镇化主体形态，破解行政区划、资源配置等体制机制障碍。	1. 改善社会经济发展软环境，推进湖南城镇化水平的提高和质量提升； 2. 全面深化改革开发，逐步化解体制机制障碍，推进城乡资源要素合理配置。

第五章

湖南推进新型城镇化的实践

一、城市群推进新型城镇化的实践——以长株潭城市群为例

所谓城市群，是指在一个特定地域内，分布有若干规模不等、类型各异的城市，依托便利的交通条件，在市场力量的作用下，经济联系越来越密切，逐渐发展成为功能互补的具有一体化趋势的城市综合体。城市群的形成至少需具备 3 个条件：一是要有大城市，没有大城市，都是中小城市，各自的辐射半径很小，城市和城市间的联系就没有那么强；二是要有相当数量、不同规模的城市；三是城市之间的联系要十分密切，功能能够互补。大城市有集聚力，但没有承载力，中小城市和小城镇有承载力，但集聚力不足，而城市群则可以在集聚力和承载力之间取得很好的平衡。

我国在"十二五"规划就已提出，要以大城市为依托，以中小城市为重点，逐步形成辐射作用大的城市群，要在东部地区逐步打造更具国际竞争力的城市群，在中西部有条件的地区培育壮大若干城市群。城市群已成为我国城镇化发展的战略依托，而这也与新型城镇化的目标相契合。《国家新型城镇化规划》第四篇优化城镇化布局和形态中指出：根据土地、水资源、大气环流特征和生态环境承载能力，优化城镇化空间布局和城镇规模结构，

在《全国主体功能区规划》确定的城镇化地区，按照统筹规划、合理布局、分工协作、以大带小的原则，发展集聚效率高、辐射作用大、城镇体系优、功能互补强的城市群，使之成为支撑全国经济增长、促进区域协调发展、参与国际竞争合作的重要平台。

近年来，湖南大力促进城市集群发展，引导空间相邻、交通畅捷、设施共享、功能互补的城市集群发展，着力构建"一核五轴"的城镇空间发展格局。"一核"，即长株潭城市群；"五轴"，即岳阳—郴州城镇发展主轴、常德—永州城镇发展轴、石门—通道城镇发展轴、株洲—怀化城镇发展轴、长沙—吉首城镇发展轴。目前，湖南省除了中心城市群长株潭城市群及在其基础上发展的环长株潭城市群外，在大湘南区域积极发育着郴州大十字城镇群（郴资桂一体化发展、连通永兴和宜章），衡阳西南云大经济圈（以衡阳市城区为中心，以西渡、南岳、云集、大浦四地为卫星城镇，构成一个周边以30分钟经济圈，25～30公里的地缘经济共同体），永州冷零祁经济圈（冷水滩—零陵—祁阳）；在大湘西区域有邵阳东部城镇群（即邵阳市区—邵东—邵阳—隆回）、怀化鹤中洪芷经济圈（鹤城区—中方县—洪江区—芷江）、湘西吉凤化城镇带（古首—凤凰—花垣）统筹开发建设也已是风生水起。

（一）长株潭城市群基本情况

长株潭城市群位于湖南省东北部，包括长沙、株洲、湘潭三市，面积2.8万平方公里，湘江蜿蜒串起长沙、株洲、湘潭三座城市，在不到70公里的湘江两侧，三座城市呈"品"字铺开，两两相距不足40公里，形成湖南无可替代的经济社会发展核心区。

2007年末，长株潭城市群地区获批全国资源节约型和环境友好型社会建设综合配套改革试验区，正式开启"一体化"发展模式。在全国加快推进新型城镇化的大背景下，长沙、株洲、湘潭三座城市的先天"禀赋"和后天"两型示范区"的政策优势，使其成为湖南加速推进新型城镇化当之无愧的核心引擎。通过长株潭一体化，打破行政壁垒，提升城市群各市的规模结构、空间结构和功能分工，在更大范围内实行了资源优化配置，促进了人流、资金流、物质流、科技流向该区域的聚集。国家发改委城市和小城镇中心研究员易鹏认为，从当前各要素分析来看，中国新型城镇化的主平台将是特大城市群。长株潭城市群，当之无愧成为湖南加速推进新型城镇化的核心引擎。

"十一五"规划期后，武广高铁建成通车，芙蓉大道、红易大道相继拉通，长株潭城际铁路开工建设，长株潭"半小时经济圈"正在形成。高效的城际交通网络，拉近了3市的距离，更激发了城市群互动发展的活力。三市立足于各自优势的"组团共进"式发展，以长沙为主的工程机械产业、株洲突出的轨道交通设备制造、湘潭领先的风力发电设备制造等优势互补、特色鲜明的产业体系在三市展开布局，实现个体优势与整体优势的最大化，形成聚集效应。一批跨行业、跨地区的产业集群同样在城市群中迅速成长：以中联重科、山河智能、三一重工等为主具有自主创新能力的工程机械，以株洲电力机车、时代机车、湘电集团等为主的轨道交通装备产业集群和风力发电装备制造产业集群，以中电48所为龙头的太阳能产业集群等。

2013年，长株潭地区城镇化率达到64.54%，比全省平均水平47.96%高出16.58个百分点，比全国平均水平53.73%高出10.81个百分点。其中，省会长沙市的城镇化率突破70%，达到70.60%，株洲市和湘潭市的城镇化率分别为60.12%、55.10%。这意味着长、株、潭三市常住人口中一半以上是城镇人口，三市的城镇化率均高于全国平均水平。2012年，长株潭城市群以全省13.3%的国土面积，聚集了全省约30%的城镇人口，创造了约42.6%的地区生产总值，吸引了73.5%的外来投资，在带动全省、辐射中部中发挥了重要作用。当前，长株潭城市群初步形成了以长沙市区为龙头、以株洲、湘潭市区为骨干，以县城和中心镇为基础的新型城镇体系总框架，在人口集聚、空间布局、融合发展、城乡统筹、产业布局、资源配置和生态保护上为城镇化更快发展奠定了良好基础。二是城镇体系空间布局得到优化。随着多年的发展和对接，长株潭城市群城镇体系呈现出"点线推进，三点三线"的发展模式和分布格局。"三点"分别是长沙、株洲、湘潭三市城区，"三线"即长—株、长—潭、株—潭。三是城镇体系规模结构趋向合理。根据 2010 年全国第六次人口普查结果，长株潭城市群已形成 300 万以上人口的城市 1 个（长沙市区城市人口 309.4 万人）、100 万～150 万人口的城市 1 个（株洲市区城市人口 105.5 万人），50 万～100 万人口的城市 1 个（湘潭市区城市人口 95 万人），50 万人口以下的县城和中心镇若干个。目前，长株潭城市群正率先突破交通瓶颈，加大以轨道交通为重点的交通基础设施建设，加快形成长株潭的城际"七纵七横"路网框架，启动长株潭城际轻轨和长沙地铁的建设。随着通信、金融、广播电视等多方面一体化进程的加快，最终将形成充满活力的统一大市场。

2012 年 10 月，《湖南省推进新型城镇化实施纲要》出台，描绘了未来新型城镇化的蓝图。纲要提出，构建以长株潭城市群为核心的新型城镇体系。以长株潭为中心、以一个半小时通勤为半径的"3+5"城市群，正加快构筑全省新型城市化密集区，包括岳阳、常德、益阳、娄底、衡阳在内的环长株潭城市群，迅速成长壮大，已成为我省对外参与竞争、对内引领区域发展的战略要地。到 2015 年，将长株潭城市群建成全国"两型社会"建设的示范区，湖南新型工业化、新型城市化、农业现代化的引领区，全省经济发展的核心增长极，具有国际品质的现代化生态型宜居城市。长株潭城市群城镇化率达到 70%，长株潭将作为一个"超级城市"的形态出现，进而带动全省城市化进程。

（二）长株潭城市群地区推进新型城镇化的实践

在确立长株潭城市群作为湖南省核心发展极和两型社会建设国家试验区之后，长株潭城市群地区以新型城镇化作为重要发展战略，坚持市场主导和政府引导，坚持以人为本和改善民生，坚持资源节约和环境友好，坚持城乡统筹和区域协调，坚持提升城镇综合承载能力和辐射带动能力，坚持全面发展和可持续发展，取得了令人瞩目的成绩。

1. 稳步推进试点改革

国家赋予湖南开展"两型社会"建设试点的历史使命，旨在通过"两型社会"建设试点，转变经济发展方式，促进经济社会发展与人口资源环境相协调，使长株潭成为全国"两型社会"建设的示范区。长株潭城市群开展"两型社会"建设试点的主题是"两型"，核心任务是"两新"，具体目标是把长株潭打造成湖南经济发展的核心增长极和具有国际品质的现代化生态城市群，引领全省的新型工业化、新型城市化和农业现代化，实现由工业文明向生态文明的转型。从推进经济一体化起步，长株潭城市群不仅突破了行政区划的界限，一系列遵循经济发展规律、符合"两型社会"建设要求的体制机制也在建立之中。交通方面，三市间不合理的收费站正在逐步取消；票据同城方面，三市间通存通兑已经推广；资源共享方面，三市正在合力打造统一的招商平台；通讯方面，三市统一区号，且相互通话完全按市话计费……坚持"省统筹、市为主、市场化"的原则，选择一些有条件、有基础、有潜力的区域先行先试。在长株潭三市布局了大河西、云龙、昭山、天易、滨湖五大示范区，率先形成有利于资源节约、环境友好的新机制，率先积累传统工业化成功转型的新经验，率先形成城市群发展的新模式。

2. 注重科学规划先行

长株潭城市群建设的成功经验是在起步阶段就制定了城市群总体发展规划和控制性实施详规，成为指导和控制城市群内土地利用、基础建设和产业布局的依据。制定了《长株潭城市群区域规划》，提出构建以长株潭为基础，包括周边市县的环长株潭城市群。借助世界银行和国内外一流咨询设计机构，构筑起"长株潭"经济一体化发展的规划体系，共包括13个子规划。城市群发展都已纳入中央、国务院下发的《关于促进中部地区崛起的若干意见》中。

3. 增强产业支撑能力

推进新型城市化，必须突出产业支撑，走新型城市化与新型工业化协调发展之路。长株潭城市群正在按照建设"两型社会"的要求，科学规划生产力布局。长株潭城市群发展的过程，就是产业支撑能力不断增强的过程。当前，新型工业化已经成为长株潭城市群地区经济发展的第一推动力和经济增长的首要支撑。同时，长、株、潭三市在推进城市群发展中，坚持以城市群的发展引导产业的科学布局和合理分工，集群化布局优势产业，促进产业错位发展，实现产业发展的互补共赢，增强城市综合实力和竞争力。湖南省颁布实施的《长株潭产业一体化规划》，在突出发展先进制造业、高新技术产业和现代服务业的大框架下，重点培育壮大电子信息、工程机械、食品、生物制药业等。进一步明确三个城市产业定位，布局株州市重点发展交通运输设备制造、有色冶炼、化学原料及化学制品、非金属矿物制品业；湘潭市重点发展黑色冶金、机电及机械制造、化纤纺织、化学原料及精细化工产业；长沙市重点发展高等教育、文化旅游、商业流通、金融保险、信息产业和市场中介等第三产业。

2008年批准设立的长株潭国家高技术产业基地，是6大国家级综合性高技术产业基地之一，也是中部地区全书惟——个综合性国家高技术产业基地。长株潭城市群围绕具有区域优势和湖湘特色的物流、文化、旅游3大领域，发展现代服务业：将湖南交通枢纽的优势转化为物流产业优势，将文化资源转化为文化产业，提升电视、出版、动漫等湖南文化产业的品牌影响力，打响红色旅游、历史人文旅游和生态旅游3大品牌等。除了加快发展以高新技术和现代服务业为主体的"两型产业"外，长株潭地区还着力于提升改造传统产业，逐步淘汰限制性产业。长株潭3市之间的生产力布局在新型城镇化和新型工业化战略指导下更为科学合理，三市既共享资源，又错位发展，以组团式开发的方式发挥城市群的优势。

4.凸显生态保护特色

长株潭三市在城镇化进程中始终坚持"两型"引领，把"两型"理念贯穿于城市化全过程，走高效集约发展的新型城市化道路。长沙高新区、株洲清水塘循环经济工业区获批国家试点，重金属治理列入国家专项，湘江流域综合治理初见成效。依托湘江这条生态走廊，保护好以昭山等乡镇为核心的"绿心"，沿江布局亲水宜居的城市群，实现生态人居，是长株潭城市群推进新型城市化的一大亮点。"绿心"区域位于长株潭 3 市接合部，包括昭山、跳马等 15 个乡镇，面积达上千平方公里，在景观美化、气候调节、水源涵养、水土保持、生物多样性保护和生态隔离净化等多方面将发挥重要作用，大大改善城市生态环境。"绿心"范围内所有项目都必须经过严格审批，已建成的污染项目将逐步退出，严格实施保护性开发。按照绿色连接展开空间布局，长株潭的城市与城市、城镇与城镇之间，将通过森林、稻田、水面、湿地等连接，疏密相间，显山露水。城市建筑物依山傍水，山、水、城相间，建筑格调与自然环境间充满和谐的美感。

5. 注重加强与国家部委、省厅局的合作。长株潭城市群获批国家"两型社会"建设试验区批准后，国家相关部委先后出台了一系列支持政策，有力地促进了经济社会快速发展。2008 年 8 月，湖南省政府与国土资源部签署了《关于共同推进湖南省国土资源工作促进长株潭城市群"两型社会"建设合作备忘录》，明确将长株潭两型社会试验区建设纳入全国土地利用总体规划纲要统筹考虑。在长株潭城市群推进土地先征后转、城乡建设用地增减挂钩、污染土地性质转变等重要试点。2009 年 4 月，湖南省与环保部签署了《共同推进长株潭城市群"两型社会"建设合作协议》，将湘江流域综合治理纳入国家大江大河治理范畴，支持湘江流域重金属污染治理。2010 年 2 月工信部专门出台了《关于支持长株潭城市群"两型社会"建设加速推进新型工业化进程的意见》，明确提出将在加强技术改造和自主创新等方面给予重点支持。通过省政府与国家部委签订共建协议模式，实现全面对接、全面覆盖，深化了省部、厅市合作共建内涵。

6. 建立强有力的推动机制。为推动城市群的统筹协调发展，湖南省成立了长株潭一体化发展协调领导小组，长、株、潭三市成立了办事机构，实行计划单列，做到了推进工作有机构、有人力。同时，省委、省政府多次召开长株潭经济一体化工作会议，研究部署城市群发展和建设工作，进一步明确发展思路，落实任务分工，并将"两型社会"建设、重点项目建设等纳入年度目标考核，细化考核程序和办法，明责任、压担子，力促"两型社会"建设扎实推进。

二、区域中心城市推进新型城镇化的实践

（一）长沙市：省域中心城市的新型城镇化实践路径

近年来，长沙市委、市政府非常重视城市化和城市建设工作，以抓城市建设就是抓经济建设的理念，先后实施了"一年一个样、三年大变样"，"大干新三年、再创新辉煌"，"再掀新高潮、凸显新风貌"的城市建设工程，以城市建设推进城市化进程，取得了明显的成绩。当前，长沙发展已经站在新的更高的起点上。在发展定位上，通过建设全面小康之市、两型引领之市、秀美幸福之市，共圆长沙人民的"小康梦"、"两型梦"、"幸福梦"；在目标追求上，实现产业倍增、收入倍加、城乡品质倍升，大力提升经济总量、发展质量、人均均量；在工作举措上力行"五推"，即推进重点带动、多点支撑的产业格局形成，推进一江两岸、东提西拓的城市品质升级，推进两型引领、统筹协调的城乡一体发展，推进规范有序、和谐共生的社会管理创新，推进务实进取、勤廉为民的干部队伍建设。市委、市政府坚持走以人为核心的城市化道路，城市发展和竞争力不断增强，成为了长沙经济增长和城市竞争实力提升的重要引擎。截至 2013 年，长沙市常住人口722.14 万人，城镇化率达 70.6%。长沙市以城市建设促进新型城镇化发展的主要举措有以下几个方面：

1. 精心制定规划。从 2000 年起，长沙市每年投入数千万元用于都市区城市规划，打破简单的"摊大饼"格局，从"单中心"走向"多中心"，构筑"一轴两带多中心、一主两次六组团"的城市空间结构（"一轴"为湘江服务功能轴，"两带"为北部发展带和南部发展带，"多中心"为由城市主中心、副中心和组团中心构成的多中心体系。"一主"为河东主城，"两次"为岳麓片区、星马片区，六组团为坪浦组团、高星组团、金霞组团、

暮云组团、黄黎组团和空港组团。）和"文化生态型山水城市"的城市定位规划城市布局，建立了城市总体规划、分区规划、控制性详细规划、专业规划等比较完备的规划体系，增强了规划对城市建设的前瞻性。同时，在工作中强调规划的权威性，严格执行规划，坚决杜绝主观因素和经济利益左右规划的实施。

2.大力建设基础设施，完善城市功能。长沙以规划引领城市发展，不断完善交通基础设施。2013年，长浏高速、人民路东延线建成通车，地铁1号线、湘江综合枢纽、沪昆高铁长沙南站、河西综合交通枢纽、芙蓉北大道等重大项目有序推进。2014年，长沙启动地铁3、4号线、高铁南站至黄花机场中低速磁悬浮轨道交通建设。长株潭环线高速也将启动建设。同时，长沙将加快长韶娄高速、京港澳高速辅道及星沙联接线建设。启动桐梓坡至鸭子铺通道建设、万家丽路快速化改造，推进营盘路和劳动路东延、车站北路和东二环北延，加快黄江公路、宁梅大道、金阳大道、滨河大道建设，完成东、南二环改造，打通红旗路等断头路。

3.加强城市管理，提升城市品位。加快城市管理体制改革，实现城管工作"重心下移"，构建了"两级政府、三级管理、四级网络"的城管格局，建立城市管理长效机制。第一，对工地严管重罚。第二，采用机械清扫。第三，严格管理。

4.设计中精打细算。城市建设中有太多可节约的地方。比如枫林路改造，按原规划的路幅宽度为46米，通过优化横断面设计，调整绿化带，路幅宽度调整为36米，6.3公里道路节约土地达4.98公顷。今年，计划改造的书院路等6条主干道33.3公里，经优化设计、压缩路幅，节约土地约450亩。对劳动路过江隧道，上海规划设计院将原双洞单层通行设计改为单洞双层通行设计，可节约建设资金5亿元，工期由40个月缩减为29个月，提前11个月，拆迁面积由6万平方米变为零。在城市建设中每一个细节都精心设计、精心施工，以全寿命周期最小为原则，既考虑建设成本，又考虑维护成本，建设美观大方、经久耐用的精品。

5.广泛动员群众参与。城市规划、建设、管理是一门系统科学,牵涉面广,专业性强,需要城市管理者具备强烈的专业水平和责任意识,像建设自己的家园一样来建设长沙,注意听取民意、集中民智,用专业的精神、敬业的态度、高超的艺术来规划、建设和管理城市。积极探索长效机制,提高公众参与度,提高决策透明度,动员全社会力量共同参与,广泛听取专家学者、市民群众和各方面的意见,尊重科学、探求规律,使城市规划、建设、管理顺从民意、符合民心。

在长沙市推进新型城镇化进程中,湘江新区的核心地带梅溪湖国际新城的建设正是新型城镇化思想在长沙最好的注脚。2012年10月31日,包括国际研发中心、国际商务中心、国际文化艺术中心和国际居住中心的梅溪湖国际新城获得国家住建部批复,成为国内首批、湖南省惟一的“绿色生态示范城区”。通过产业、商业、商务、文化、休闲等城市全功能,提高公共服务的水平,推动单一生产功能向城市综合功能转型,统筹生产区、办公区、生活区、商业区等功能区规划建设,推进功能混合和产城融合,在集聚产业的同时集聚人口,防止新城新区空心化。顺应现代城市发展新理念新趋势,推动城市绿色发展,提高智能化水平,增强历史文化魅力,全面提升城市内在品质。梅溪湖国际新城作为长沙“智慧”标杆,也已入选首批国家智慧城市试点名单。以梅溪湖为代表的中国智慧城市建设方兴未艾,随着智慧城市的试点,物联网、云计算等新技术将得到广泛应用,预计“十二五”期间智慧城市建设投资总规模有望达5000亿元。

（二）岳阳市:洞庭湖生态经济区中心城市新型城镇化实践

洞庭湖地跨湖南、湖北两省,是我国第二大淡水湖、长江重要的调蓄湖泊和国际重要湿地,素有“鱼米之乡”和“天下粮仓”的美誉,担负着长江流域生态安全、水安全和国家粮食安全的重大责任。湖南省洞庭湖生态经济区范围包括岳阳市、常德市、益阳市和长沙市望城区。岳阳市作为拥有洞庭湖水域面积近60%的沿湖城市,经济社会发展与洞庭湖保护开发息息相关,是洞庭湖生态经济区建设的主战场和最大受益者。

岳阳是湖南惟一的临江（长江）城市，长江开放经济带上重要一员，是湖南省以长株潭为中心的"3+5"城市群的次中心和首位门户城市。岳阳市位于"长三角"和"珠三角"经济区的辐射圈内，地处一湖（洞庭湖）两原（江汉平原、洞庭湖平原）三省（湘、鄂、赣）四水（湘江、资江、沅水、澧水）五线（京广铁路、武广高速铁路、京珠高速公路、107国道、长江）等多元交汇点上，是长江中游仅次于武汉的又一个"金十字架"，特别是洞庭湖大桥的通车，构成了"承东联西""南北贯通"的便捷交通网。岳阳有名山名水名楼名人名文，优势明显，产业兴旺，城乡秀美。岳阳城市的目标定位是山水相融的生态城市、通江达海的港口城市、走势强劲的工业城市、令人向往的旅游城市、城乡统筹的活力城市、和谐平安的幸福城市。近年来，岳阳市紧扣生态经济发展主线，抢抓新机遇，扎实推进岳阳新型城镇化进程。新型城镇化正在成为岳阳经济和社会发展的强大引擎。

1. 敏锐抢抓难得的历史性机遇。岳阳城镇化处在加速发展阶段，从外部环境看，三大历史机遇扑面而来。一是中央经济工作会议明确提出要积极稳妥推进城镇化，出台了一系列政策措施，为我们创造了良好的政策条件。二是国家已编制了《国家新型城镇化规划》，必将有力推动城镇化进程。三是洞庭湖生态经济区即将上升为国家发展战略，将带来一系列政策、资金、项目支持。只要我们敏锐地感悟机遇，紧紧地抓住机遇，脚踏实地地用好机遇，就一定能使岳阳新型城镇化建设站在新的历史起点上，优化城镇化布局和形态，提高城镇可持续发展能力，建设资源节约、环境友好、绿色低碳、和谐宜居、富有岳阳特色的现代化新型城镇。

2. 高起点科学编制城镇化规划。加快推进新型城镇化关键是规划，规划是城镇发展的蓝图、决定城镇未来的发展，要经得起历史和人民的检验。在总体规划层面上，根据洞庭湖生态经济区中心城市的特征要求，科学确定岳阳的人口规模和用地规模，从生态角度分析研究城市各区块的最佳利用功能。在城市设计层面上，突出保护岳阳洞庭水乡的秀气，自然山水的灵气，绿意浓浓的生气。根据岳阳市内的湖、城、山自然组合，构成以山、水为主导景观特色的山水园林城市骨架，在保护旧城和建设新区时，注意了整体风貌、格调的一致性，实现历史文化、现代文化、外来文化的有机融合。在布局构思层面上，以洞庭湖、长江水、绿带网、旅游城、科技园、现代港的规划布局，体现了科学性、生态性和可持续性。在发展定位上，按照"青山碧水生态、宜业宜游宜居"的城市发展目标，彰显"诗韵田园、水墨丹青、美丽岳阳"的城镇文化特质。确立洞庭湖区域、沿江经济带和湘赣鄂三省通衢区域性现代化中心城市地位。在发展规模上，到2015年底，全市创建特大城市1个、中等城市5个、小城市1个，全市城镇化率达到56%以上，市中心城区城市人口达到115万人、建成区面积达到115平方公里；到2018年，全市城镇化率达到60%以上，市中心城区城市人口达到140万人、建成区面积达到140平方公里。城镇空间形态：到2015年，全面构建"一核两带三圈"的城镇空间系统，形成大中小城市和小城镇协调发展格局，岳阳都市区雏形初步显现。汨罗、临湘、平江、华容、湘阴等地发展成为20至30万人以上的中等城市。建成一批规模适度、布局合理、功能健全、环境整洁、具有较强辐射带动能力的小城镇，扶持发展一批省际边界小城镇。

3. 高质量提升城镇发展的品位和水平。以创建绿色生态山水园林城市为抓手，加快推进宜居城市、山水城市、生态城市、园林城市、全国文明城市建设，不断提升城镇发展的质量和水平。一是充分保护和利用好城镇现有的山、江、河、湖等自然资源。使之成为富有特色的生态带、生态区、生态组团，使岳阳达到一流的空气、一流的水质、一流的环境、一流的宜居要求。二是认真搞好造林绿化工程。沿路、沿河、沿山、沿江、沿湖、沿场搞好生态绿化，把森林引入城镇，让花园进入社区。三是精心搞好城镇美化亮化。展示"建筑各具特色、色彩优雅协调、花卉草坪绿岛、青山绿水夜景"的美好图景。努力把岳阳建成人水相依、流水环城、岸绿景美、生态宜居的江南水乡。做好岳阳的水文章，建设"四湖连通"工程，提高城镇综合承载能力，加快建设绿色低碳、和谐宜居的新型城镇，积极稳妥地走出一条公平共享、集约高效、可持续的岳阳新型城镇化道路。

4. 以县城和中心镇为重点抓好城镇建设。城镇建设突出以县城为中心，抓好特色镇、重点镇、交通枢纽镇建设。把小城镇建设与培育特色优势产业结合起来，与提高"三农"服务能力和水平结合起来，与就近向工业园区转移就业结合起来。努力把小城镇建设成辐射和带动农村发展的消费中心、生产要素集散中心、"三农"服务中心、社会保障和公共社会服务中心。

5. 强化产业支撑。岳阳新型城镇化需要产业发展来充实，通过产业发展促进就业和创业，同时城镇化也能为产业发展提供更好的平台。强力推进"四三六"（"四篇文章"即：以港区为依托，加快建设湖南长江经济带；以楼岛湖五 A 级景区为依托，加快建设洞庭湖旅游度假区；以国家级经开区为依托，加快发展战略性新兴产业；以城镇和园区为依托，全面提升县域经济实力。"三大攻坚"即：项目引进与项目建设攻坚；城乡环境整治攻坚；节能减排淘汰落后产能攻坚。"六大保障"即：民生保障、环境保障、要素保障、人才保障、基础保障、组织和纪律保障。）工程建设，推进绿色发展、循环发展、低碳发展。从岳阳实际出发，遵循城镇化发展规律，坚持城镇发展与产业成长两手抓，把城镇化与调整产业结构、培育新兴产业、发展服务业、促进就业创业结合起来，用更广阔的视野，加快发展新兴产业，改造提升传统产业，引导产业向城镇和园区集中，促进集中布局、集聚发展。按照"统一布局、分工协作，突出特色、发挥优势，错位发展、集群集聚，统筹发展、互利共赢"的指导思想，统筹"一核三圈"的发展思路，即以市区为核心，以中心城市周边卫星城、各个县城、各个小城镇为三圈，加快规划同编、设施同建、交通同网、资源同享、环境同保、产业同兴步伐，形成以大带小、布局合理、结构优化、功能互补、特色鲜明的现代城镇体系。以更加奋发有为的精神状态，更加扎实有效的工作举措，建设环境美、建筑美、人文美的美丽岳阳，让岳阳全市人民生活更加美好、更加幸福。

（三）衡阳市：大湘南区域中心城市推进新型城镇化实践

大湘南区域是指湖南南部衡阳（湘南的中心城市）、郴州（离珠三角最近的湖南城市，是承接珠三角产业转移的桥头堡）、永州三个市，合计34个县（市、区）。从地缘而言，湘南是典型的梯级过渡地带，毗邻广东、广西、江西三省区。近年来，湘南地区重点构建"三极四带"产业布局，即打造衡阳、郴州和永州三极；形成以京珠高速和京广铁路、武广客运专线，二广高速和洛湛铁路，泉南高速和湘桂铁路，厦蓉高速和台南高铁四组交通干线为主轴的四条"井"字形承接产业转移集聚带，最终对接华南经济圈。湘南地区区位交通优势明显，土地、矿产、人力资源丰富，产业基础较好。作为湖南的南大门，大湘南是珠三角、长三角经济圈、粤港澳经济辐射的重要基地。2011年10月6日，湖南设立湘南承接产业转移示范区的请示得到国家发展和改革委员会的正式批复，成为全国第4个国家级承接产业转移示范区，也是湖南继长株潭城市群"两型社会"综合配套改革试验区之后，第二个纳入国家层面的发展区域。

衡阳是湖南省第二大城市，历史悠久、区位独特、文脉深厚、资源丰富、产业发达、生态优美，具有得天独厚的资源禀赋，城镇基础和经济基础扎实。近年来，衡阳市充分挖掘自身优势，着力释放发展潜力，着眼于提升城市功能，推进城市建设由基本适应向适度超前转变，城市功能由单项突进向综合配套转变，城市发展由规模扩张向品质提升转变，加快构筑以市区为中心、县城为依托、中心镇为基础的布局合理、功能完善、环境优美、特色鲜明、资源共享、协调发展的城镇化格局。衡阳市委市政府充分尊重个性、张扬特色，确立了把衡阳建设成为"工业重镇、文化名城、旅游胜地、宜居家园"的城市定位和"一江两岸、九桥四环、南工北旅、东文西商、三横四纵、主辅相连"的城市发展的总体布局，加大了项目建设力度，打响了"六大战役"，提升理念、完善规划、准确定位、合理布局、提高水平、城市面貌明显改观。可以预见，随着城镇化的快速推进，衡阳一定会形成"中心繁华、小城靓丽、功能完善、特色鲜明"的城镇体系。

2012 年，衡阳市城镇人口 344.77 万人，比上年增加 8.04 万人，增长 1.12%；城镇化率达 47.9%，与上年相比，提高 0.91 个百分点，比全省高 1.25 个百分点，居全省第五位。2012 年，衡阳市城区环境空气优良率为 97.5%，城区饮用水水源地达标率为 100%，地表水功能区达标率 93.8%。近年来，通过不断加大以城带乡发展力度，全市已初步形成了以城区为中心，以城关镇、工业园区为骨干，乡镇为支撑的城镇网络体系，城乡一体的产业布局规划、土地利用规划、基础设施建设规划不断完善，全社会投资力度进一步加大，2012 年，全市固定资产投资 1063.75 亿元，比上年增长了 36.3%。同时，为整合城市资源、盘活城市资产，从 2012 年起，五年内衡阳市中心城区将扩大到 271 平方公里、人口 200 万，同时，加快打造"衡阳云谷"步伐和"西南云大"（西渡镇、南岳镇、云集镇、大浦镇）城镇建设，形成"一核多中心"特大型城市格局。这一规划布局为衡阳城镇化提升注入了新的活力。衡阳在推进新型城镇化过程中的主要做法有以下几点：

1. 坚持项目带动，提升中心城市品位。项目是城市建设的抓手和依托，必须大力实施项目带动战略，以项目建设推动城市扩容提质。做好"拓城扩容"、"山水洲城"、"宜居家园"的文章。加快城市基础设施重大项目建设进度，推进自来水供应、污水处理、绿化提质和人行道改造、老城区道路油化提质等。

2. 坚持规划引领，推进中小城镇建设。要做好规划布局。规划是先导、龙头、城镇建设的大纲。规划科学，是最大的节约；规划失误，是最大的浪费。只有科学规划、合理布局，才能打造个性鲜明、富有内涵的城镇形象。要强化产业支撑、夯实基础设施、突出特色品质。要突出个性特色，不搞千城一面、千篇一律。《衡阳市土地利用总体规划》中规划衡阳市中心城区建设用地面积扩大到 271 平方公里，在《湖南省"十二五"新型城镇化发展规划》中又明确提出：加快衡阳西南云大经济圈发展，力争到 2015 年，衡阳市中心城区人口过 120 万。在这两个规划的引导下，衡阳市正在朝着以主城区为中心、西南云大为支撑、周边乡镇为节点、社区为基础的四位一体城乡空间格局发展。

3.坚持集中整治,提高城镇管理水平。"金规划、银建设、铁管理"。城镇发展,"三分靠建,七分在管"。继续实施和深化"六大战役、两大工程",进一步推进城市管理规范化、精细化。加强综合整治,特别是"脏乱差"问题。要建立长效机制。依法管理城市,坚持管理与服务并重,处置与疏导结合,实现法律效果与社会效果的有机统一。为提升城市品位,衡阳市委、市政府提出 2014 年晋级全国交通管理模范城市;2015 年成功创建全国卫生城市、全国园林城市;2017 年问鼎"全国文明城市"。将进一步完善城市功能、优化城市环境、优化配置城乡资源,增加就业人数,改善城乡居民生活,全面提升城市的吸纳和辐射能力,努力把衡阳市建设成为经济繁荣、社会文明、环境优美、民生改善的宜居宜业宜旅城市。

4.坚持改革创新,增强城镇建设活力。创新户籍管理制度、土地管理制度和城镇投融资机制,创新殡葬改革和资源配置改革。建立城乡统一的产权制度、土地制度、户籍制度、社会保障制度、公共财政制度、劳动就业制度、教育医疗制度等。

5.坚持产业带动。衡阳市被确定为国家服务业综合试点城市以来,第三产业总量不断扩大,增速不断提高。2012 年,衡阳市第三产业增加值 685.3 亿元,增长 13.5%,比全国、全省高 5.4、1.3 个百分点。随着大量农村人口到城镇定居,第三产业已成为吸纳新增城镇人口就业的主渠道,衡阳市第三产业发展步伐的加快,也推动了城镇功能发挥和人口聚集效益增长,提升了城镇化水平。

(四)张家界市:大湘西区域中心城市新型城镇化实践

大湘西区域包括张家界、怀化、邵阳、湘西州和永州的江华、江永两县,是对整个湖南西部地区的统称,系武陵、雪峰两大山脉和云贵高原环绕的广大地区,沅水、澧水中上游及其支流汇聚之地。属于传统的老、少、边、山、穷地区,经济基础比较薄弱。大湘西区域是武陵山经济协作区的一部分,是我国中、西部两大经济地带的结合部位,是通往云、贵、渝的门户地带,起着引东接西、连南通北的重要作用。国务院《武陵山片区区域发展与扶贫攻坚规划（2011～2020年）》提出，要利用丰富独特的山水生态和民族文化旅游资源优势，促进旅游产业转型升级和发展方式转变，把武陵山片区建成国际知名生态文化旅游胜地。大湘西地区作为武陵山片区的重要组成部分和全省旅游产业发展的重要板块，必须坚决贯彻中央决策部署，加快旅游扶贫开发，以旅游产业的蓬勃发展促进武陵山片区区域发展与扶贫攻坚。

张家界市位于湖南省西北部，是武陵源风景旅游区的旅游基地城市。全市人口157万，总面积9516km²，辖永定、武陵源2区和慈利、桑植2县，具有险山、秀水、奇洞、茂林等丰富的自然旅游资源；同时，武陵源风景名胜区被联合国教科文组织列为《世界自然遗产名录》，是世界自然景观中的极品。旅游，是张家界建市之基，富市之源，兴市之路。随着旅游业的发展，张家界由过去的穷乡僻壤发展成现在的中等城市，一些旅游城镇也随之涌现，旅游业的发展有力促进了张家界城镇化水平的提高。

旅游业的发展促进了张家界市城镇综合实力和城镇化水平的提高，促进了城镇产业结构的升级，加快了城镇基础设施的改善，提高了城镇知名度。但是，张家界市滞后的城镇化会对地区旅游业的发展产生阻碍作用。这种作用表现在：一是影响旅游业发展的规模，丧失绿色产业旅游业的发展机会；二是影响旅游客源市场的形成与拓展，不利于地区经济的发展；三是影响旅游消费水平的提高，阻碍城市第三产业的发展与提升；四是影响旅游形象的塑造，缺少国际知名旅游城市应具备的品牌；五是影响旅游服务质量的改善，不利于旅游资源的开发与可持续发展。

近年来，张家界市紧紧围绕建设世界旅游精品目标，抢抓国家西部开发、扶贫攻坚和湖南省加快湘西地区开发的历史机遇，以旅游产业为主导，加快转变经济发展方式，大力推进新型城镇化，取得了较好成效。"十一五"以来，城镇化进程明显加快，城镇化水平年均增长1.5个百分点。2013年末张家界市城镇化率42.23%，比全省低5.73个百分点，城镇基础设施不断完善，综合实力不断增强，人居环境不断改善，城镇化已经成为全市经济社会发展的强大支撑。在城镇化推进中，旅游作为主导产业，发挥了引领、带动作用。

按照省委省政府"四化两型"战略部署，以建设世界旅游精品为总目标，以国家旅游综合改革试点为契机，立足资源优势，突出人文特色，坚持规划引导、旅游带动、基础先行、城乡统筹，走具有旅游特色的新型城镇化道路，为旅游地区推进新型城镇化建设提供一份"张家界模式"。

1.加强规划引导，完善城镇体系。一是坚持科学规划。充分依托张家界自然山水和人文条件，科学规划建设城镇，做好"山、水、城、景、人"文章，使城镇建设用地保山护水、道路规划通山保水、建筑布局显山露水、景观设计借山顺水、空间组织依山亲水、绿化建设绿山青水，大力打造城镇风貌特色，塑造山水相融、个性张扬、民俗风情浓郁、富有地域特色的旅游城市鲜明形象，提升城镇综合竞争力。二是严格规划管理。按照"本土化、生态化、精品化"原则，加强建设项目规划管理，强化"坡屋顶、小青瓦，木构架、七字挑，吊脚楼、马头墙，灰白墙、花格窗"等本土民族特色建筑元素符号使用，对建筑形态、风格、色彩等设计严格审查，营造富有本土地方特色和湘西建筑地域性特征的城镇建筑景观，提升城镇形象和品位。三是完善城镇体系。围绕建设国际风景旅游城市，按照培育中心城市、完善城镇体系、强化服务功能、协调城乡发展的思路，实施"中心极化、组群互动、梯度推进、城乡协调"的城镇化战略，强力推动中心城市建设，积极稳妥加速推进县城及小城镇建设，拉开框架，完善功能，聚集要素，增强辐射，形成以中心城区为核心，县城为骨干，重点中心镇和建制镇为支撑的城镇体系。四是优化城镇布局。优化市域城镇空间布局，以澧水河为纽带，适当调整城镇行政区划，大力发展澧水河谷城镇群，集聚人流、物流、资金流、技术流、信息流，辐射带动周边地区。放宽视野，跳出张家界的地域界线，整合周边旅游资源，与常德、吉首、铜仁等临近旅游地区实行资源互补、客源互换、经济互促，加快形成以张家界为核心的武陵山区旅游城镇群。五是培育特色小镇。特色化，是新型城镇化的内在要求。围绕文化、旅游、资源、工业等支柱产业，强化乡镇职能分工，形成分工协作、优势互补的乡镇发展格局。规划建设一批资源文化独特的民族乡、民族镇，加大开发和保护，大力发展休闲观光型、体验型、原生态文化村寨型乡村旅游，广泛吸纳村民就业，走生产发展、生活富裕、生态良好的文明发展之路。

2. 突出旅游带动，壮大城镇实力。张家界因旅游而建市，荣获了"中国第一个国家森林公园、世界自然遗产地、世界地质公园、全国首批5A级景区等多项桂冠。应坚定不移地实施旅游带动战略，做大、做强、做优、做特旅游产业。据有关部门统计，旅游业是关联性、带动性极强的产业，与旅游相关的产业、行业和部门超过110个，旅游消费对住宿业的贡献率超过90%，对民航和铁路客运业的贡献率超过80%，对文化娱乐业的贡献率超过50%，对餐饮业和商品零售业的贡献率超过40%。旅游收入每增加1元，可带动相关行业增收4.5元；旅游投资每增加1元，可带动其他行业投资5元，产生经济增长的乘数效应。同时，旅游业的渗透力较强，与一产结合形成观光农业、体验农业、休闲农业等，与二产结合形成生产线旅游、产品旅游等，与其他三产结合形成文化旅游、康体旅游，不断催生复合型的新型业态，实现产业层次的优化升级。张家界把旅游业作为"转方式、调结构、惠民生"的主要途径，加快发展新型工业，改造优化传统农业，重点发展现代服务业，努力构建以大张家界国际旅游示范区为定位的现代产业体系。一是加快旅游产业转型提质。围绕完善旅游"吃、住、行、游、购、娱"六要素，大力发展旅行社业、旅游饭店业、旅游运输业、餐饮美食、休闲娱乐、商务会展等旅游产业，推进提质升级。加快开发休闲、度假、商务、红色、文化、探险、生态、乡村等旅游产品，加速产品转型。优化旅游消费结构和模式转变，注重客源结构的改善和综合效益的提高，重点开拓境外市场，促进高端消费。整合市域旅游资源，以永定、武陵源为旅游"双核"，联动主要城镇，形成市域内多个旅游景观单元，实现市域内旅游一体化，培育新的经济增长点。二是加速发展新型旅游工业。坚持以新型工业化促进新型城镇化。按照"资源与产品对接，项目向园区集中，产业成集群发展"的思路，走具有旅游地区特色的低能耗、低污染、高附加值、高科技含量和有一定技术水平的新型工业发展之路。结合本地资源和民族文化，建设旅游商品、旅游特色纪念品研发中心、土特产综合园区，发展壮大绿色清洁能源、绿色生物医药、绿色旅游食品、新材料等支柱产业，形成旅游商品产业集群，塑造国内著名旅游工业品牌。三是推进旅游业与其他产业融合发展。推进旅游业与现代服务业融合，着力发展现代物流、金融服务、信息咨询、研发创新、创意设计、商贸餐饮、旅游地产、电子商务等现代服务业。推进旅游业与现代农业融合，集约发展农产品市场，规划建设一批旅游型特色小镇、生态休闲农庄、农业观光园。推进旅游业与文化融合，不断培育"张家界·魅力湘西"、"天门狐仙·新刘海砍樵"等顶级旅游文化产品，加快桑植民歌等非物质文化遗产的传承与创新，把张家界打造成为湖湘文化的对外窗口，抢占全国文化旅游的制高点。

3. 坚持基础先行，完善城镇功能。城镇基础设施既是新型城镇化建设的承载平台，更是重要的民生工程，也是旅游赖以生存的发展基础。围绕强基转型，一是加强基础设施建设。按照适度超前、配套完善要求，坚持市场化、产业化、社会化方向，加强项目开发、储备，突出重点，加大投入，集中力量建设支撑全市经济社会发展的基础设施，特别是立体交通、能源水利、生态环保、公共安全、信息网络等项目，构建与科学发展相适应的现代基础设施体系。二是完善城镇交通功能。围绕建设武陵山区旅游交通枢纽的总体战略，坚持以旅游集散、商贸物流服务为重点，与城市空间结构及布局形态相协调，构筑功能完善、结构合理、能力充分、运行高效、服务优质，与高速公路、铁路、航空运输及城市交通有效衔接的现代综合交通体系，增强城镇旅游通达能力。三是增强城镇旅游功能。提高城镇旅游接待能力，积极发展高星级饭店，始终保持旅游饭店与市场需求相适应；

挖掘本土特色餐饮，培育民族特色餐饮名品名店。增强城镇休闲度假能力，加快群艺馆、影剧院、音乐厅、体育公园等各类文体设施建设，配套完善宾馆酒店的休闲娱乐设施。增强城镇商务购物能力，建设城镇旅游商务区以及综合性旅游购物中心和购物街。四是提升城镇国际化水平。围绕建设世界旅游目的地，推进城镇设施标准国际化，高标准建设航空口岸和国际机场，加快"数字城市"建设步伐，引进高档旅游设施和高尔夫等高端休闲度假旅游项目。推进城镇服务国际化，建立便捷的出入境程序和完善的旅游自动化信息系统，导入国际旅游管理标准，推进旅游服务和管理与国际接轨。推进城镇环境国际化，加快推广实用外语，制作面向国际游客的旅游宣传品，扩大城镇国际影响。

4.突出以人为本，促进城乡统筹。一是加快推进新农村建设。以市场化为导向，以城市发展和旅游市场需要为引领，突出发展城市农业、旅游农业、生态农业和品牌农业，加快农业农村基础设施建设，不断提高农业综合生产能力。深化农村综合改革，加快构建以农民合作经济组织为基础、骨干企业为龙头、公共服务机构为依托，公益性和经营性服务相结合的新型农业社会化服务体系。二是加快社会事业发展。大力实施建设教育强市战略，形成与全市跨越发展相适应的现代教育格局；大力实施科技强市战略，全面推进产学研结合，培育壮大科技创新能力；大力实施文化强市战略，深化文化体制改革，实现文化事业和文化产业大发展；大力实施医药卫生体制改革，提高人民群众医药卫生保障水平。三是加强生态环境建设。坚持生态优先、绿色发展，大力推进生态保护和环境治理工程建设，加强世界自然遗产保护，大力发展绿色、低碳、循环经济，积极构建节约能源资源和保护生态环境的产业结构、增长方式和消费模式，全力打造"两型社会"，提高人居环境质量。

5.创新体制机制，激发城镇活力。张家界被确定为首批国家旅游综合改革试点城市，为加快旅游提质升级、打造世界旅游精品和国际旅游目的地提供了重要机遇。一是创新规划管理体制机制。树立"魅力品质、绿色低碳、和谐共生、宜居宜游"的规划理念，突出城镇特点，注重政策配套，不断提升规划的前瞻性、科学性和可操作性。二是创新建设投融资体制。建立城镇资源资本化、城镇建设市场化、城镇投入多元化的城镇建设融资投资机制。积极鼓励社会资金、民间资金参与城镇建设、经营和管理。争取外部政策支持，建立大张家界国际旅游示范区建设基金。三是创新城市管理体制机制。整合城市管理职能，细化镇街、社区的职权、职责，进一步突出社区在城镇管理中的重要地位，建立"市区联动、分级管理，条块结合、以块为主，整合资源、提升效能"的城镇管理体制。深化社会保障制度改革，建立城乡一体的政策措施，为切实推进新型城镇化破除体制机制障碍。

三、县域推进新型城镇化的实践

县域是城镇与农村的结合部、工业与农业的交汇点、解决"三农"问题的主阵地。湖南县域面积大，承载人口多，县域在推进湖南城乡一体化发展中具有举足轻重的特殊地位，是促进湖南城乡同发展共繁荣的基本平台。在当前湖南城乡发展差距大、农村基础薄弱、农业大而不强的状况没有根本改观的情况下，要转变发展方式，加快建设"两型社会"，推进"四化"同步发展，就必须在县域城乡一体化上找到突破口，促进农业发展与工业发展对接、农村发展与城镇发展对接、农村资源要素与城市资源要素对接、资源利用与环境保护对接。但从具体实践层面来看，当前全省各地如何因地制宜推进城乡一体化发展仍然缺乏操作上的指导和可资借鉴的模式，迫切需要典型县域的探索与示范带动。

（一）长沙县：中心城市郊区县域新型城镇化推进路径

长沙县位于湖南省会长沙市近郊，县域面积近 2000 平方公里，常住人口 80 万人。近年来，长沙县以长株潭城市群获批全国"两型社会"建设综合配套改革试验区为契机，按照幸福与经济共同增长、乡村与城市共同繁荣、生态宜居与发展建设共同推进的"三个共同"发展理念，着力在统筹城乡中加快转变经济发展方式，走出了一条"三化"协调发展、"两型"融合推进的科学发展路子。先后被评为"全国文明县城"、"国家卫生县城"、"国家园林县城"、"国家生态示范县"、"中国人居环境范例奖"、"中国最具幸福感城市"、"全国改革开放典型地区"。2011 年，全县实现地区生产总值 790 亿元，连续 8 年保持 17% 左右的增速。

1. 着力推进结构优化升级，发展绿色低碳经济。坚持工业项目全部进园区，努力用最少的投入，创造最大的效益。改革园区管理体制，以长沙经开区为龙头，将县域内 8 个专业园区逐步交由经开区托管，促进资源整合。全县共引进世界 500 强企业 29 家，上市企业达到 19 家。2011 年全县共完成工业总产值 1557 亿元，增长 30.2%。加快打造"中国工程机械之都"和"全国汽车产业集群新板块"，工程机械即将成为全县首个千亿产业集群。随着广汽菲亚特、广汽三菱、住友轮胎、福田汽车、陕汽环通、蓝思科技等工业项目在明、后两年全部建成，将释放 1500 亿～2000 亿工业产能，同时将在工程机械产值过千亿的基础上，形成汽车及零部件、电子信息两大新的千亿产业集群。大力发展服务经济，加快推进中烟物流园、联通数字阅读基地、恒广欢乐世界、三一春华新城等重大服务项目建设，以快乐购、青海卫视运营中心、太平洋人寿保险总部运营中心为代表的电子商务、服务外包、影视、金融保险等新兴服务业态迅速发展。积极推进科技创新，全县共有高新技术企业 95 家，各类工程技术研究中心和企业技术中心 50 多家，2011 年实现高新技术产业增加值 348 亿元，占全县 GDP 总额的 44%，经济增长正逐步由主要依靠物质资源消耗向主要依靠科技创新转变。

2. 着力推进城乡一体化建设，促进三化协同发展。坚持把城乡一体化作为新一轮县域经济发展的重要增长点，创新社会管理、做好群众工作的重要平台，进一步解放思想、深化改革的重要领域来抓，按照南工北农、以工补农、以城带乡、普惠民生的思路，大力推进"六个集中"（资本集中下乡、土地集中流转、产业集中发展、农民集中居住、生态集中保护、公共服务集中推进），在工业化、城镇化深入发展中同步推进农业现代化。坚持区域分类指导，将县城及南部城郊乡镇定位为工业和城市服务型区域，着力发展先进制造业和现代服务业，增强综合服务功能；将北部乡镇定位为农业生态型区域，加快发展现代农业，加强生态环境保护，使之成为长沙县可持续发展的战略空间和现代农业示范区。以国家现代农业示范区为平台，积极推动城市资本、技术、人才、管理等生产要素向农村聚集，启动了 100 个现代农庄建设，带动农村土地流转面积近 30 万亩，共吸引各类社会资本 30 亿元投入农业。大力推进农业产业化，全县农业规模企业发展到 148 家，其中市级以上龙头企业 60 家。加大农业科技创新，通过与中科院、省农科院等科研院所的产学研合作，建立了一批农业科技创新示范基地，其中高桥现代农业技术创新基地吸引了 14 家科研院所进入，为长沙县高效生态农业的发展提供了科技支撑。加快小城镇建设，积极在规划、国土、财政、户籍等方面加大政策创新，打造了榔梨、金井、开慧等重点示范城镇。其中开慧镇"板仓小镇"依托开慧烈士家乡板仓的生态、人文资源，通过多元项目开发建设平台，推进"农民进城（镇）"和"市民下乡"，探索了一条不依赖城市扩张而发展、可以复制和推广的新型城镇化与新农村建设新路子。

3. 着力推进产城融合，实现城市有机增长。针对经开区南北功能分区僵化、发展活力不足的现状，通过将城市功能、政府公共服务植入工业园区，推进园区经济向城市经济转变，不断提升城市品质和发展后劲。在园区规划中，树立"反规划"和"不规划"的理念，尊重自然山水，合理制定生态控制区，最大限度地保护原有地貌和风土人情；在园区建设中，坚持向国际水平看齐，加强城市风貌设计和色彩规划，路牌标识全部印上中、英、韩三种文字，并积极引进学校、医院、银行、商场等配套设施，努力形成多样的城市肌理和活力节点；在园区管理中，按照物业化、网格化、数字化的要求，深化城市管理体制改革，推进工作重心下移，有效实现了城市的精细化、人性化管理。另外，着力打造四大新板块：一是松雅湖板块，项目规划面积 17 平方公里，水面面积 6300 多亩，将通过加强与国际顶尖品牌战略合作，打造一个现代高端服务业的核心聚集区；二是空港城板块，规划面积 31 平方公里，依托黄花机场扩建，按照"知识型现代服务业生态城"定位，打造县域经济新的增长极；三是武广新城板块，依托武广高铁和沪昆高铁，建设国际会展中心和现代市场群，发展高铁经济、会展经济和商贸物流；四是星沙产业基地板块，按照"三个 1/3"（即 1/3 的地方发展工业、1/3 的地方发展生产性服务业、1/3 的地方建设基础设施和商贸住宅），一次性建成产城融合体。

4. 着力推进生态文明建设，保护城乡生态环境。目前全县 300 多家重点企业（总用地面积不到 20 平方公里）产生 90% 以上的工业产值和税收收入，形成了"用 1% 的土地支撑经济发展"的局面，而另外 99% 的土地主要用来保护生态环境。坚持工业反哺农业，建立了生态补偿机制，规定全县除公益设施建设外的所有土地出让，每亩新增 3 万元用于生态建设和环境保护，并对自然条件较差、生产资源匮乏的贫困村、深山村实施整体移民，建立无人生态区。深入开展乡村整洁行动，在乡镇一级全部成立农村环保合作社，探索建立了农村生活垃圾"户分类减量、村主导消化、镇监管支持、县以奖代投"模式，取得良好效果。强力推动养殖污染整治，采用"室外零排放、沼气池加四池净化、种养平衡"等技术减少禽畜养殖污染，同时在全县划定畜禽养殖禁养区和限养区，近两年共扶助退出生猪养殖 1 万余户，实现了禁养区退出养殖和限养区控制养殖规模的目标。新建 22 座污水处理厂，全县日处理污水能力达 31 万吨，实现县城及乡镇集镇污水处理"全覆盖"。加大浏阳河、捞刀河等主要河流水域治理，采用"突击打捞、划断包干、常年维护、县级补助"的办法，对泛滥成灾的水葫芦、病死畜禽、生产生活垃圾进行清理，恢复了县域河流清澈水质和秀美风光。大力开展植树造林，实施了"千里乡村公路、百条河港堤岸、万户农家庭院"绿色愿景工程，从 2011 年起，县财政将每年安排 1000 万元以上资金补助植树造林。

5.着力推进民生普惠,实现两型发展成果全民共享。坚持每年新增财力的70%用于民生,促进社会民生事业与经济协调发展。加大文化惠民力度,高标准实施了星沙文体中心建设、广播电视"村村通"、文化信息资源共享、数字电视平移等文化工程,实现了乡镇综合文化站、农家书屋、村(社区)级文体活动室全覆盖,数字电影院、多功能演艺厅等设施逐步向农村延伸。同时,积极邀请专家团队对列入城市发展用地范围的区域进行社会文化调查,加强对乡村传统文化的挖掘保护。加大教育强县建设,推进义务教育向学前教育、高中阶段教育两端延伸,城乡办学条件有效改善。启动基层医疗卫生机构综合配套改革,全面实施基本药物制度,开展了农民免费门诊试点,城乡居民的基本医疗和公共卫生服务落到实处。加大社会保障,实现了新农合与城镇居民医保并轨,65万农村居民全部导入医保系统;居民养老保险实现城乡全覆盖。立足于让困难群众得实惠,每年向全县贫困家庭发放1000多万元的"过年红包",并实施了革命先烈后代困难家庭幸福计划,对建国前牺牲的革命先烈后代困难家庭,在生活、就业、就学、就医等方面给予更多照顾。加大保障性住房建设,进一步完善了廉租房、棚改房、公共租赁住房和动迁安置限价房"四位一体"的住房保障体系,全县无房户、住房困难户的住房问题得到有效缓解。

(二)浏阳市:区域次中心县域新型城镇化推进路径

浏阳市位于湖南省东部,隶属长沙市,总面积5007平方公里,人口143万,下辖4个街道33个乡镇。浏阳区位优越,是长株潭城市群的重要组团和"对接长三角、融入长株潭、辐射湘赣边"的区域性中心城市。2013年县域经济竞争力排名全国百强第47位。

近年来,浏阳围绕"城乡统筹、城乡一体、产城互动、生态宜居、特色发展"思路,积极探索新型城镇化发展路径,城乡一体化建设成效显著。永安、大瑶被列入国家重点建设镇,柏加获批为首批国家智慧城镇。浏阳先后获得"中国人居环境范例奖城市、全国生态示范市、全国绿色小康县

（市）"等荣誉称号。

1. 规划引导，谋好城镇发展思路。一是坚持规划优先。严格科学规划，全市一张图纸、一套制度、一枚印章，由浏阳市规划局统筹管理，聘请专业团队规划设计，杜绝"朝令夕改"。按照"美丽浏阳、幸福家园"的城市定位，编制《浏阳市城镇化发展纲要》，明确各城镇的总体定位、功能分区和辐射范围，切实发挥规划的前瞻性、基础性和导向性作用。二是突出重点板块。根据各城镇经济发展特点，重点打造国家级（浏阳）经济技术开发区、国家级（浏阳）再制造产业示范基地、两型产业示范区、浏阳河文化产业园、花炮产业集中区、浏阳河生态经济示范区、大围山国家级生态旅游示范区等 7 大板块园区，谋划和推动各板块区域的城镇化建设。三是抓好示范带动。从 2013 年起，浏阳计划用 5 年时间，重点实施"54321"工程，即建设 5 个示范镇，发展 40 个新农村示范村，打造 3 大示范线，培育 20 家农业加工企业，治理 1 条母亲河（浏阳河），努力打造一批引领全市城镇化建设的示范村镇。

2. 建管并举，增强城镇承载功能。一是完善区域路网。实施"双向融城"。加快长沙开元东路东延线 3 期和人民东路东延线（金阳大道）等重大交通项目建设，打造快速、无费、便捷的入长交通干线，实现从永安、洞阳与长沙的"融城"对接。全力建设好南横线等主要干线公路，实现镇头、柏加与长沙、株洲的双向"融城"对接。创新交通建设投融资模式，相继完成大浏、浏醴、长浏高速公路建设及国省干线建设，各乡镇（街道）和园区都能在 20 分钟以内进入高速公路。二是增强承载功能。在湖南省县(市)率先成立城建投资开发公司（城建集团公司），先后建成了浏阳河风光带、将军广场立交桥、多功能体育中心等一批重要基础设施。按照"垄断经营土地一级市场，放开搞活房地产二、三级市场"的思路，相继开发了碧桂园、恒大华府、新月半岛等一批精品楼盘；率先建成了湖南省县级城市首个自行车公共租赁系统；开通了工业新城—主城区—大瑶新城"一线三城"公交系统。三是提升管理水平。深入实施"城乡统筹，环境同治"和"全民绿化"行动，全面推行集镇"门前三包"和农户"庭院三包"责任制，严格按照"五化"（净化、序化、绿化、亮化、美化）整治标准，重点对"市容市貌、乡村环境、交通秩序、非法运营"进行集中整治。建立完善"分类减量、上户收集、村民自治、公司运营、政府补助"的垃圾处置机制，"葛家模式""三口模式"得到国家有关部委的高度肯定。

3. 改革创新，拓展城镇发展空间。打造"一轴三带"。"一轴"即沿长浏、浏醴高速，以浏永公路—浏大公路—大文公路为轴，高标准提质改造"工业新城—主城区—大瑶新城"连接通道，把3座最具发展潜力的城镇连接起来，精心打造了一条贯穿南北的景观大道、工业走廊和经济动脉，有力地带动了沿线城镇发展。"三带"即以浏东公路为轴线的浏东城镇带，以浏跃公路为轴线的浏西城镇带，以永社公路为轴线的浏北城镇带，努力形成覆盖城乡、协调互动的新型城镇网络。推进强镇扩权。加大对乡镇（街道）的政策支持和资金投入力度，稳步推进中心镇行政管理体制改革，将大瑶定为强镇扩权的试点镇，赋予其部分县级经济社会管理权限。鼓励永安、大瑶、沿溪等具备一定人口规模和经济实力的中心镇建立城管中队等公共服务队伍，推进城镇管理一体化。注重功能配套，通盘谋划城乡基础设施布局，促进文化教育、医疗卫生、住房保障、养老服务等资源向集镇倾斜，扩大城镇公共服务覆盖面，促进集镇向城市转变。

4. 做强产业，夯实城镇发展支撑。一是壮大新型工业，推动园区工业乡镇加速城镇化进程。1998年，建设浏阳生物医药工业园，重点发展生物医药和电子信息产业。经过多年发展，浏阳电子信息产业成为湖南省内信息产业的重要一级，生物医药占湖南省医药产业半壁江山。2012年3月，获批国家级经济技术开发区。2003年，浏阳制造产业基地开建，2013年跻身全国首批"国家再制造产业示范基地"行列。发展大瑶、镇头、沙市、荷花、沿溪、龙伏等6个工业集中小区，形成了以花炮原辅材料生产、家纺产品、机械制造现代家具新材料新工艺研发为主体的特色产业。二是升级花炮产业，推动花炮产区乡镇加速城镇化进程。浏阳以花炮闻名世界，远销世界100多个国家和地区，出口额占全国60%，国际市场占有率60%，国内市场占有率70%，成为全球最大的花炮生产和贸易基地。浏阳着力打造全球花炮总部经济，大力实施"四个创新"即安全生产创新、产品营销创新、技术开发创新、品牌培育创新，推进花炮产业转型升级。浏阳烟花占领了世界85%以上的大型焰火燃放市场，2013年，浏阳花炮以1071.4亿元位居《中国文化品牌价值200强排行榜》第12位，上榜中国"五星级地理标志"。三是做强现代农业，推动传统农业乡镇加速城镇化进程。打造优质稻、油茶、烤烟3大产业区和蔬菜、水果、花木等7大产业基地，是湖南省最大的"渡春淡菜"生产基地和长株潭城市群的后勤保障基地，成为全省乃至中南地区最大的花卉苗木生产和集散中心。大力引进和培育农产品（000061，股吧）加工龙头企业，目前有湖南省级龙头企业13家，长沙市级龙头企业70家，拥有3个中国弛名商标，29个湖南省著名商标。建设了两型产业园，培育了健康食品产业集群。四是繁荣商贸旅游，推动商贸旅游特色镇加速城镇化进程。浏阳山水资源独厚，人文历史璀璨，是湖南省旅游强县和中国优秀旅游城市。现有景区（点）40个、国家2A级以上景区7个、国家4A级景区2个、国家重点文物保护单位5处。积极创建大围山5A级景区，形成了"春赏花、夏漂流、秋品果、冬滑雪"的精品市场，打响了"旅游新方向、中国大围山"旅游品牌。2013年，大围山成功创建为全国首批"国家生态旅游示范区"。

（三）沅江市：湖区县域新型城镇化的实践样本

沅江市位于湖南省东北部的的洞庭之滨，是一个享有"洞庭明珠"、"江南宝地"美誉的县级市。身处洞庭湖腹地，东有资江、西有沅江，沅江城"坐拥江湖"。多年以前，沅江还只是一个饱受洪水困扰的小城。如今沅江市以新型城镇化作为破题县域发展的主体战略，水城正在经历巨变。截至2013年，沅江市的城镇化率达45.48%，自来水普及率达98%，城区污水处理率达80%、集中处理率达62%，城区垃圾填埋率达100%；共投入小城镇建设资金达9126万元，其中投入小城镇基础设施建设资金8070万元，共有在建项目 37 个，主要用于小城镇的农民集中居住、道路硬化、管网改造和街道亮化、绿化。

1. 工业强市：新型工业化助推新型城镇化。沅江市地处洞庭腹地，是全国闻名的"鱼米之乡"，但过去工业基础薄弱，市域经济整体实力不强。近年来，沅江市委、市政府高屋建瓴，坚定不移地走"工业强市"之路，以城市带动产业发展，以产业推进城市扩张，把新型工业化作为跨越发展、后发赶超的第一推动力。沅江市经开区是沅江推进新型工业化的一个代表。在国家科技部、财政部公布的 2013 年科技型中小企业技术创新基金立项项目中，沅江经济开发区有 5 个项目获国家创新基金立项资助，充分展示了沅江经开区创新创业的辉煌成果。

2012 年，沅江市经开区内高新技术产业产值占工业总产值的 41.5%。按照发展优势产业、培育产业集群、打造核心企业的思路，沅江经济开发区大力发展机械制造、造纸、纺织、食品加工等主导产业。同时加强船舶产业园规划和管理，努力把船舶产业园建设成为全国最大的复合材料游艇制造基地、最大的内河工程船舶制造基地和湖南省最大的钢质船舶制造基地。目前，内河船舶制造集聚区、游艇及公务艇集聚区和船用舾装件及配套产业集聚区已具雏形。以园区建设为载体，促进土地集约应用，实现产业集群发展，是沅江新型工业化的亮点。沅江市另一个重要的园区——中联重科沅江工业园，更为沅江新型工业化添上了浓墨重彩的一笔，并通过园区的经济效应，有力推动了沅江新型城镇化的发展。中联重科入驻沅江后，一批配套产业在沅江开始集聚，一部分农民成了产业工人，更为沅江市新型城镇化建设留下了广阔空间。2013 年，经开区共完成工业总产值 151 亿元，工业企业上缴税收 3.8 亿元，各项经济运行指标均达年初预期目标。全市城镇化率由"十五"期末的 35.5% 提高到"十一五"期末的 46.96%，中心城区建成区面积由 5 平方公里"长大"到 13.96 平方公里，人口由 16.1 万人增加到 18 万人。城市基础设施建设步伐加快，公共服务功能和发展环境明显改善，综合竞争力不断增强。

2. 以城带工：土地流转促进产业集聚。草尾镇地处洞庭湖畔沅江、南县和大通湖区的结合部，是典型的农业型乡镇，下辖 26 个村、1 个社区，人口规模 10.8 万人，耕地面积 15 万亩，是沅江市最大的农业乡镇，也是土地信托流转助推城乡统筹的"草尾模式"发源地，走的是一条通过土地流转带来产业集聚，从而推动农村城镇化的新路子。2000 年前后，由于传统的种植型农业经济效益太低，草尾镇大量田地被抛荒。一些种田大户的出现，催生了最早的土地流转。2009 年，在当地政府的主动介入下，草尾镇开始农村土地信托流转的试点，由沅江市政府出资在草尾设立土地承包经营权信托公司，在坚持土地集体所有制性质不变、农民承包经营权不变、农用地属性不变的前提下，农民自愿将名下土地承包经营权委托给信托公司，企业或农业大户再从信托公司手中连片租赁土地。土地信托流转，把农民的承包地连片集中流转承包给公司和大户经营，提高了土地产出率和劳动生产力，极大地推进了农业规模化、产业化、集约化、标准化和机械化。信托流转模式试点 3 年多来，草尾镇 80% 的耕地由企业（大户）种植，经营 500 亩以上的企业（大户）达 23 家。土地信托流转模式确保了农民的土地租金和惠农补贴的收益，也使大量农民从低效的土地上解放出来，一部分农民就地转化为"农业产业工人"，收入大幅增加。

作为益阳市统筹城乡发展的试点镇，沅江市草尾镇在实行农民集中居住等方面积极探索，在盘活土地资源方面找到了促进城乡均衡发展的突破口。作为试点的前奏，2012 年 7 月，沅江市选择草尾镇作为农村集体土地和房屋确权颁证试点区域，草尾镇农民相继拿到了《集体土地使用证》、《农村土地经营权证》、《房屋所有权证》和《集体土地所有证》等四本证书。这四本证书，标志着在《物权法》框架下，农民开始真实拥有土地和房产等物权，从而迈出了城乡统筹发展的第一步。在确权颁证的基础上，草尾镇的土地市场优化配置明显提速，通过土地的连片流转和平整，一方面使优势特色产业实现规模化经营，提高了土地的集约利用水平；另一方面，通过加快农民集中居住，实行城乡土地增减挂钩，在确保耕地面积不减的基础上增加了城镇建设用地供应，为农村人口在城镇化进程中盘活土地资源提供了现实的可能。

3. 城乡统筹：协调发展下的新型城镇化。产业发展是城乡统筹的支撑点。沅江市加快农业产业化步伐，大力发展棉麻、柑橘、油料、畜禽、水产、蔬菜、芦林等优势产业，初步形成了生产区域布局集中、专业生产程度高的五大产业体系，发展农业产业化龙头企业72个，建立了60多个特色产业生产基地。同时，注重优化农牧业产业结构，完善产业规划和产业培育，突出一镇一品、数镇（村）一品的产业布局，努力培育一批专业村、特色镇。通过整合资源，明确各建制镇的产业发展方向，扶持壮大了一批具有一定产业优势的经济强镇。该市南大膳镇被列入国家级重点镇，三眼塘镇被列入省级重点镇，四季红镇被列入益阳市级重点镇。目前，沅江现代农业渐成气候、村容村貌大为改观、民主氛围日益浓厚。统筹城乡发展，正在深刻地改变农村面貌。

在农村基础设施和社会事业等方面，沅江注重缩小城乡差距，促进城乡公平。近年来，全市投入12亿元，全面加强了农村水利、交通、农田改造、供电、供水和垃圾处埋等基础设施建设，农村生产条件和人居环境得到进一步改善。同时建立了城乡居民基本养老保险、最低生活保障、医疗保险（放心保）、社会救助等保障体系，促进了城乡教育、卫生事业长足发展，全市义务教育适龄学生入学率达到100%，初中升高中比例达到96%。

4. 乐居沅江：生态文明下的"魅力水城"。沅江市湖泊资源丰富，城区犹如半岛伸入南洞庭，资江和沅江（两江）分别从城市的南北绕城流入洞庭湖，城内的后江湖、蓼叶湖、上琼湖、下琼湖、石矶湖（五湖）散布于城市的不同区域，水域面积达14平方公里，特别是后江湖、蓼叶湖、上琼湖流域大，形态多样，湖水呈树枝状伸入低矮岗地，形成众多湖汊半岛，独特的水岸景观，令人叹为观止。近年来，沅江市根据林业发展和生态环境建设的需要，大力开展生态公益林建设，取得了显著成效。截至2013年，沅江已建成20.8361万亩生态公益林，涉及15个乡镇184户林农和造林单位，大大改善了森林生态环境，为建设"绿色沅江"提供了强有力保障。

从 2013 年开始，沅江市将依托良好的山水自然资源，在 3 年内投资 30.8 亿元，启动涉及城市道路桥梁、五湖综合整治与保护、城市污水处理二期和给水系统、城市路灯与亮化、湿地公园与绿地开发、旧城区改造六个方面 56 项工程，打造国际湿地生态旅游城市。"栽得梧桐树，自有凤凰栖。"如今的沅江中心城区，水清可游，岸绿可憩，景观宜人，塑造了鲜明的城市形象，房地产、商业和餐饮娱乐业急剧升温，就业机会增多，绿色生态与人文和谐汇成了悦耳的交响曲。

5. 以人为本：沅江新型城镇化的基本要义。沅江市全面推进各项社会事业发展，使人民群众共享改革发展成果。"十一五"期间，城镇居民人均可支配收入和农民人均纯收入年均分别增长 13.9% 和 14.6%。沅江是一个农业大市，真正建立起覆盖全市的医疗保障制度是全市人民共同的期待，为此沅江市大力推行新型农村合作医疗。自 2007 年 1 月 1 日实施新型农村合作医疗起，经过多年的稳步推进，社会保障水平进一步提高，覆盖面进一步扩大，五项基本保险覆盖面达到 90%，城镇居民医保参保率提高到 90% 以上，新型农村合作医疗参合率达 97.6%，新型农村社会养老保险试点工作全面启动，城乡低保做到了应保尽保。2012 年沅江市新农合参合人数达 566480 人，统筹基金总量达 16428 万元。

2012 年，沅江市在基层定点医疗机构全面推行"10 + 100"新农合补偿模式，努力解决农村群众看病贵、看病难问题，新型农村合作医疗逐步迈入"手续简、兑付快、补助高"的轨道。"10 + 100"新农合补偿模式，具体说来，是指参合农民自付 10 元门诊看病，自付 100 元住院治病，其余资金由新农合基金全额补偿。费用下降和补偿增加，极大地减轻了农民负担。

沅江市还进一步实施积极的就业政策，通过落实扶持创业的税费减免政策、增加劳动密集型小企业贷款、就业技能培训、人力资源市场建设等一系列举措，全市就业形势稳定向好。沅江人社局把构建基层劳动保障服务平台作为推动农民工本地就业的一项重要举措,将就业信息、政策送到基层,促进了农民工本地就业。

(四)龙山县:跨区域经济协作区县域新型城镇化实践

在武陵山腹地湖南、湖北的两省交界线上,县城直线距离只有4公里的龙山、来凤两县随着西水河上团结桥、龙凤桥、湘鄂情大桥的相继兴建,被西水阻断的两个县城逐渐融合,这里也成了全国县城间距离最近、区位条件最为独特的区域。龙山、来凤两县同处武陵山腹地,两县国土面积4470平方公里,两县90余万人口中少数民族占60%以上,均属土家族、苗族聚居区;都是国家重点扶持县,同被纳入国家西部大开发和武陵山片区扶贫开发范畴。山同脉、水同源、人同宗、民同俗,两县历来交往频繁,经贸人文交流与合作十分活跃,探索积累了区域协作的经验。

2010年年初,为抢抓国家规划建设武陵山经济协作区的历史性发展机遇,龙山、来凤两县站在区域统筹、抱团发展、龙凤共赢的高度,提出了在武陵山经济协作区内规划建设龙凤先行区的构想。主要内容是:实现规划一张图、建设一盘棋、商品一张牌、旅游一条线,彰显两县的交通、区位、资源、环境、政策优势;推动两县的五个对接:城市规划的对接、路网电网的对接、农业产业化的对接、城乡统筹的对接、两省政策的对接;互信互利,共同争取国家的支持,团结协作,共同破解发展过程中的难题;抓住国家开发建设武陵山区经济协作区这一千载难逢的机遇,共同打造"龙凤先行区"。龙山、来凤两县着力在"交通同网"、"旅游同线"、"产业同步"、"环境同治"、"信息同享"上完善发展规划,坚持"资源整合、错位发展、优势互补、良性竞争"的原则,拓宽合作领域,探索新的合作渠道和方式,积极推动大项目合作。坚持"三同三新六个一体"的基本思路,"三同"即政策同等、发展同步、资源同享。"三新"即优化资源配置,拓展经济发展新空间;着力龙凤共建,打造率先发展新格局;先行先试创新,树立开放新形象。"六个一体"即规划一体布局,产业一体发展,基础设施一体对接,公共服务一体优化,新业保障一体统筹，生态环境一体建设。

2011年10月22日，国务院批复了《武陵山片区区域发展与扶贫攻坚规划（2011～2020年）》。提出："设立武陵山龙山来凤经济协作示范区，大力推进行政管理、要素市场、投融资体制等领域的改革，全面推进城乡统筹、基础设施、公共服务、特色产业、生态建设与环境保护等一体化建设，为区域一体化发展发挥示范带动作用。""龙凤经济协作示范区"的建设，为龙山县新型城镇化建设带来了重大战略机遇。按照适度超前、突出重点、城乡一体、配套完善的建设要求，进一步加大力度，推进城乡建设步伐；按照总体规划及要求，培育壮大示范区产业，以产业支撑发展。

2012年1月18日，两县在北京共同主持召开了《龙凤示范区战略规划》评审会议，原全国人大副委员长蒋正华、中国工程院院士、中国社科院学部委员李京文等5位国家级专家组成的专家组对规划进行了认真评审，原则予以通过。其中"十大协作共建领域"（龙凤城市建设一体化、龙凤基础设施一体化、龙凤产业一体化、龙凤酉水河保护一体化、龙凤旅游一体化、龙凤公共服务一体化、龙凤生态环境保护一体化、龙凤金融服务一体化、龙凤平安共建一体化、龙凤人才发展一体化）方案正在紧张编制中，已完成了龙凤公交一体化、龙凤金融同城、龙凤通讯同网同价、龙凤平安共建四个一体化方案。同时，两县就财政政策、税收政策、金融政策、投资政策、土地政策、生态补偿政策、帮扶政策、城乡统筹、先行先试、人才培养等十大政策作了广泛深入的调研和征求意见，初步方案已形成。通过两县共同努力，黔张常铁路已完成可研报告编制并上报国家发改委，有望年内开工建设，吉恩高速公路已于去年底开工建设，制约两县发展的交通"瓶颈"有望解决；连接两县的标志性建筑"湘鄂情大桥"主体工程已完工，年内可实现全面竣工通车；龙山以里耶古城为龙头，来凤以打造仙佛寺旅游景区为重点，两县合力开发酉水文化和生态旅游资源，携手构建湘鄂边区旅游经济圈；两县开通了跨省公交线路，每天有30多辆公交车穿梭于两县县城之间；两县之间取消移动通信漫游费、长话费；来凤在建的污水处理工程届时可代为龙山处理新城区 15 万居民的生产生活污水；目前，两县已经在规划、产业、基础设施、公共服务等方面达成了合作共建协议。县对县、局对局、行业对行业，分别建起了工商、税务、文化、教育、卫生、通信等 20 多个协作、联谊组织。

2012 年 7 月 4 日，《武陵山龙山来凤经济协作示范区发展战略规划》经湘鄂两省发改委报请两省人民政府同意后，由两省发改委以湘发改 815 号文件联合行文批复。批复要求，两县按照"规划一体布局，产业一体发展，基础设施一体对接，公共服务一体优化，就业保障一体统筹，生态环境一体建设"的思路，以城区资源整合为主线，以龙凤新区建设为突破口，抓好龙凤示范区十个一体化协作领域及黔张常铁路、西水河综合治理等十大重点工程项目建设，着力构建"一水、双城、三区、四片、多组团"的空间发展布局（一水即西水河，沿西水河两岸拓展重点城市空间，形成城市中心区域，服务于龙凤示范区，辐射武陵山片区；双城即龙山城区、来凤城区；三区即行政功能区、物流园区、特色优势产业园区；四片即龙凤示范区中央片区、龙凤示范区东城片区、龙凤示范区城南片区、龙凤示范区物流园区）。努力把龙凤示范区建设成为全国贫困地区跨省经济协作示范区、全国贫困地区扶贫攻坚示范区、国内外知名生态文化旅游区、全国民族团结进步示范区。

（五）嘉禾县：以城乡一体化推进新型城镇化的实践典范

2009 年，嘉禾率先在全省实施城乡一体化发展战略；2010 年 12 月出台《嘉禾县城乡一体化示范县规划纲要》；2011 年《湖南省十二五规划纲要》将嘉禾确定为全省四个城乡一体化示范县之一；2012 年 11 月嘉禾县委县政府发布《嘉禾县城乡一体化建设实施意见》。5 年来，嘉禾县按照城乡"六同六变"，即"规划同步、建设同体、设施同覆、发展同向、保障同效、管理同治，公路变街道、田野变庄园、水体变乐园、荒山变森林、村委变社区、村民变市民"的总体思路，大胆实践，扎实推进城乡一体化建设，取得了突出成效，嘉禾县城建设日新月异，城镇发展各具特色，乡村面貌焕然一新。

近年来，嘉禾县按照积极推进"国家园林县城"、省级文明县城创建目标，切实加强城管规章大宣传，以城带乡改善础设施，多元化投入，累计投资 30 多亿元，提质改造城镇面貌。同时，在全市第一个采用湿解加焚烧工艺对生活垃圾进行无害化处理，并按照"户分类、村收集、乡运转、县处理"的方式，对全县 13 个乡镇 33 个居委会 242 个行政村 655 个自然村推行城乡垃圾一体化处理。城乡垃圾处理一体化的"嘉禾模式"，走在了全市乃至全省的前例。嘉禾推进城乡一体化和新型城镇化发展的具体做法是：

1.实施"规划全域化"。针对嘉禾县地域面积小（只有 696 平方公里）、人口密度大的特点，嘉禾县提出了把县域 696 平方公里当成一个城市来规划的构想，实施"规划全域化"，并先后制定完善了 1+4+N 个规划，即以城乡一体化总体规划为纲，融合国民经济发展规划、县城和乡镇总体规划、土地利用总体规划、生态环境保护规划等四个法定规划，配套 N 个专项规划，实现了县域城乡规划全覆盖，统一了县域重大产业项目布局，提高了资源配置效率。

2.实施"建设标准化"。城乡一体化建设的难点在各项设施相对落后的乡镇、村一级，为此，嘉禾县制定了《乡镇"八个一"工程和社区"十有"建设实施方案》，力求每个乡镇都有一套规划、一条样板街道、一条镇村一体化示范带、一个主题广场、一个规范性市场、一个特色产业（特色产业园）或标志性企业、一个星级农庄、一个标准化政务小区，每个农村社区都有机构、有机制、有规划、有标准、有设施、有场地、有制度、有队伍、有产业、有考评，逐步实现乡村就近城镇化，村民就地市民化。

3.实施"就近城镇化、就地市民化"。实施"就近城镇化、就地市民化"，就是依托城镇、园区和小区，就地实现土地节约集约利用，就地实现基本公共服务全面覆盖，让乡村居民享受与城市同样的生活质量和文明成果。一是全面推进产业发展一体化。做大做强以嘉禾经济开发区为核心，以塘村塘水工业园、龙潭返乡创业园、袁家鸭婆山工业园为支点的"一区三园"，打造了核心集约经济增长极，其中位于嘉禾经济开发区内的嘉禾铸造工业园成为全省惟一的铸造专业园区，生产的数控激光切割机、数控机床填补全省、全市空白，嘉禾因此被授予"江南铸都"称号。此外嘉禾现代农业突出标准化、规模化，先后培育县级以上农业龙头企业 45 家、农民专业合作社 120 家，嘉禾现代烟草农业成为全国示范，嘉禾被列为全国生猪调出大县、湖南湘菜十大产业县，实现了嘉禾农业特色发展。2012年，嘉禾被评为全省县域经济发展先进县。二是全面推进基础建设一体化。大力推进县城新城区建设，完成开发 5 平方公里，一座生态优美的新城初具规模。以点带面，确定了荫溪、雷家等 54 个重点村作为城乡一体化示范村创建；以线为纽带，提质改造桂嘉路、嘉蓝路"大十字"城乡一体化示范带；以片为带动，全面实施乡镇"八个一"项目，加速推动了镇村一体融合。三是全面推进民生事业一体化。城乡供水一体化一期、二期工程竣工，全县 50% 以上的城乡居民喝上安全水；城乡公交一体化开通线路13 条，覆盖全县 87% 的行政村（小区）；城乡视讯网络通讯信号覆盖率达100%；全域推进城乡绿化清洁亮化，完成城乡面上造林 7.8 万亩，通道水系绿化 192 公里，建成游园 89 个；全面推行"村保洁、乡中转、县处理"垃圾处理方式，80% 的村配置环卫设施、建立保洁队伍；开展"点亮嘉禾"行动，县城背街小巷、乡镇镇区和 80% 的行政村主道实现亮化；加强就业培训和扶持，发放小额贷款 1.1 亿元，新增农村劳动力转移就业 1.3 万人，被列为全国农村劳动力转移就业示范县和湖南省统筹城乡就业试点县；建立县乡村三级社会救助网络，每个乡镇建有 1 所敬老院，城乡低保实现应保尽保，新型农村社会养老保险居民社会养老保险参保率达 85% 以上；推进省级基础教育综合改革试点，加强农村合格学校建设；全面实施国家基本药物制度，实行新农合付费"10+100"补偿模式，群众看病贵的难题大大缓解。四是全面推进社会管理一体化。实施城乡结对共建、党组织全覆盖、支部晋位升级、村级经费保障"四大工程"，80% 以上的行政村完成了社区建设实验全覆盖，被评为全省农村社区建设示范县；重拳扫黑除恶，打击"两抢两盗"，社会大局持续稳定，2013年嘉禾县公众安全感民调全省排名第9位。

（六）攸县：以城乡同治推进新型城镇化的实践

攸县位于湘东南部，罗霄山脉中段，居两省四市交汇之所，辖20个乡镇、533个村社区，总面积2664平方公里，总人口76.9万，县域经济综合实力多年排名全省前8位。全县建制镇数量达到16个，占乡镇总数的80%，县城建成区面积达到14平方公里，城镇居民达到25.32万人，2013年的城镇化率为52.6%。近几年来，攸县县委、县政府围绕"五年倍增、福民强县"主题，紧扣"建设现代中等城市"的发展定位，加速推进新型城镇化，全力打好城市提质战，努力构筑"两江四岸，一城四区"建设框架，实现了城乡建设快速发展的新局面，城市功能得到完善，城市面貌大为改观，城市形象显著提升，人民群众的幸福感明显增强。自2009年以来，攸县成功创建为全国平安畅通县、全国生态文明先进县、中国十佳绿色城市和省级卫生县城。攸县政府多措并举，坚持宣教开路，动员全民参与、突出创建引领，提升城镇品位、开展洁净行动，美化乡村环境、建立工作机制，力求长行久效。按照省"四化两型"、市"四创四化"要求，以"三创四化"和"洁净攸县"大行动为抓手，先县城、后镇区、再乡村，逐年梯次推进城乡环境同治工作。

2013年，攸县被列为株洲市两个次中心城市之一，力争用5年时间，打造成为引领株洲南部高速经济带发展的新型城镇化样板。为此，该县奋力实施能源攸县提升、美丽攸县行动、小康攸县冲刺"三个三年计划"，奋起将攸县建成湘东南的"三基地一中心"，即湘东南商贸物流、煤电能源、旅游休闲基地及湘东南区位中心城市。当前，攸县上下以科学发展观为总揽，围绕把攸县建成"湘东南次中心城市和全省一流县城"的总体目标，把推进新型城市化作为推动全局工作为第一抓手，立足"三创四化"，更新工作理念，创新工作举措，城市建设和管理工作取得了明显成效。曾创造全国闻名的"城乡同治"经验的攸县，经过近些年来深入推进城乡同治，已形成"美丽乡村"建设与新型城镇化优势互补发展态势。

1. 实施城乡同治，实现城村共赢。"生态环境是衡量一个城市是否宜居的尺度，也是衡量居民生活质量的尺度。"攸县县委书记胡湘之坦言：以人为本的城镇化建设不是把城市的形态照抄照搬到农村，而是在统筹城乡发展的进程中发挥城市和乡村的各自优势，提高生态绿化面积、提高城镇宜居程度，实现城市和乡村的共赢互补。在整治城乡环境的工作中，攸县城乡同治的经验被广为称道。

以"东提、西拓、南延、北扩"为总体构想，攸县把建设城市的落脚点放在提质扩容上，从规划的角度审视，避免破坏生态。攸县七成人口居住在洣水、攸河两岸，城区居民 70% 的饮用水来自两江。但近年来，污染水体、非法采砂、倾倒废弃物等危害两江现象屡现，影响了两江水质。改善与保护两江生态环境势在必行。2013 年，该县制定了生态保护计划，决定用 10 年的时间，结合"美丽攸县三年行动计划"，对洣水、攸河"两江四岸"进行生态保护与区域开发。中期目标是至 2016 年底，基本建成城南防洪堤、污水处理厂二期等一批基础设施项目；引进一批休闲旅游开发、房地产开发、商贸服务等产业项目；确保城镇实现生活污水集中处理率 100% 达标、工业污水全部达标排放、水质达二类以上标准。攸县正大手笔完善城市排污管网、消防设施、垃圾处理、街巷改造等市政设施建设。在村镇建设上，该县以绿化、亮化和盘活土地资源为重点，全县所有镇区都在实现新的提质，每个乡镇储备包装一块土地、创建一条示范街道、建设一个示范小区、启动一个市场运作的城建项目、建设一个公共设施项目，推动了城镇化发展。

2. 打造特色城镇，实现产城融合。新型工业化为县域经济发展带来了新的机遇，也对城镇化提出了新的转型要求。在攸县决策者眼中，新型城镇化旨在实现家门口的就业，满足人们"就地城镇化"的愿望，因此需重点把握"城"和"镇"两大块，即县城和小城镇（建制乡镇）。只有因地制宜、培育特色，让城镇化与工业化、产业化和谐共生，才能实现人口和就业结构的有效调整。2009 年，醴茶高速开工建设后，攸县县委、县政府适时启动了东城新区建设，着力将新区建设成为集行政办公、文体中心、生活休闲、区域性商贸物流于一体的综合新区。由此，攸县大城梦想开启，将建设一个"40 平方公里、40 万人口"的一流中等城市。

工业园也成为城镇化建设的有力推手。作为该县产业升级的主战场，攸州工业园已基本形成了以电子信息、机械制造和生物医药为主导产业的特色园区，其重要性不言而喻。2012 年，该园与江桥街道办事处合二为一，实行园政合一的管理模式。去年，更是提出要打造"工业新城、城市新区"的目标，成为解决农村富裕劳动力的重要平台。该园建立失地农民保障制度，出台相关政策，建最好的安置小区，解决农村劳动力住房问题；在运作模式上，强化市场力量的介入，成立投资公司破解钱从哪来的难题。凭借工业园区人员聚集优势，周边餐饮、农贸市场、超市、酒店、医院、学校等基础设施均在逐步完善之中，带动了经济发展。"对于小城镇建设而言，发展的内生动力绝不是修几条马路，盖几栋高楼。发展好的小城镇要么有完整的产业链条，要么是处于产业链条中的一环。"县委书记胡湘之认为，只有突出本地特色、发展适宜的产业才能聚拢人气，实现可持续发展。由此，该县科学规划，高标准、高起点的打造一批特色乡镇。以坪阳庙乡、湖南坳乡为代表，着力打造千万吨级煤炭精深加工相对集中区；以黄丰桥镇、鸾山镇、桃水镇为代表，着力打造矿山资源规模采掘基地；以菜花坪镇为代表，着力打造万亩花卉之乡；以石羊塘镇、大同桥镇为代表，着力打造烟花鞭炮之乡；以新市镇为代表，着力打造特色农产品加工基地；以酒埠江镇为代表，着力打造中国旅游名镇。

3. 制度改革引领，公共服务城乡均等化。推进以人为核心的城镇化关键要实现农业转移人口的市民化。因此，打破城乡藩篱，加快公共服务体制改革、推进民生工程建设，是城镇化由"速度型"向"质量型"转变的必然选择。解决农村剩余劳动力稳定就业的问题首当其冲。攸县通过积极开发就业岗位，加强就业困难人员、被征地农民、零就业家庭的技能培训和就业指导，2012 年，共新增城镇就业 4800 人，失业人员再就业 2800 人，实现城镇零就业家庭动态清零、农村劳动力转移 21.1 万人。让农村百姓向城市转移，在生产生活方式上成为真正的"居民"，又要让留在农村的百姓享受延伸到农村的各种社会保障。去年，该县基本医疗保险和基本养老服务补贴的覆盖率均为 100%；新农合参合 66.9 万人，参保率达到 98.1%。与此同时，社会救助能力不断提升。通过全面落实"十大救助制度"，该县去年共发放各类救助资金 17000 万元，惠及群众 12 万人次；发放 236.1 万元资助困难群众参合参保，其中城市与农村低保保障对象分别为 10.5 万人和 3.1 万人。通过实行县级公立医院改革，实现药品"零差率"销售覆盖，解决农民看病贵问题的"十元模式"得到全国各地借鉴；关注基层教育事业，农村偏远地区义务教育教师补贴工作经验在全省、全国推广；文化大餐送入乡村，到目前为止共建成乡镇文化站 22 个、农家书屋 496 个，配送图书 99.2 万册，"乡村大舞台"更是被列为创建国家公共文化体系示范项目。

尤其令人欣喜的是，在过去的 2013 年，攸县城镇居民人均可支配收入和农民人均纯收入分别达到 25861 元和 16926 元，年均分别增长 11.5%、13.1%，农村人均收入增幅更是连续 6 年超过城镇。这些数据，无不证明攸县城乡居民享有的公共服务水平越来越高、各种公民权利在城乡之间越来越均衡与公平。2014 年，保障民生越发受瞩目。确保城乡居民人均可支配收入增长 12% 以上；新增农村劳动力转移就业 3600 人、城镇就业人员 4700 人；新建廉租房 230 套、公租房 1112 套，改造农村危房 300 户；实施民生"100"工程、抓十大农村基础项目等，攸县新一轮民生红利值得期待。

4. 突破角色定位，重启"改县设市"。在国家"县改市"政策冻结 16 年后，十八届三中全会提出"有序改市"，这是多年来中央对"解冻"该政策的首次明确表述。这一"闸口"的开放，对在 1994 年就提出过"建市撤县、财政过亿"目标的攸县来说无疑是加快推进新型城镇化的一个有力砝码。从"县"到"市"虽只是一字之差，但无论是上级政府给予的经济发展角色定位，还是各种行政性资源，都千差万别。比如，转移支付和返税比例增加、城建征地配额加大、招商引资吸引力增强等，此外，老百姓的自豪感也将随之提升。然而，让攸县如此迫切渴望"升格"的原因绝不仅仅源于这些可见的好处，更是该县基于自身经济发展水平、城市规划建设、县域财政收入、人口聚集程度等要素的充分认可和破解现有行政束缚、合理配置市场资源的现实诉求。近年来，攸县铆足劲谋发展，连续8年跻身我省县域经济综合实力"十强县"。随着春联、谭桥两个街道办事处的挂牌成立，加之将老城区划分出来的联星、江桥两个街道办事处，攸县"两江四岸、一城四区"的城市框架体系正式搭建；醴茶高速的开通，又给该县交通路网开辟了一条新"动脉"。"三基地一中心"的战略定位和3个"三年计划"的实施，使得该县以发展煤炭能源、建材陶瓷、烟花鞭炮、农产品加工、商贸旅游五大产业为主的产业升级路径逐步明晰。

在新型城镇化道路上，作为中国县域科学发展10大成功范例、中国最具投资潜力特色示范县、全国农村社区建设试验县及全省农业农村现代化试点县、新型农民养老保险试点县，美丽攸县载誉前行，正在书写新的大美县域幸福篇章。

（七）耒阳市：大县城龙头带动县域新型城镇化的实践

耒阳，因耒水而得名，位于湖南省衡阳市东南部，是一座具有2000多年历史的古城，素有"荆楚名区"的美誉。耒阳是神农创耒之地、张良归隐之地、蔡伦诞生之地、庞统治县之地、杜甫终卒之地，以纸文化为代表的历史文化资源非常丰厚。先后创建为省级文明城市、泛珠三角最佳旅游目的地、全国双拥模范城，连续三年荣获省级甲类卫生城市称号。

耒阳地处衡阳盆地南缘向五岭山脉地过渡地段，由于地层比较齐全，地质构造复杂，岩浆活动频繁，成矿作用多期，给成矿创造了良好的地质条件。据介绍，耒阳市已探明的矿产品有45种，其中煤炭可采储量

5.1 亿吨，是全国产煤百强重点县（市）之一。2008 年 8 月 22 日，湖南省城镇化发展评估报告公布：耒阳市城市面积达 36 平方公里，人口 36 万，进入中等城市行列。2012 年耒阳城区面积 44 平方公里，城市人口 45 万人，城镇化率达到 47.31%，略高于全省和衡阳市水平，耒阳县城已是湖南省规模最大的县级城市，城市已经成为耒阳的一张名片。耒阳市在推进新型城镇化过程中，特别突出县城龙头带动作用，积极推进城市转型，夯实转型平台，着力打造山水园林城市，紧紧围绕争创全省一流中等城市的发展目标，认真做好规划、绿化、基础设施文章，着力建设宜居城市。

1. 注重规划的科学性。坚持大手笔超前规划。抢抓武广高速客运专线建设的机遇，耒阳市按照"北扩东移、西拓南提"的思路，制定了 2015 年建成"双五十城市"的发展目标，即城区面积 50 平方公里、城区人口 50 万，突出抓好"一城一区"规划（一城：武广耒阳新城，规划为 11.8 平方公里；一区：经济开发区），规划建设好"四桥"（青麓大桥、沙头大桥、耒阳大道立交桥、煤运专线大桥），从而形成由工业大道、煤运专线大桥、振兴路、沙头大桥、耒阳大道立交桥、耒阳大道、107 国道连结而成的城市外环线，力争用 5～10 年将城市规模再扩大 30 平方公里，相当于再造一个新耒阳。坚持上品位特色规划。耒水流经城区转了两个弯，形成一个"龙"型，甩出了零洲、金南、铜锣洲和羊武咀四个"半岛"，规划用三年时间建成耒水两岸风光带，建造"四曲连环"的独特景观，把耒水的青麓大桥、沙头大桥、煤运专线大桥建成个性鲜明的景观，做足山水文章，在风格上形成依水而成、傍山而建的湘南特色。坚持高标准成片规划。开发一个小区打造一个品牌、建成一幢高楼树立一座地标，铸造精品工程，近年来共建设了 20 个建筑面积 2 万平方米以上的高档住宅小区、10 座 25 层以上的地标性高层综合楼。

2. 注重绿化的品位性。2007 年启动了省级园林城市创建工作，大力开展"城市绿化年"活动，加快绿化提质，实现了城市景观绿化向生态绿化、重点绿化向全面绿化的转变。在"点"上，重点绿化了广场与公园，完成了神农广场、发明家广场、蔡伦纪念园的绿化提质；在"线"上，完成了沿江风光带以及神农路、京珠高速联络线等城区主干道的绿化提质；在"面"上，深入开展绿化进社区、进庭院活动，推进园林式单位创建和社区配套绿化建设。

3. 注重功能的齐全性。为加强基础设施建设，完善城市功能，耒阳实施了"双二十"工程，即年内竣工项目20个，启动项目20个；同时，计划三年内完成基础设施和公共设施项目建设55个，投资总额达40亿元，基本完成城区东、西、南、北四大区的路网建设，基本完成旧城区内涝区下水道改造，确保完成第二水厂、标准化初级中学、第二消防站、图书馆、老年活动中心等公共设施项目建设。大胆解放思想，实施了适度举债建设，向银行举债3个亿建设第二水厂、城区污水截污管、高速公路联络线提质改造等城市基础设施项目。南京垃圾处置场已于2008年10月建成投入使用，是全省县级城市第一座无害化垃圾处置场，污水处理厂项目已进入试运行阶段，第二水厂已开工建设。近几年将是基础设施建设力度最大的几年，几年后耒阳市的基础设施将彻底改观，功能将更加完善。武广高铁在耒阳设站，更是使耒阳由"高速时代"进入"高铁时代"，为城市发展注入强劲动力。政府有形的手和市场无形的手，双手合力，推动耒阳城市开发建设由粗放式、低品位向精品化、高品位方向发展，金城华府豪庭、领秀佳园、白云花园、康鸿花园、亚太凤翔名城、明珠花园等一大批设施齐全、环境优美、功能配套的高档住宅小区相继建成；新世界国际广场、新都康年大酒店、金桥影视会展中心、国贸新城、阳光新城等一批高层标志性建筑点缀城中；普罗旺斯别墅区、青麓山庄别墅区、武广新城等宛若世外桃源，别有洞天。耒阳，这座历史悠久、底蕴丰厚的古城正在成长为一座百姓宜居，魅力四射的新城。

4. 注重管理的长效性。按照"建管分离、重心下移、人随事走、财随责走"的原则，不断建立完善城市管理体制。2005年成立了城市管理局，各街道办事处也相应成立了城管办、环卫所，各居委会、社区都配有专门城管人员和环卫工人，并大力实施"制度管人、货币管事"制度，对环境卫生、城市绿化、市政建设等实行货币化管理，定路段、定岗位、定责任、定考核、定奖罚，把城市管理责任细化量化到基层、到个人，构筑了"一级政府、二级管理、三级网络"的立体型网络化管理格局，形成了"横向到边、纵向到底"的城市管理机制，实现了"白天晚上一个样、平时节日一个样、大街小巷一个样、单位社区一个样"。

第六章

加快推进湖南省新型城镇化的主要任务

按照《国家新型城镇化规划（2014～2020年）》和《湖南省推进新型城镇化实施纲要（2012～2020年）》的要求，以及中央城镇化工作会议精神，加快推进新型城镇化进程要以推进农业转移人口市民化、提高城镇建设用地使用效率、建立多元资金保障体制、优化城镇化布局和形态、提高城镇建设水平和加强对城镇化的管理为主要任务和工作重点。在实际工作中，经济发展水平不同，资源条件不同，发展基础不同，新型城镇化的实现路径和重点任务就不同。湖南省与全国城镇化平均水平相比较，在数量和质量两个维度均有一定差距。湖南必须从自身实际出发，明确下阶段主要任务，加快推进新型城镇化进程。

一、推进农业转移人口市民化

解决好人的问题是推进新型城镇化的关键。中央城镇化工作会议提出，要以人为本，推进以人为核心的城镇化，提高城镇人口素质和居民生活质量，把促进有能力在城镇稳定就业和生活的常住人口有序实现市民化作为首要任务。从目前城镇化发展要求来看，主要任务是解决已经转移到城镇就业的农业转移人口落户问题，努力提高农民工融入城镇的素质和能力。

近年湖南省城镇化发展十分迅速，2013 年，全省城镇化率达 47.96%，比 2007 年提高 7.81 个百分点，年递增长 1.1 个百分点。从增长速度看，全省城镇化年均增长率为 3.05%，大部分地区年均城镇化增长率都在 2% 以上，湘潭、衡阳、常德、永州和怀化五市年均增长率均超过 3%，城镇化增速最快的是株洲和邵阳，年均增长率分别达 4.51% 和 4.44%。城市规模进一步扩大，2011 年末，全省市级城区建成区面积达 1175 平方公里，比 2005 年增加 397.5 平方公里，年均递增 7.1%。可以说，每年都有大量的农村人口转移到城镇。但湖南省的城镇化仍然是一种版图扩张式和量的增加式的城镇化，即在城镇化过程中重点都放在了如城镇规模的扩大、基础设施和固定资产投资的增加、农民进入城市后住房的解决等问题上。

党的十八大报告明确提出："要加快改革户籍制度，有序推进农业转移人口市民化，努力实现城镇基本公共服务常住人口全覆盖。"所谓农业转移人口市民化，也即政府通过实施相应的政策措施，使农业人口逐步离开农村和农业生产，实现在城镇定居，获得市民身份，与城镇居民享受同等政治权利和公共服务，并在生产生活观念行为等方面逐步融入城镇的一个过程。这就是说城镇化过程中"有序推进农业转移人口市民化"应成为提高城镇化质量的核心，解决好农业转移人口市民化问题，关系重大、影响深远。促进转移人口市民化，我们应按照尊重意愿、自主选择，因地制宜、分步推进，存量优先、带动增量的原则，努力推进符合条件的农业人口落户城镇、推进农业转移人口享有城镇基本公共服务、建立健全农业转移人口市民化推进机制等。

（一）推进符合条件的农业人口落户城镇

当前城乡分隔的户籍制度已经成为阻碍湖南省社会和谐和农业转移人口市民化的重要障碍，必须进行彻底改革。应借鉴国外的成功经验，实行户口统一登记制度，取消农业户口与非农业户口之间的区别，将所有人统一登记为居民。在建立全省乃至全国的财政平衡和土地平衡等相关制度安排的基础上，构建同权同利的户籍制度，即农业转移人口可以根据居住地享受与城镇居民同等的政治经济权利和公共服务。同时应当降低城镇入户门槛，一般情况下，农民只要在城镇拥有固定居所，有相对固定工作，就应准予入户。要根据湖南省的大城市、中城市和中小城镇的不同，实行差别化的迁移政策和鼓励政策，引导农民就近、就中小城市入户，以减轻长株潭等大城市的压力。

户籍改革应树立"局部与全局"统筹的观念，坚持循序渐近的原则。其核心是：各城市依据其自身的基础推出不同的政策，吸引所需要的人才，满足各自的经济社会发展需求。如果操之过急，没有充分配套措施的跟进，在各方面条件不成熟的时候，采取一步到位的户籍改革，将会导致社会福利保障制度整体休克，循序渐进也是其基本原则。

逐步使符合条件的农业转移人口落户到城镇，不仅要放开小城镇的落户限制，也要放宽长株潭等大中城市的落户条件。健全湖南省农业转移人口落户制度，深化户籍管理制度改革，为农业转移人口进城营造出一个宽松的、良好的环境。按照"统筹规划、自愿有偿、积极稳妥、综合配套、促进发展"原则，根据综合承载能力和发展潜力，以就业年限、居住年限、城镇社会保险参保年限等为基本条件，因地制宜制定具体的农业转移人口落户标准，并向全社会公布，引导农业转移人口在城镇落户的预期和选择。适度的放宽城镇的落户条件，积极的引导农业人口向城镇转移和落户、鼓励符合条件的农业人口转为城镇居民。加快推进户籍改革，取消农业户口与非农户口的二元结构模式，推行按实际居住地进行登记的户籍管理制度，为农民进城创造就业、居住、就医、子女就学等基本公共服务。加快湖南省经济发展水平高、人口承载能力强的中小城镇的农民工市民化的步伐，明确政府对农民工及其家庭成员的基本公共服务职责，逐步赋予其享有与城镇居民同等的公共服务权力，逐步改变根据户籍不同实行差别化服务的做法。对凡在县级市区、县人民政府驻地镇及县以下小城镇有合法固定住所、固定职业或生活来源的农民，无论本地或外地农民工均可根据本人意愿转为城镇户口，并在子女入学、参军、就业等方面享受与城镇居民同等待遇，不得实行歧视性政策。重申户籍登记功能，淡化户口利益，消除户口歧视，逐渐摆脱其他行政管理部门将户籍作为附加管理手段。通过以上改革措施，真正建立起一元户籍制度，就可以进一步疏通农业人口转移到城镇的渠道，保障农业人口的有序转移城镇，加快城镇化的进程。

（二）推进农业转移人口享有城镇基本公共服务

在湖南省农业人口城乡间流动就业是一种长期的现象，我们应按照保障基本、循序渐进的原则，积极的推进城镇基本公共服务由主要对本地户籍人口提供向对常住人口提供的转变，逐步的解决在城镇就业居住但未落户的农业转移人口享有城镇基本公共服务问题。为此，应努力做好以下六点：

1. 保障农民工随迁子女平等享有受教育权利。湖南省目前农民工子女平等接受教育的障碍主要有入读公办学校难、择校教育费用高、打工子弟学校教学质量差、异地高考无门等。建立健全农业转移人口受教育制度，推行异地高考制度，解决入城农民工子女的教育、升学问题。农业转移人口及其子女的受教育问题已成为当前湖南省的一个突出社会问题。由于目前湖南省农业转移人口大部分还是非城镇户口，其子女在城镇入学无门，或因高昂的借读费望而却步。因此，湖南省政府应将农民工随迁子女义务教育纳入各级政府教育发展规划和财政保障范畴，保障农民工随迁子女以公办学校为主接受义务教育。合理规划学校布局，科学核定教师编制，足额拨付教育经费，降低随迁子女择校教育的成本，保证他们接受教育的质量。推动各市州建立健全农民工随迁子女接受义务教育后在流入地参加升学考试的政策。

2. 完善公共就业创业服务体系。继续完善农业转移人口的就业制度，保障他们就业平等权。农业转移人口由于没有城镇户口，他们在择业、劳动报酬、失业保险等方面受到诸多限制，备受歧视，严重损害了他们的就业平等权。因此，取消某些城镇户口的特权，在招工、招干、买房等方面对农业转移人口实行平等待遇。《湖南推进新型城镇化实施纲要

（2012～2020年）》提出，不断增大城镇吸纳就业容量，大力促进生产性服务业、消费性服务业和文化旅游产业的发展；大力发展各类产业园区，鼓励有条件的乡镇发展非农特色产业园区，促进劳动密集型、资源加工型产业向县城和中心镇的产业园区转移集聚。在就业方面，湖南省应加强农民工的职业技能培训，提高其就业能力和职业素质。整合职业教育和培训资源，全面提供政府补贴职业技能培训服务。鼓励高等学校、各类职业院校和培训机构积极开展职业教育和技能培训，推进职业技能实训基地建设。鼓励农民工取得职业资格证书和专项职业能力证书，并按规定给予职业技能鉴定补贴。对于在城镇创业的农业转移人口，湖南的各级政府应该在行业准入、项目审批、资金信贷等方面予以政策上的扶持，健全农民工劳动权益保护机制为农民工投资创业创造条件。另外，湖南省政府还应创建一个就业创业信息沟通平台，为农民工提供免费的就业和创业信息和政策咨询。

3.扩大社会保障覆盖面。将农业转移人口纳入到所在城镇的养老保险、医疗保险、最低生活保障和住房保障体系等社会保障覆盖范围，为农业转移人口的生存和发展提供与城镇居民同等的社会保障和社会福利。湖南省政府应扩大参保缴费覆盖面，适时适当降低社会保险费率。完善职工基本养老保险制度，允许尚未与用人单位建立劳动合同关系的农民工自由参加农民工养老保险，缩短农民工养老保险的缴费期限，降低农民工养老保险的个人缴费基数；推进农民工养老保险关系灵活转续，对于由空间转化引起的养老保险关系转接，可以迁出地与迁入地的社会平均工资比例或差额进行费用的折算或补足，而对于由身份变化引起的养老保险关系续接，应着力解决好账户的续接问题。抓紧制定城镇职工基本医疗保险、城镇居民基本医疗保险和新型农村合作医疗这三大基本医疗保险制度的整合方案，允许灵活就业农民工参加当地城镇居民基本医疗保险，确保农村转移人口在湖南任何一个县市都能享受基本的医疗保障。进一步强化企业缴费责任，扩大农民工参加城镇职工工伤保险、失业保险、生育保险比例。大力推进商业保险与社会保险衔接合作，开办各类补充性养老、医疗、健康保险。

4. 改善基本医疗卫生条件。根据各个城镇的常住人口配置其基本医疗卫生服务资源，将农民工及其随迁家属纳入社区卫生服务体系，免费提供健康教育、妇幼保健、预防接种、传染病防控、计划生育等公共卫生服务。加大政府的财政对农民工的基础医疗卫生的投入和补贴力度，实行政府的医疗财政资金向农民工的倾斜，落实拨付的财政资金真正用于医疗卫生条件的改善。加强农民工聚居地疾病监测、疫情处理和突发公共卫生事件应对。鼓励如长沙、株洲等有条件的地方将符合条件的农民工及其随迁家属纳入当地医疗救助范围。在医疗保险方面，可以进一步完善农民工在所就业城市参加医疗保险，以"低费率、保大病、保当期、不建个人账户"为基本原则，保费按各统筹地区上一年度在岗职工月平均工资的2%，由用人单位缴纳，个人不缴费。这既为进城农民朋友编织了一张医疗的"安全网"，又没有增加农民的个人负担。

5. 拓宽住房保障渠道。住房问题是农村转移人口能否在城市稳定下来的关键因素，目前的湖南各地保障性住房基本没有覆盖进城务工人员，因此政府要在加大保障性住房建设投入的同时，鼓励社会资本参与建设，采取廉租住房、公共租赁住房、租赁补贴等多种方式改善农民工居住条件，加快保障性住房改革步伐，逐步将农村转移人口纳入保障性住房覆盖范围。可以探索城郊结合部以农民集体土地为主形成廉租房市场，首先促进"人口落地"的城市化。对于农民工集中的开发区和产业园区政府应允许建设单元型或宿舍型公共租赁住房，农民工数量较多的企业政府可鼓励其在符合规定标准的用地范围内建设农民工集体宿舍。把进城落户农民完全纳入城镇住房保障体系。取消农民工以购房落户尤其是购买商品房落户的准入标准，积极推进保障性住房制度改革，多渠道、多形式改善农民工居住条件，鼓励有条件的城镇将有稳定职业并在城镇居住一定年限的农民工逐步纳入城镇住房保障体系。由地方政府将城乡结合部集体建设用地辟出若干片，纳入土地利用总体规划，盖廉租房合法出租给外地农民工。这样既可保证集体土地的集约利用和农民集体分享土地收益，又可缓解农民工居留城乡结合部的社会管理问题。

6.完善农民工市民化进程中土地权利保障机制。农民转为城镇居民以后，其林地、承包地、宅基地的处置问题是城镇化过程中的重大问题。长久不变的土地承包权利和依法保障的宅基地用益物权是农民的财产权利，即使农民进城定居，其权益也不能随意剥夺或要求农民放弃。农民市民化是一个长期过程，借鉴各地成功经验，让"农民带着土地进城或是变为市民"应值得肯定。同时，还可以建立一种市场化的土地退出机制，使那些有条件并愿意退出土地的农民，能从这种退出中获得在城市转移的资金支持。也可以将土地交由政府集中经营，建立股份制合作社，农民虽然失去土地经营权，但可以从政府对外出租土地承包权中分红获利，让他们在向城市转移的过程中，多一份保障。

（三）建立健全农业转移人口市民化推进机制

农业转移人口市民化是影响改革发展稳定和社会文明进步的重大政治问题，也是实现城镇化的核心问题。当前农业转移人口市民化面临城镇不愿要、农民不愿留、农民不能留的问题。要深入推进这一进程，必须推进制度创新，建立健全农业转移人口市民化推进机制。充分调动社会力量构建政府主导、多方参与、成本共担、协同推进的农业转移人口市民化机制。

1.建立健全由政府、企业、个人共同参与的农业转移人口市民化成本分担机制。根据农业转移人口市民化成本分类，明确成本承担主体和支出责任。湖南省政府主要承担农业转移人口市民化成本在义务教育、劳动就业、社会保障、保障性住房、市政设施和环境保护等方面的责任。允许农民通过运用承包土地的占有、使用、收益等权利和宅基地用益物权以及集体经济合作社股权，提升自身的支付能力，使其可以承担市民化过程中的私人成本。另外，省市各级政府应加大对地方的转移支付力度，以转移支付为抓手，实现转移人口的利益平衡。通过设立省市级农业转移人口市民化基金等，用于湖南省农业转移人口市民化的义务教育、就业技能培训、社会保障、保障房等方面，以提高农业转移人口市民化的能力。企业要落实农民工与城镇职工同工同酬制度，加大职工技能培训投入，依法为农民工缴纳职工养老、医疗、工伤、失业、生育等社会保险费用。农业转移人口也要逐渐形成人力资本投资的自觉意识，主动提升个人文化素质和职业技术知识水平，加强对企业用工需求和工作技能要求的了解，有选择的参加岗位技能培训，并按照规定承担相关费用，提升融入城市社会的能力。

2. 合理确定各级政府职责。在以中央政策作为统筹的前提下，湖南省政府应负责制定省内农业转移人口市民化总体安排和配套政策，对各级县市政府制定本行政区城市和建制镇农业转移人口市民化的具体方案和实施细则时，应允许各地从实际情况出发分别制定相关方案和政策，但同一区域内城乡标准应当保持一致。各级政府应根据在基本公共服务中所划分的事权，承担相应的财政支出责任，以增强农业转移人口落户较多地区政府的公共服务保障能力。

3. 完善农业转移人口社会参与机制。政府通过开展社区联谊会、一对一结对帮扶活动等形式一来可为农业转移人口提供与市民交往的平台，以增强他们的社会交往能力；二来叮增强农业转移人口的人文关怀感，并丰富他们的精神文化生活。从而推进农民工融入企业、子女融入学校、家庭融入社区、群体融入社会。提高各级党代会代表、人大代表、政协委员中农民工的比例，积极引导农民工参加党组织、工会和社团组织，引导农业转移人口有序参政议政和参加社会管理。加强宣传教育，成立专门为他们提供服务和咨询的组织，以提高农民工科学文化和文明素质，营造农业转移人口参与社区公共活动、建设和管理的氛围，逐渐培养他们的城市主人翁意识。

4. 加强政府服务和社会管理。农业转移人口市民化的过程就是人口流动和社会形态转换的过程，在这一过程中，提升政府服务、加强社会管理至关重要。要增强服务理念，解决本地居民与流动人口管理两张皮的问题，杜绝身份歧视，实行无差别化管理。要在健全完善现有社会管理机制的基础上，进一步创新社会保障、就业促进、教育培训、治安管理、入户衔接等方面机制制度，使农业转移人口真正融入城镇，成为城镇的新主人。要充分运用现代信息技术发展成果，探索建立基于公民身份证号码的全国统一的个人社会保障号码和相关的信息平台，对农业转移人口变动趋势进行预警监测和综合分析，对实时流动情况进行有效掌控，为科学决策、服务管理提供强有力的信息支撑。要依托现有社会管理服务中心建立农业转移人口服务管理综合平台，使入户人口能在一个平台上一条龙办理、一次性解决入户涉及的相关问题，并使农业人口转移输出地与流入地无缝对接。

二、推进城镇布局和形态优化

城镇空间结构质量的优化是城镇化质量提高的表现形式之一，较高的城镇化水平对应于高级的城镇空间形态和合理的城镇空间布局。通过空间结构质量优化、空间功能和品质提升建立结构清晰、功能明确、品质优良的城镇整体空间形象，促使城镇土地利用结构实现多样化，促进城镇特色景观的建设，促进城镇化质量的提升，丰富城镇化的内涵，满足城市生产和生活不断提高的空间质量需求。

经过多年的发展，湖南已基本形成了以长沙、株洲和湘潭为核心，地级市、县及重点镇协调发展的城镇空间格局，但仍然存在城镇空间网络不明显、交通网络不完善、地域分布不均衡、中心城市辐射带动能力不强、数量多但平均规模小等问题。因此，从湖南城镇空间布局的现状及产业布局特点出发，根据城镇空间布局的基本理论，按照统筹规划、合理布局、分工协作、以大带小的原则，优化湖南省的城镇布局形态，构建城镇体系多元化的空间格局，提升城镇基础承载能力。继续实施中心城市带动战略，坚持扩大规模与提高质量并重，产业为基，就业为本，向心布局，集群发展。完善空间规划体系、优化湖南城镇体系、着力培育辐射带动力强的地区性中心城市，注重发展小城镇。

（一）完善新型城镇化规划体系

1. 注重顶层设计，为新型城镇化建设"定盘子"。推进新型城镇化，做好顶层设计是前提。湖南省注重做好新型城镇化的总体规划，先后出台了《湖南省城镇体系规划（2010～2020年）》、《湖南省"十二五"新型城镇化发展规划》，明确了全省新型城镇化发展的原则、目标和主要任务，强调走区域协调发展、城乡一体发展、人本发展、可持续发展、创新发展的新型城镇化路子。按照规划目标，到2015年，全省城镇化水平超过50%，建设100万以上的特大城市6个，50万～100万的大城市6个，40个县（市）中心城区的人口发展到20万以上，50个建制镇镇区人口发展到3万以上。

2.完善城乡空间规划体系。目前，湖南省虽然有名义上完整的空间规划体系，但其在开展的深度和广度以及指导约束力方面都十分薄弱。因此，湖南省新型城镇化的推进就必须充分发挥规划指导性作用，按照功能互补、要素互通、衔接协调的原则，以城乡经济社会可持续发展为前提，坚持高起点、高质量、高标准的要求，统筹规划城乡空间布局、产业发展、资源要素市场、信息网络、流通体系等，协调城乡经济社会发展规划、城镇体系规划和城镇规划，实现横向三规的统一以及城乡区域规划、城镇规划、村镇规划相结合的纵向三规的统一。积极构建以城市为中心，镇、村为依托的功能互补的网络型城乡空间框架，完善城乡互动发展的网络构架。同时还要建立健全城乡一体化规划的管理和监督体制机制及科学民主的规划编制工作机制。

3.全面提升规划品位，在实现规划"全覆盖"上求突破。城镇规划是小城镇建设和发展的蓝图，只有全面提升规划品位，才能全面提升建设品位，加快转型升级步伐。坚持高起点、高质量、高标准，编制好总体规划和专项规划。尽可能邀请国内外一流的规划设计单位，对城区或镇区进行全面规划，着力形成较为完整的规划体系。要合理谋划空间布局，注意发挥优势和突出特色，处理好生产、生活、休闲、交通四大要素之间的关系，明确功能定位。以设施齐全配套、功能完善为基本要求，构建集行政、工业、教育、医疗、金融、商业、文娱、休闲、居住等为一体的综合体。以改善居民生产、生活条件为重心，按照适度超前的原则，加快推进基础设施和公共服务设施建设。以打造宜居环境为核心，围绕城镇绿化、净化、亮化、美化，营造生态优良、清洁舒适、风貌各异的宜居城镇。

4.注重多项规划的统筹协调。将土地利用、城乡建设和产业集聚区进行统筹规划和协调衔接，使这三个规划在空间上达到精准重叠，合理配置建设用地指标。借鉴其他省份中心城市组团式发展、中小城市内涵式发展、新型农村社区集聚式发展的经验：中心城市组团式发展就是通过城市组团发展来构建城市集群，从而带动区域发展，形成新的经济增长板块；中小城市内涵式发展就是要转变城市粗放发展方式，避免盲目扩张，建设紧凑城市、促进城市发展速度和发展质量的统一，这是针对以前的城市粗放式发展而实施的。新型农村社区建设主要是通过整合村庄、土地、人口、产业等区域空间资源要素，实现土地集约利用、产业集聚发展、人口集中居住、功能集合构建，增强新型农村社区综合服务功能，这也是新型城镇化一大特色之一。不断提高城镇建设管理水平。加快建设城镇公共服务平台和应急指挥平台，对城镇进行数字化管理，着力解决交通拥堵等"城市病"问题，实现规范化、精细化、高效化的城市管理。要对城镇历史文脉、风景名胜和历史遗迹等资源加强保护，突出历史特色，提升城镇文化品位。

（二）优化湖南城镇体系布局

湖南现有城镇与区域发展处于点轴式空间结构向网络式空间结构转化的阶段，即各个城镇之间经济联系较少，没有形成围绕长株潭城市群、其他中心城市以及交通网络等科学合理的城镇空间网络结构，与湖南现有的高速公路等基础设施的相互协调程度非常低，另外，整个城市群结构也比较松散。从区域空间结构演化的规律来看，湖南要实现新型城镇化就必须要走便捷、实用、高效的城镇网络化发展空间的道路，以交通网络为纽带、产业布局为基础，通过经济联合这个杠杆来强化长沙、株洲、湘潭城镇群核心增长区，增强岳阳、衡阳、常德、邵阳、怀化五大区域中心城市增长源。另外，要在经济要素沿最优交通干线传递的客观规律作用下和政府的引导下，形成和发展岳—郴、株—怀、石—通、常—永、长—首等交通干线的沿线城镇带，以形成不同层次的新型城镇发展轴。同时，应在中心城市和产业发展轴的基础上，形成不同的城镇经济网络，并使之相互融合，逐步形成湖南省城镇发展的有机统一体。

（三）立足全省全面建设多层次城市群

湖南新型城镇化的推进必须立足全省，采取"强头、壮腰、固尾"的发展策略，着力发展以环长株潭城市群为"龙头"、以四大区域（长株潭、环洞庭湖、大湘西和泛湘南）城市群为"龙腰"、以县域中心城镇及小城镇为"龙尾"的不同层次的城市群，以组团式城市群为核心建立完善全省性的城市群网络体系，统筹城乡规划，实现全省城乡的协调、全面发展。各地市和县域要主动地融入全省性的城市群建设，同时根据各自不同的地域、产业和资源等特点，着力个性发展，形成以本区域的中心城市为核心的有特色的区域城镇网络体系。长株潭一体化是湖南省龙头城市群建设的内核，加快长株潭"两型社会"一体化建设是湖南省城镇化建设的首要任务。长株潭"两型社会"一体化发展的目标是做大、做强，成为湖南经济发展的核心增长极、高新技术产业聚集区，在全国有影响力的超大型组团式的城市群的内核。岳阳、常德、益阳分别位于东、西、南洞庭湖区中心，目前城镇化水平不高，区域结构松散，经济辐射能力不强。三市要积极地融入环长株潭城市群建设，注重加强内力，培养增长极，扩大城市规模，增强辐射源，促使人口、产业向中心城市积聚，形成以岳阳市为中心的既相对独立又分工合作协调发展的网络式环洞庭湖城市群，成为环长株潭城市群的重要组成部分。

重点建设环长株潭城市群打造全省核心增长极。环长株潭城市群是指以长沙、株洲、湘潭3个城市为中心，1个半小时通勤为半径，包括岳阳、常德、益阳、娄底、衡阳5个城市。环长株潭城市群建设是"十二五"期间湖南省建设项目中重点项目，旨在构建大中小城市和城镇协调有序的新型城市体系，启动湖南发展的引擎，打造实现湖南崛起的核心增长极，带动全省城镇化进程。这就内在要求城市群建设，必须突出以人为本、保护人文和生态环境的发展理念，从战略高度明确环长株潭城市群整体空间布局、功能定位和发展的方向，加快城市群内交通、电力、信息、金融和环境一体化建设，构建城市协商对话、多边合作的多层次平台，大力推进区域基础设施共建共享。

（四）着力培育辐射带动力强的地区性中心城市，注重发展小城镇

1.着力培育辐射带动力强的地区性中心城市。湖南要构建多元化的城镇体系，就必须按照统筹规划、合理布局、分工协作、以大带小的原则，形成以城市群为主体形态、以长株潭城市群为核心，环长株潭城市群为重点，以中心城市为依托、以县城和中心镇为基础，城市与城镇相互协调发展的多元新型城镇化体系。完善协调发展机制，科学确定各市主导产业，由相关政府部门加强协调管理和运用政策引导，推进地区发展规划的对接，促进各个地区之间优势互补、协同发展，并发挥市场在资源配置中的决定性作用。制定有利于产业形成与发展的政策，给予按规划进行选址投资的企业与投资人一定的扶持与优惠，努力降低城市间要素流动成本，为符合产业定位的企业跨区域合作提供平台，加强产业分工与合作，破除体制障碍，实现要素自由流动。促进资源共享、互动发展，以交通干线为纽带，以城市为载体，整合区域资源，加强分工和协作，围绕提升城市群整体效能，突出每个城市的个性和优势产业，拉长产业链，大力推进经济、社会和文化资源整合，提高产业关联度，提升湖南省各中心城市的整体竞争力。

2.注重建设各具特色的县级市和县城。县域经济在湖南省经济社会发展中具有举足轻重的地位，应积极发挥县级市和县城在县域经济发展中的带动作用，调整优化经济结构，加强市政基础设施建设，主动承接中心城市产业转移，自觉参与城市产业体系分工，积极扩大与中心城市的经济联系,进一步发挥辐射带动作用,带动县域经济持续快速健康发展。基础较好、潜力较大和区位优势突出的县级市和县城要努力培育壮大优势特色产业，

提升产业层次，扩大城市规模，提高吸引力、竞争力，尽快成为对周围地区有较强带动作用的中等城市。其他县城要以产业集聚区为载体，增强产业集聚能力，统筹城乡产业布局，把城镇发展与产业发展结合起来，引导人口向城镇集中、产业向园区集中。

3. 积极发展产业基础好的小城镇。从各地实际出发，选择那些非农产业有基础、发展前景好的小城镇为重点发展对象。做到高起点规划，高质量建设，高效能管理。在确定合理的城镇规模、功能分区及产业方向后，按正确定位的规划进行建设，抓好质量关，建设好综合配套建设，从而完善城镇功能。进一步规范完善小城镇管理的相关法律法规制度体系，使管理实现规范化、制度化，尽快将这些重点镇发展成为各具特色的小城市。要因地制宜、分类指导、发挥优势，注重产业发展。

三、推进城镇化建设两型化

当前，湖南城镇化的快速推进产生了诸多问题，如土地资源匮乏且承载压力加大、工业污染危害日益加剧、生态环境破坏十分严重、农村生活环境恶化等，这些问题都对湖南的可持续发展提出了新的挑战。在此背景下，考察湖南城镇化推进过程中的生态环境承载力问题，分析和研究城镇化进程中生态环境保护与资源节约无疑变得十分重要。湖南的新型城镇化是以"两型"为特质的城镇化。依山傍水、临江靠湖、山水在城中、城在山水中，是湖南省城镇的最大特色。为进一步突出这种生态优势，增添城市的魅力，要注重做好"天、地、水"三篇文章：做好"天"的文章，主要是注重严格执行产业环境准入制度，严格控制二氧化硫、氮氧化物、颗粒物和温室气体排放，让天更蓝；做好"地"的文章，主要是推进植树造林、封山育林、迹地更新、水土保持等生态工程，加强城市公园和绿地建设，提高森林覆盖率，让地更绿；做好"水"的文章，主要是推进节能减排，加强湘资沅澧和洞庭湖治理，恢复扩大城镇水面和湿地，让水更净。树立起集约、高效、绿色的理念，不断的突破资源和环境的约束，做到人口、经济、资源与环境相互协调。提倡集约、绿色、低碳的发展方式。在稳步推进、确保发展质量的基础上，把生态文明融入到城镇化的全过程之中，突出资源集约节约、生态环境友好，走节约低能、绿色低碳的生态发展道路，大力发展绿色经济，循环经济，低碳经济等，共同创建两型化的新型城镇。

（一）稳步推进新型城镇化，确保发展质量

未来湖南城镇化的发展应当是兼顾经济效益、社会效益、环境效益和资源效益的可持续的城市化。要充分认识城镇化进程中环境变化及其演化规律，避免只顾眼前利益、以牺牲环境和资源效益为代价来换取经济效益的城市发展倾向。目前，湖南既面临着工业化水平不高、城市化率低、发展不足的问题，也面临着低水平重复建设、资源消耗、环境污染严重等一系列问题。以科学发展观为指导，走资源节约、环境友好的新型城镇化道路要求既要发展，更要质量，一步一个脚印稳步推进。要确保城镇化发展质量，需要认真思考发展速度。对于规划合理、配套措施及时、统筹有力、符合可持续发展要求的项目可以加速推进；对于仅考虑经济利益，不顾及社会利益的项目应该坚决停止。湖南城镇化过程中环境保护关注的重点应当是在稳步推进基础上，对新的发展项目进行环境影响评估，统筹规划，避免新增污染；对已经步入城镇化的区域加强监管，积极治理，避免现有环境污染和生态破坏进一步恶化。为此，各项关系到城镇化发展的重大决策应该广泛听取各方意见，在集思广益的基础上，由省政府进行综合考量、审核评价，避免各级地方政府的城市化冲动。

（二）加快环境友好型城镇建设

新型城镇化建设就是要不断提升城镇化建设的质量内涵，更强调内在质量的全面提升，也就是要推动城镇化由偏重数量规模增加向注重质量内涵提升转变，湖南也是如此。这就要求湖南省要"友好"的对待自然，使"发展"的城镇系统与"稳定"的环境系统保持一种动态的平衡，建设环境友好型城镇，实现人与自然的和谐。因此，湖南省应继续推动资源节约与环境友好型城镇化进程。城镇发展应依据城镇资源环境容量，实行有限开发、有序开发和有偿开发。在新型城镇化过程中，既要将城镇生态环境的承载能力充分的考虑在城镇规划与设计之中，以协调城镇与区域之间的环境依存关系，确保城镇发展的生态屏障安全，又要在城镇建设与管理中，树立起环境优先的理念，创造良性的发展环境，提升城镇生产、生活质量。坚持预防为主、综合治理，加大环境保护力度，建设环境友好型城镇。为加快环境友好型城市建设，我们主要要做好以下几点：

1. 加强城镇的环境基础设施建设。综合整治流域生态环境，推动区域协调与合作，实现环境改善与城镇化进程同步，提高自然生态系统的环境承载能力。

2. 建立健全城镇环境保护的管理机制体制。创新城市管理理念，理顺城镇生态系统物质流与能量流之间的关系，建设生态城市。

3. 优化城镇的开放空间系统。充分地发挥出绿地系统、水体系统、道路系统以及广场系统在营造友好城镇环境中的巨大作用。

4. 加强宣传，增强企业"资源节约、环境友好"意识。对企业加强生态文明观的宣传与引导，促进企业"环境友好"理念的形成，培养企业的环境意识、生态意识。通过以下两种方式进行宣传：一是通过示范业宣传。通过培育部分"两型企业"的示范试点企业，进行生动的实例宣传。二是通过大众传媒的日常宣传和各种展览宣传活动进行宣传，让企业在追求利润的同时，不忘社会效益和生态效益。

5. 建立和完善建设项目对环境影响的评估体系。加大环境保护资金投入，监控城镇污染源，严格控制污染物的排放，综合治理各类污染，改善城市的环境质量。

6. 加强生态标准建设和生态示范建设。大力推广生态园区、生态工程、生态企业和生态建筑，鼓励绿色低碳生产、生活和消费方式，给广大群众提供市容市貌整洁、生态环境良好的生活、发展空间。

（三）加快推进资源节约型城镇建设

资源是城镇化的物质基础。湖南省资源现状表现为气候资源较好、水资源丰富但时空分布不均，能源资源严重缺乏，矿产资源较为丰富，土地资源供需紧张。因此，湖南省要大力提倡城镇节能、节水、节材、节地和资源综合利用，提高资源利用效率，尽可能减少资源消耗和废物产生，尽可能回收利用再生资源，努力缓解资源供需矛盾，同时积极引导市民摒弃不良的生活习惯和消费行为，建设资源节约型城镇。在城镇化的过程中既要利用好现有的优势，又要弥补已有的不足，走资源节约型城市建设的道路。为此，我们必须做好以下几点：

1. 加快绿色城市建设。严格控制高耗能、高排放行业发展。节约集约利用土地、水和能源等资源，促进资源循环利用，提高能源利用率。加快可再生能源体系的建设，推动分布式太阳能、风能、生物质能、地热能多元化等的规模化应用，提高新能源和可再生能源利用比例。将可再生能源技术、节能技术用于城市建设上，加快既有建筑节能改造，大力发展绿色建材，强力推进建筑工业化，促进建筑领域的资源节约。加强绿色理念的宣传，改善步行、自行车出行条件，鼓励绿色出行。

2. 实现"低能耗、低排放、低污染"的低碳发展。通过技术升级、观念转变来节约资源的使用尤其是在生产和生活等各经济活动中减少对化石燃料的使用，促进资源的节约，减少碳排放。更新能源结构，大力发展新能源，用新能源如风能、太阳能、生物质能源、水电能源等代替化石能源，促进传统产业的能源结构升级。倡导新能源的使用，将新能源技术融合到交通工具、生活设施以及建筑设备等的使用中去。改变人们出行的方式，在城市中广泛推广低碳交通。

3. 大力推动城镇节能降耗，努力提高能源利用效率。在湖南省全省大力开展节能产品认证，完善产品能效标准体系，制定主要耗能设备能效标准，加快企业节能技术改造和节能新技术、新产品推广应用。长株潭地区作为"两型社会"建设综合配套改革试验区，更应该加强绿色教育、引导绿色消费、培养包括城市居民、企业以及政府和社会团体在内的社会公众群体形成良好环境意识和循环经济意识，并积极参与各种环境保护公益活动，在全社会倡导一种节约资源和能源的消费方式。

4.创建节水型城市。支持高耗水行业节水、废水资源化和使用中水回用水，湖南省的水资源相对丰富，居民对节水意识不强，应从自身做起。同时全面推进水价改革，建立以节水和合理配置水资源、提高用水效率、促进水资源可持续利用为核心的水价机制。采用工业用水与居民生活用水价格不一致，且价格随着用水量的增加而提高，在价格方面减少水资源的浪费，提高用水效率。同时研究建立短缺资源有偿使用制度，建立和完善污水处理、垃圾处理、废物排放、危险废物处置收费制度，促进资源循环利用和环境保护。

5.进一步促进循环经济的发展。政府应在推动循环经济发展方面成为责任主体，加强立法，保证循环经济的发展。改造现有的传统产业和企业，将循环理念和技术融入到改造中，促进产业和企业技术改造和升级，优化和改进其生产流程和生产工艺。结合长株潭城市群和湖南省各地的工业园区开展循环经济试点，建立以资源生产率、资源消耗降低率、资源回收率、资源循环利用率、废弃物最终处置降低率等为基本框架的循环经济评价指标体系。各城镇应利用现有的优势，加上政府相应的优惠与扶持，大力地发展新兴产业和企业，推动循环经济的快速发展。要为循环经济的发展做好空间布局，为各方配合循环使用物质提供平台，促进生产区域与生活区域之间、产业和产业之间、城乡之间以及城镇之间的相互联系与相互合作。

（四）加强政府管理与社会监督

环境保护实质是环境管理，核心要素是政府的环境监督管理能力建设。各级地方政府要严格落实环境质量领导负责制，加强可持续发展能力的考核评价，切实做到措施到位、责任到位。同时，应积极探索环境监督管理新模式，试点环境保护机构垂直管理，加强上下级互动，排除干扰，提高效率。加强部门之间联动，建构集农业、工业、环保等多部门联合的现代环境综合管理平台，避免职能分散、地区分割、上下分离现象。另外，应加大科技投入，增加监测、检查设备，提升综合研究城镇化生态环境问题的能力与水平，努力寻找符合城镇发展规律和生态保护规律要求的发展道路，做到科学测量、理性分析、提前预防。

环境保护关系到每个人的切身利益。在加强政府监管、提升管理水平的同时也要不断扩大环境保护的社会基础，让公众能够参与到环境决策中来，实现环境民主。应切实保障公众环境知情权，按照《环境信息公开办法（试行）》的要求，制订符合湖南省情的具体操作细则，对公众申请的范围、回复时间、收费等程序进行明确规定。推动政府主动进行公开，保障公众依法申请获取环境信息的权利，构建政府主动公开与公众申请相结合的双向信息公开体制。积极推动公众参与环境决策。在制定区域规划和拟定建设项目时对可能造成不良环境影响并直接涉及公众环境权益的要依法开展环境影响评价，听取公众意见，通过论证会、听证会，或者其他有效形式，征求有关单位、专家和公众对环境影响报告书草案的意见。

（五）加强立法，推动环境法治建设

生态环境问题的解决依赖环境法治体系的建构与完善。只有权义明晰，责权对等，程序公正，才能树立依法而治、有法必依的信念，实现人们对规则的遵守，对法律秩序的维护。就城镇化背景下环境法治建设而言，当前亟需解决的是环境保护专项立法问题。由于环境保护覆盖范围广，国家法律对涉及城乡环保事项所做出的原则性规定并不能涵盖所有现实问题的解决路径。因此，可以充分发挥地方先行先试的立法优势，结合湖南城镇化生态环境问题特点和环境保护需要，抓紧制定适应区域环境特点，操作性较强的湖南专项环境保护立法，从而明确权责，规范程序，做到有法可依。在逐步加强立法的基础上，应当不断完善法律运行机制。让公众充分享有环境权益，依法保障司法救济的权利，适时开展环境污染的团体诉讼、公益诉讼，确保公众在环境权益受损时能够及时停止侵害、获取赔偿，从而维护公众环境权益。

四、推动城乡发展一体化

湖南是个农业大省，正处于城乡分割向城乡交融发展的阶段，在经济发展进入"快车道"的新的历史时期，加快形成城乡发展一体化新格局是加快经济发展方式转变的重要内容，是建设两型社会、实现富民强省、科学跨越的根本要求。近年来，湖南城乡一体化建设取得了一定成效，但城乡发展差距大的状况没有根本改变。湖南目前的城乡差距仍然比较明显，从收入差距来看，2013 年，全省农村居民人均纯收入为 8372 元，城镇居民人均可支配收入为 23414 元，城乡居民收入比达 2.80：1，相比 1980 年的 2.16：1 还有所扩大。

因此，在新的历史条件下，加快推进城乡一体化显得尤为重要而紧迫，这不仅是贯彻落实中央决策精神的需要，也是加快转变经济方式、推进"四化两型"的迫切要求，是实现湖南由农业大省向经济强省转变的必然途径。坚持尊重规律、惠民为本、协调发展、有序推进的基本原则，按照"城乡有别，特色互补；功能分区，财政平衡；点面结合，全域推进"工作要求，切实加强组织领导、制度建设、人才开发、专题研究等方面的保障措施，通过发展规划、基础设施、公共服务和管理体制等方面的城乡一体化建设，基本建立起"以工哺农、以城带乡"的长效机制，进一步缩小城乡发展差距，消除城乡二元结构，在全省实现城乡经济、政治、文化、社会、生态以及党的建设等全方位的城乡一体化发展。

（一）城乡发展规划一体化

充分发挥规划的龙头引领作用，统筹城乡发展规划，按照"各展其能、功能互补、要素互动、衔接协调"的原则，立足于城乡经济社会的可持续发展与工业支持农业、城市带动农村、科学划分各类经济社会发展功能区，统筹规划城乡空间布局、产业发展、资源要素市场、信息网络、流通体系，健全城乡经济社会发展规划、城镇规划、村镇规划有机结合的城乡规划体系，构建以城市为中心，镇、村为依托的功能互补的网络型城乡空间框架，完善城乡互动发展的网络构架，提高规划的系统性、前瞻性、科学性和导向性。同时要强化城乡一体化规划的管理和监督，建立科学民主的规划编制工作机制和严格的城乡规划实施考核和责任追究制，实现由行政区规划向经济区域规划转变，由城镇规划向城乡一体化规划扩展。

1. 切实加强城乡一体化发展的规划编制工作。湖南省的各级政府要高度重视城乡一体化规划建设，按照城乡一体化发展的目标和总体思路，对城市和农村的产业分工发展、人口布局、小城镇建设、村庄整治和基础设施建设进行统一、科学的规划。重点加强村镇布局规划及村镇发展规划的编制，启动编制《武陵山经济协作扶贫开发试验示范区城镇体系规划》、《洞庭湖生态经济区城镇体系规划》、《湘南承接产业转移试验区城镇体系规划》等区域性城镇体系建设规划，实现村镇规划全覆盖。各地在编制城乡一体化规划时，必须立足于强化"以工促农、以城带乡"的规划理念，彻底抛弃"从农村攫取资源和财富供城市更快发展"的规划观。

2. 健全完善覆盖城乡的规划建设管理机构。将城乡分立、多头分设的规划部门统一于一个统筹城乡规划的部门之中，对城乡建设中涉及的土地利用、工业园区建设、城镇建设、城乡住宅建设、城乡道路建设、水面和绿地分布、生态环境等进行统一规划和空间布局。规划管理部门充分履行城乡规划行政管理职能。负责组织总体规划、县域城镇体系规划、控制性详细规划的编制、报批；参与土地利用总体规划、国土规划、区域规划的审查；负责建设用地、建设工程的规划审批管理；颁发规划区内所有建设项目的选址意见书、建设用地规划许可证和建设工程规划许可证；负责道路及各类市政公用地下管线和地面设施的规划审批，协调道路和工程管线建设的规划工作。各个乡镇均应完善规划管理机构，建立涵盖规划、环保、建设、国土职能的乡镇联合管理所，明确城乡规划管理职能和工作人员，乡镇人民政府授权规划管理所组织编制镇总体规划和控制性详细规划及重点村和社区规划，村和社区也应配备专兼职规划管理工作人员。

3. 提升乡镇村庄规划管理水平。按照"适度集聚、节约土地、有利生产、方便生活"的原则，提升乡镇村庄规划管理水平，以适应农村人口转移和村庄变化的新形势为前提，科学的编制县域村镇体系规划和镇、乡、村庄规划，建设各具特色的乡村。对农村住宅和居民点的建设，要在方便农民生产生活的基础上，力行节约土地、材料和能源等，除此之外，还要体现出当地的乡村风貌、民族文化和地域文化特色。对有特色的历史、艺术、科学价值的传统村落、少数民族特色村寨和民居，要大力保护，并在提升自然村落功能基础上，发展如旅游等相关的产业。

4. 建立县、镇（乡）、村三级城乡规划实施监督制度。县、镇人民政府及其城乡规划主管部门应当加强对城乡规划编制、审批、实施、修改的监督检查。县人民政府应定期向本级人民代表大会常务委员会，乡镇人民政府定期向乡、镇人民代表大会报告城乡规划的实施情况，并接受监督。村规划管理员协助上级规划部门对村庄建设管理、信息反馈。县规划行政主管部门要会同县监察部门认真开展城乡规划效能监察工作，对严重违反城乡规划的案件，要公开曝光、严肃查处。要制定违反城乡规划责任追究措施，建立城乡规划监督检查长效机制。要加强社会监督与舆论监督，建立违法案件举报制度，增强全民参与意识与监督意识。

（二）城乡基础设施和公共服务一体化

推动城市基础设施向农村辐射和延伸，促进城市与农村的基础设施在区位上衔接功能上互补，推动水电路气等基础设施城乡联网、共建共享。大力发展农业基础设施，加大农村土地整治方面的投入，完善农产品流通体系，着力提升农产品生产能力和市场竞争力。优化财政投入结构，完善城乡一体化公共服务体系，加快形成政府主导、覆盖城乡、可持续的基本公共服务体系。推进城乡教育资源均衡配置，加大农村基础教育投入，进一步推进义务教育合格学校和标准化建设，加速城乡教师的交流互动，完善城乡家庭经济困难学生资助制度。推进城乡医疗卫生对接，加强县级医疗机构、乡镇卫生院和村卫生室标准化建设，建立城市医疗卫生机构对口支援农村医疗卫生的长效机制，提高农村应对突发公共卫生事件的能力。

统筹城乡文化事业发展，加强县、乡、村三级文化网络建设，加大财政投入，强化民族民间特色文化的保护、开发、利用，积极开展文明创建活动。构建城乡一体的劳动就业和社会保障体系。加强城乡劳动力培训，促进农村劳动力就近转移就业；加强进城务工人员的劳动权益保护，实现城乡同工同酬同保障；进一步完善城乡社会保险体系和救助体系。

农村基础设施建设是新农村建设的重要内容，也是构建和谐农村、实现全面小康的基础工作。湖南省委省政府对农村基础设施建设一直高度重视，但湖南目前很多农村仍然存在基础设施不完善方面的问题，如城乡之间基础设施建设不平衡、农村基础设施建设投入严重不足、农村基础设施如农田排灌设施等十分陈旧、农村公路通达深度不够、路桥不相配套、部分河道淤积和污染严重等。因此，我们要在全省科学合理规划的前提下，进一步提高对加强农村基础设施建设的认识，按照统筹城乡发展的要求，加强领导，提升规划，创新机制，加快推动城市基础设施向农村辐射和延伸，促进城市与农村的基础设施在区位上衔接功能上互补，推动水电路气等基础设施城乡联网、共建共享。大力发展农业基础设施，加大农村在安全用水，通路通电等方面的投入。在加大政府投入的同时，走财政投入、依法组织农民投资投劳和市场化筹资相结合的新路子。

1.加强农田水利等基础设施建设。目前，湖南还有部分地方农田水利基础设施老化严重，造成农田灌溉效率十分低下。因此，我们要进一步优化水资源配置，完善各级农田水利建设规划。加快实施病险水库除险加固和中小型水源工程建设。继续把大型灌区节水改造作为农业固定资产投资的重点。科学开发空中云水资源，建设人工增雨基地。深化水利体制改革，建立城乡一体的水资源管理体系；健全供水、防洪和水生态环境保障体系。扩大实施防治山洪灾害试点，加强地质灾害的防治工作。尽快在湖南省基本建成防洪抗旱减灾体系，使得重点城市和防洪保护区防洪能力明显提高。重点抓好江河防洪安全工程、微水节灌工程和人畜饮水工程建设，提高农业灌溉用水保障能力。

2.进一步改善农村供水、供热等生活基础设施。按照城市生活用水标准，加快农村饮水安全工程建设，加快农村饮水安全建设，加强饮水水源地的保护，因地制宜采取集中供水、分散供水和城镇供水管网向农村延伸，确保全湖南省的农民都能喝上安全水。积极发展农村户用沼气，大力组织实施大中型沼气工程建设。加快在条件成熟的农村地区启动农村供热和供气工程试点。进一步改善农村卫生环境，继续实施"乡村清洁工程"，整治村容村貌，大力开展创建"绿色家园"行动。

3.大力建设农村交通。目前，湖南的大部分农村交通设施与城市相比十分落后，街道路面质量较差，甚至没有排水设施。有些农村实现"村村通"的任务还相当繁重。这些都大大地影响了当地农民生活的质量。因此，我们要按照城乡一体化要求，加快构建城乡快速公路交通网，继续加大农村公路建设力度，尽早完善农村道路网络系统。加强农村公路建设质量的监管，加快农村公路管理养护体制改革步伐。加快实施渡改桥及渡口渡船改造等工程。完善扶持农村公共交通发展的政策措施，推进农村客运网络化和线路公交化改造，达到农村交通设施城市化水平，实现城乡之间的紧密连接。

4.进一步提升农村供电水平。湖南省的大部分农村地区存在供电空间布局不科学，配电线路半径长，缺少生产用电设施，有些老旧电网存在电压不稳、安全性能不可靠等问题，不能保证农村的用电需求，也在一定程度上抑制了当地农业生产和经济发展。因此，我们要在全湖南省合理规划电网的前提下，继续实施农村电网改造升级工程，提高农村的供电能力，实现城乡用电同网同价。加快城乡电网改造和建设，建立城乡一体的电网输送体系。继续实施农村电网改造，发展智能电网，保证农村生产生活用电需求。

5.加快启动农村服务网络化建设。按照重服务、广覆盖、多模式的要求，整合资源，大力推进城乡信息一体化，促进大中小城市和小城镇数字化建设，重点建设以长株潭为中心的"数字湖南"信息化网络工程。推进"金农"、"三电合一"、农村信息化示范和农村商务信息服务等工程建设，提高互联网和有线电视网覆盖率，积极探索信息服务进村入户的途径和办法。加强乡村旅游服务网络、农村邮政设施和宽带网络建设，改善农村消防安全条件。继续实施新农村现代流通网络工程，培育面向农村的大型流通企业，增加农村商品零售、餐饮及其他生活服务网点。

（三）城乡管理体制一体化

党的十八届三中全会中将健全城乡发展一体化体制机制作为改革的一项重大任务，强调"城乡二元结构是制约城乡发展一体化的主要障碍。必须健全体制机制，形成以工促农、以城带乡、工农互惠、城乡一体的新型工农城乡关系，让广大农民平等参与现代化进程、共同分享现代化成果"。湖南要避免部分地方已经出现的"造城"运动与让农民"上楼"行动的不正常现象，将建立健全城乡一体化的融合机制作为推进城乡一体化发展的根本任务，切实贯彻全域城乡一体化发展的基本理念，进一步理顺城乡行政管理体制，创新农村集体经济组织形式，统筹城乡党的建设和人才队伍建设，力争到 2020 年，基本建立起"以工哺农，以城带乡"的长效机制，形成城乡管理体制一体化发展和资源要素配置、公共服务、社会管理等一体化的良性互动的新格局。

1.建立"省统筹、县（市）为主、市场化"的推进机制。在省统筹方面，建议省里成立推进城乡一体化工作领导小组，由省长任顾问、分管副省长任组长，领导小组办公室设在省住房和城乡建设厅。省住房和城乡建设厅要强化责任，加强指导、协调、综合和服务。省直各部门要牢固树立大局观念，主动参与，积极配合。在县（市）为主方面，要充分发挥县级政府在城乡一体化中的重要作用。建议进一步扩权强县，加快省管县改革试点，赋予县级政府更大的人事权、更多的财权、更强的资源支配权和经济社会发展的决策权，有力推动城乡一体化进程。在市场化方面，要以要素价格改革为重点进一步深化改革开放，在重视政府规划引领、政策支持、协调服务的同时，充分发挥市场机制的基础性调节作用。

2. 理顺城乡行政管理体制。首先，要理顺上下级政府之间的关系。我们应按照"统一领导、分级负责、协调一致"的原则，合理划分县与乡镇上下级政府职能部门之间的财权、事权和决策权，调整和优化机构设置。一方面，上级政府部门要进一步强化宏观管理职能、弱化微观管理职权，减少具体审批事务，加强日常监督管理，合理配置职能和设置机构。要注意将一部分涉及"三农"方面的社会管理、公共服务的事权、事务交由乡镇政府甚至是村去管理。另一方面，下级政府部门还要注重职能的整合和归并。在机构设置上不搞上下对口和平均设置，要注意职能归口和综合设置，可根据本地经济社会发展情况和特点，设立一些具有本地特色的机构。然后，要理顺各级政府职能部门之间的关系。明确各级政府工作部门之间职责范围，合理划分管理权限，建立协调配合机制。弱化、撤销经济管理、行业管理等部门的权利，整顿和规范市场经济秩序。深化综合行政执法制度改革、行政审批制度改革，积极探索综合行政服务制度改革，对分散在不同部门的同一职能进行调整和整合，逐步做到一件事情只能由一个部门负责管理，一个机构可负责管理多件事情。

3. 探索社会管理创新。加快推进农村社区建设，加强农村社区规划，推动农村社区化发展，推进城镇公共管理服务延伸到农村社区。创新流动人口管理机制，实行城乡流动人口一体化管理，推进流动人口动态化和网络化管理，消除人口城乡流动之间的分割管理和不平等待遇。健全民众诉求表达机制，疏通民众诉求表达渠道，完善沟通交流机制，健全利益协调机制和矛盾调处机制。培育城乡一体的多样化社会服务组织，积极鼓励城乡非政府组织发展，赋予他们社会管理功能；鼓励城市社会组织延伸服务到农村，提升农民发展的组织能力。创新社会管理文化，倡导效率文化、平等文化、责任文化、廉洁文化，营造良好的社会环境。

4. 探索城乡党建一体化的实践模式。首先，建立产业链条连接模式。充分发挥产业带动作用，依托农业产业化龙头企业、农民专业合作社、农业协会等经济、社会组织，推动城乡党建一体运行，实现党建要素和生产要素的相融互动。坚持在产业链上建立党组织，坚持用产业链联结城乡，坚持在产业链上加强党员教育管理。其次，建立村社党组织结对共建模式。遵循城乡互助、优势互补、互利共赢原则，引导城市社区党组织与村党组织结对共建，共同探讨发展思路，共同开展党员活动，共同帮扶困难群众。推动城市社区党建先进理念、机制和方法向农村基层党组织辐射和延伸，优质生产要素向农村流动；推动农村党建"三级联创"活动、基层民主政治建设经验、创业致富项目、乡土实用人才、特色地域文化进社区，加快城乡一体化发展。然后，建立党政部门帮扶带动模式。充分发挥各级党政部门职能优势，在项目、资金、信息、技术、人才等方面为新农村建设提供支持。按照党群部门重点联系软弱涣散村、政法部门重点联系治安混乱村、经济部门重点联系经济落后村、涉农部门重点联系特色产业村的工作思路，有针对性地确定党政部门帮扶对象，组建新农村建设工作队进驻到村，切实解决帮联村存在的突出问题。

（四）城乡要素市场一体化

要加快推进城乡统一要素市场建设，维护农民生产要素权益。受长期以来的城乡二元体制的影响，湖南农村市场化程度比城镇低得多，特别是要素市场体系不健全，制约了人、财、物、信息等要素在工农之间、城乡之间的正常循环，导致城乡收入差距不断扩大。为此，要发挥市场配置资源要素的决定性作用，畅通要素配置的途径，建立和完善有利于资源要素向农村流动的体制和机制，引导更多人才、技术、资金等要素投向农业农村。切实赋予农民作为劳动力要素的平等劳动权益，加快建立城乡统一的人力资源市场，落实城乡劳动者的平等就业、同等福利待遇和同工同酬制度。进一步深化土地制度改革，建立城乡统一的建设用地市场，允许农村集体在法律和政策允许的范围内出让或租赁经营性建设用地，保证经营性建设用地与国有土地同权同价，保障农民公平分享土地增值收益。加快建立健全有利于农业科技人员下乡、农业科技成果转化、先进农业技术推广的激励和利益分享机制。创新农村的金融体制，积极发展农村金融市场，保障金融机构农村存款主要用于农业农村,完善面向"三农"的金融服务体系,统筹发挥政策性金融、商业性金融和合作性金融的作用,支持具备条件的民间资本依法设立金融机构。加快农业保险产品创新和经营组织形式创新,完善农业保险制度。

五、提升城镇化产业支撑力

产业是新型城镇化的基础和支撑,没有产业作为基础,即使有城市的外在形态,也很难发挥出城市应有的功能。2012 年底,湖南省的第一、二、三产业产值结构为 13.6 ∶ 47.4 ∶ 39.0,产业结构得到很大的优化,但仍然存在不少问题,主要体现在农业基础薄弱、工业水平较低、服务业推动城镇化动力不足、新兴产业集群尚未形成规模、产业布局失衡、产业集聚与城镇化进程对接错位、产业发展方式粗放等问题上。因此,湖南要在实现新型城镇化过程中使得产业支撑强化,通过促进城市经济转型升级,增强经济活力,就必须通过分层次、有重点、有差别地优化城市产业结构,大力发展现代农业与服务业,提升自主创新能力,促进产业发展的生态文明建设等措施来实现。

(一)加快农业现代化的进程

湖南的农业生产在全国占有十分重要的地位,是我国主要的产粮区与产棉区,粮食、棉花、牲猪产量均居全国前列。湖南农业资源丰富,农产品不仅产量大,而且具有相当特色,如烟草、蜜橘等,在全国享有良好声誉。湖南是一个农业大省,但还不是一个农业强省,实现湖南农业现代化不仅对于湖南的经济、也对我国的农业具有十分重要的意义。因此,我们要立足省情,坚持走具有中国特色的新型农业现代化道路和具有湖南省特色的农业现代化道路,加快转变农业发展方式,提高农业综合生产能力、抗风险能力、市场竞争能力和可持续发展能力。

1.创建湖南农业品牌,提升农产品质量。品牌农业战略,是发展现代农业的有效着力点,它的实施,将极大的提升湖南省农产品的市场竞争力和附加值。湖南省目前农业品牌丰富，但规模小，农产品品牌意识明显增强，但缺乏名牌经营意识。因此，在创建农产品品牌这个复杂的系统工程时，生产者、经营者以及管理者，都必须在思想上高度重视，转变传统的发展观念，牢牢树立以质量求生存，以品牌创市场的思路，明确发展方向，实施科技创新，提高农业科技含量，优化区域结构，发展规模经营，提高产品质量，培育农业品牌。

2.提升现代农业发展水平。加快完善现代农业产业体系，发展高产、优质、高效、生态、安全农业。推动技术创新体系建设，加大科学技术的研发力度，提高农产品加工技术水平，增加技术含量，降低农产品成本，根据湖南的省情逐渐引导农产品由原料生产向专业化、基地化发展。政府应鼓励和引导工商资本到农村发展适合企业化经营的现代种养业，向农业输入现代生产要素和经营模式。创新农业经营方式，坚持家庭经营在农业中的基础性地位，利用已有的模式、借鉴外省的成功经验，进行如"一村一品，一乡一业"的专业化生产，发展如"公司＋农户"、"龙头企业＋基地"、"公司＋中介＋农户"等多种形式的农业一体化经营模式。改革湖南省的农业科技体制，充分调动科技人员、农民和企业的积极性和创造性，实行专业人员和农民、政府主导和市场引导、有偿服务和无偿服务相结合的方式，走符合湖南省情的农业科技推广道路，加快构建公益性服务与经营性服务相结合、专项服务与综合服务相协调的新型农业社会化服务体系。

3.完善农产品流通体系。目前湖南省农村物流企业以民营为主，且规模不大，分布分散，地区分割比较明显，因此，我们首先要整合优势资源，积极培育物流方面的龙头企业，从政策上给予符合标准的企业以扶持和优惠，以带动更多的基地和创建更多的品牌。加快推进农产品期货市场、农产品集散地、优势农产品产地批发市场和农产品零售市场的建设。落实大型农产品批发市场改造资金，培育现代流通方式和新型流通业态，加快检测系统、农产品低温仓储和冷链系统、生鲜农产品配送中心、市场垃圾处理中心等基础设施的建设和改造。加快发展农产品电子商务，为连锁、物流配送新型流通方式建立电子化管理与交易信息系统，为中小型企业及经营网点建立商品采购、销售等业务的经营管理信息系统。积极推进"农批对接"、"农超对接"等多种形式的产销衔接，强化农产品商标和地理标志保护。

4.培育壮大特色产业。首先，发展特色蔬菜。适当调减大路菜，扩大反季节、无公害、名特优蔬菜特别是外向型蔬菜的生产。重点抓好食用菌、辣椒、黄花菜、香芋等特色蔬菜的规模化基地建设，建设洞庭湖水生蔬菜生产基地、湘西高山反季节蔬菜生产基地和湘中、湘南食用菌生产基地。其次，培育特色家禽。依托龙头企业和养殖大户，发展规模化、专业化养殖和加工，培育形成湘黄鸡、东安鸡等一批地方特色家禽品牌，加快发展临武鸭、攸县麻鸭、武冈铜鹅等水禽品种，重点建设环洞庭湖水禽养殖基地。再次，发展特色水产。发挥淡水养殖的优势，突出发展名特优鱼类和珍珠、河蟹、中华鳖、乌龟等特种水产。以洞庭水殖、益华、东江鱼、省水产公司等为龙头，实行规模养殖，扩大加工出口。

（二）进一步推进新型工业化

改革开放以来，湖南工业取得了显著的成绩，门类比较齐全，初具规模的工业体系已初步完成，已拥有一批支柱产业和骨干企业，乡镇工业发展迅速，科技进步作用得到增加。但是，目前湖南省很多工业企业如小化肥、小钢铁、小水泥、小机械等还远未能达到合理的生产规模；工业内部结构不尽合理，表现在轻工业比重偏低，重工业比重偏大；传统产业多，新兴产业少；落后水平产品多，先进水平产品少；初加工产品多，深加工产品少且产品附加值低；工业行业门类齐全，而优势行业和支柱产业少等。由于工业结构不合理，至使湖南工业在全国的地位较低，因此，要促进湖南工业向现代化强省跨越，必须通过推进新型工业化来转变经济发展方式，实现可持续发展。

1.加强工业中心建设，发展多层次多功能的工业增长极。在湖南工业化水平低、资金不足、地区差异大的背景下，依托中心城市加强工业中心建设有利于集中力量进行重点开发，有利于资源的合理利用和集聚效益的发挥。综合考虑各城市的区位优越度、交通便捷度、经济发达度及其发展的承载能力与辐射能力，可确定长沙、株洲、湘潭、岳阳、衡阳作为全省的一级工业中心，常德、郴州、娄底、邵阳、永州、益阳、怀化、吉首作为全省二级工业中心，其他城市为三级工业中心。同时，应选择综合条件较好的建制镇作为农村工业的增长极，以推动乡镇工业集聚布局，提高集聚效益。各工业中心应根据自身条件，确定有利于自身发展的主要行业。

2. 工业部门优化调整应以资源和市场作为双重导向。湖南是一个地域辽阔、资源丰富而经济欠发达的内陆大省，不能依赖外地资源来发展本省工业，立足点应该在积极开发利用本省资源上，必须围绕资源搞开发。主要原因在于湖南是一个农业大省，有丰富的农副产品原料；湖南劳动力资源充足，与重工业相比，用同样的资本投资于轻工业可以创造更多的就业机会；轻工业投资少、见效快，适宜于瞄准市场重点突破和滚动开发；大多数轻工业部门（造纸、皮革等除外）对环境生态所造成的压力比较重化工业轻得多，并且企业布局的限制性因素要较重工业明显为少；轻工业的单位产值的运输量通常要较重工业少得多，这尤为适合目前湖南交通运输持续紧张的省情。

3. 在工业产业结构优化调整中，要以高科技部门为"龙头"。这是提高湖南工业总体层次、增强企业发展后劲的关键所在。在经济实力较为雄厚的大中型企业中，尚有 1/4 以上的企业没有科研开发机构，技术开发费用占销售总额的比重只有 2% 左右，从事技术开发的人员仅占职工总数的 3% 左右，用于新产品开发的费用只占销售总额的 1%。1979 年以来的 30 余年间，资本仍是工业产值增长的主要贡献者，技术进步贡献率不到 35%。应重点开发电子技术、新材料技术、生物工程技术、信息工程技术、节能环保技术、高端装备制造技术、自动化技术和精密机械制造、精细化工技术等。高层次的食品加工技术、纺织品工艺和服装制造、造纸工艺、陶瓷工艺等亦作为科技开发重点。重点搞好长沙、株洲、湘潭、岳阳、衡阳等城市的高新技术产业开发。

4.狠抓人才建设，加强科技在工业中的作用。人才与科技是促进工业发展的两个关键因素。湖南工业发展的人才建设应突出以下两点：一是加强创新型人才和经营型人才的培养与引进，尽快造就一支懂经营、善管理、勇开拓的优秀企业家队伍；二是要采取多种措施留住人才，用好人才。湖南要提高各工业行业的科技含量，要从广筹资金，增加投入，加速设备更新步伐；科工贸结合，促进一些高新技术产业在湖南的迅速发展。应进一步加强科工贸的有机结合，加速发展新材料、新能源、生物技术、电子信息和机电一体化领域的高科技产品，大力发展高新技术产业；运用高新技术改造传统名牌产品，建立民营科技工业园，大力促进民营高科技工业企业的发展；官产学结合，走政府、企业界和学术界联合创新之路，完善全省创新体系与创新机制。

（三）大力发展服务业

到2013年底，湖南省第三产业占总产值的比例为40.3%，远远落后于全国的46.1%，就是说湖南省的服务业所占比重很小，经济带动力不强。因此，我们要挖掘生活服务与社会服务的新领域，以消费需求为基础对城镇医疗、社会保障、教育、养老等服务业升级，大力发展社会需求大的养老服务、社区服务、健康服务等新兴服务业。通过培育现代服务业企业、建设服务业集聚区等途径，优化城市产业空间结构。对长沙、株洲、湘潭、岳阳等大城市及工业园区，在发展生活服务业和社会服务业的同时，还要大力发展生产性服务业，促进制造业与服务业相互融合，在做大服务业规模、提升服务业水平的同时，提高城市的创新能力和服务能力。进一步转变城市发展观念，深化服务业体制改革，解决目前制约服务业发展的主要矛盾和突出问题。

1.推动生产性服务业专业化、市场化、社会化发展。引导生产性服务业向长沙、株洲、湘潭等中心城市和工业园区集聚。一方面，依托园区内的重点骨干企业整合带动中小企业发展，加强产业内上下游企业的合作，形成分工明确、协作配套的产业集群，另一方面，完善园区生活生产配套和公共服务设施，提高园区综合承载力。促进劳动密集型工业向产业价值链高端发展，通过提高研发、设计和知识含量，提升在全国乃至全球价值链中的分工层次。

2.加快观光休闲农业、乡村旅游业发展。努力拓展农村非农产业。建设现代服务型农业，必须注重开发农业的多种功能。立足湖南各地独有的自然和人文优势，优化区域布局，大力培育当地主导产品，积极引导企业和农民顺应人们生活水平提高和消费发展趋势，大力发展休闲观光农业、保健品产业、花卉园林业等新兴产业，不断培育新的经济增长点。实施生态家园富民工程，推广生态农业模式，特别要重视发展乡村旅游业，加快形成一批特色鲜明、类型多样、竞争力强的专业村、专业乡镇。另外，对自然保护区、风景名胜区、森林公园、饮用水源区、洞庭湖湿地区、"四水"上游重点水源涵养区和水土保持重点预防区等重要生态功能区，实行控制性保护和合理开发。

3.加快服务市场的培育和市场秩序的整治。要进一步降低服务业的进入门坎，广开服务业门路，积极引导各种所有制主体投资服务业，加快湖南省服务业市场的培育。要进一步打破行政条块分割和区域贸易保护主义，依法惩处服务市场的各种违法犯罪活动，净化服务市场，认真维护消费者的合法权益。全省服务行业要进一步强化"诚信经营、文明服务、优质取胜"的理念，恪守服务职业道德，进一步拓宽服务项目，努力提高服务质量，使湖南省服务市场的秩序有根本好转，提高湖南服务业在国内外的知名度与竞争力。

六、提高政府管理和服务效能

新型城镇化推动了湖南经济的快速发展，带来了社会、科技的全面变革，但与此同时也使湖南省出现了一系列的社会问题，这些问题的产生既有传统的规模扩张型城镇化发展模式自身缺陷的原因，也有湖南省社会管理和服务模式无法有效适应城镇化发展要求方面的原因。社会管理和服务的复杂化，社会结构、社会组织形式、社会利益格局等的巨大变化，都对湖南省的社会管理和政府服务提出了诸多挑战。因此，我们需要通过明确政府的主体责任，树立新型服务理念、建立健全对政府服务的约束机制、大力推行电子政务，实现社会管理体系转型升级，从而构建出与新型城镇化相适应的社会管理体系。

（一）明确政府的主体责任，树立新型服务理念

推进城镇化进程中，公共服务提供的主体是政府，实现基本公共服务的均等化既是政府的义务，也是人民的权利。目前，供给总量不足是湖南省的基本公共服务存在的一个大问题，这其中的主要原因就是政府服务理念的滞后和公共服务供给的制度保障机制不完善。城镇化进程中的公共服务属于市场失灵的领域，因此，我们要明确在政府公共服务供给过程中的主导地位。

1. 建立符合湖南省省情的基本公共服务体系。完善公共服务供给的体制机制，以明确政府在基本公共服务中的主体责任。围绕新型城镇化建设的质量内涵树立新型的服务理念，树立以人为本的科学发展观，强化政府的基本公共服务职能，实现公共服务水平与城镇化水平发展同步。地方政府都应从高效率、高质量服务等方面加强对政府公务员的培训，完善公务员的选拔和任用机制，不断提高公务员的素质和整体水平，抛弃政府的传统服务观念，树立"小政府、大服务"的新型观念。只有这样我们才能更好的发挥出地方政府的公共服务职能，在推动新型城镇化建设的过程中形成良性的互动。

2. 提升城镇管理水平。适应农村人口向城镇加速聚集的趋势，满足城市居民生活品质加速提升的需要，加强城镇建设科学引导，创新城镇管理长效机制，不断提高城镇化发展的质量和水平。强化城镇化规划管理，强化对城市政府提供公共服务、加强社会管理和增强可持续发展能力的考核评价，积极探索城镇管理新模式，加强部门联动，建立集社会管理、经济运行、文化生活、环境卫生、应急处置、治安防控于一体的现代城市综合

管理平台。积极创新城镇管理手段，加快城镇信息网络建设，为建设"数字城镇"打下坚实的基础。

（二）建立健全约束机制

政府属于一种自然垄断性组织，所以政府服务行为具有非常大主观能动性，如果缺乏行之有效的约束机制，就极其容易出现政府滥用职权、服务低效等问题。约束机制是根据组织运作绩效而对约束客体的各种行为所作出的监察结果，是约束主体（法制、群众和舆论）对约束客体（政府）作出的适时、公正的奖惩决定。湖南要加强对政府服务行为的约束，保证政府权力正确行使，我们可以从内部监督和外部监督两个方面下手：

1. 从内部来说，可以采用目标管理、全面质量管理等手段，实行成本核算，实行以绩效为基础的预算制度，完善信息反馈制度。完善相关监督部门的运行机制，保证监督部门的相对独立性，消除其他部门对监督部门的影响。尊重人民的知情权，将政府信息及时、准确、完整的向公众公开，以公开的信息接受公众的监督。建立健全重大事项决策的约束机制，杜绝"一言堂"的现象，保障重大事项决策正常有序的运行。省政府牵头建立绩效评估机制，通过对目标的评估，划分地方政府绩效等级进行评比，奖励绩效好的地方政府，惩罚绩效差的地方政府。

2. 从外部约束来看，接受来自法制、群众和舆论为主体的外部约束，变"无限政府"为"有限政府"，使政府在合法合理的空间内发挥管理社会的各项功能，更主动地为公众服务，如此才能实现政府预期的行政效能。完善外部监督机制，建立切实可行的外部监督途径。重视媒体、公众舆论等社会监督手段的运用，使得公众可以通过舆论，对政府的决策进行评价，对滥用职权、贪污腐败等不良现象进行批评，唤起其他公民对政府这些行为的注意和反对。利用新型的网络技术，如微博、微信等建立公共论坛，通过在公共论坛的言论空间中所发挥的舆论力量，对政府机关及其公务员的公务活动、涉及群众切身利益的其他重大社会事务进行监督与制约，使这种权利制约权力的机制的形式，在反腐倡廉和提高政府工作效率的过程中能够发挥重要作用。

（三）大力推行电子政务

随着湖南经济的快速发展与政府转型的不断推进，公共需求的快速增长与公共服务的相对短缺之间的矛盾日益突出，公共服务创新的需求日益迫切。同时，进入信息社会后，政府的信息化和虚拟化变得不可避免，而电子政务在推动政府改革、公共服务创新中发挥着不可替代作用，不仅有助于减少行政成本和社会交易成本，还能促进政府信息的公开化、权力运行的透明化，使政府与公众互动便捷化。

1. 做好发展规划。在湖南省推行电子政务，首先，要充分发挥相关领导、专家以及公众等的智慧，根据湖南省电子政务的发展现状，做好发展电子政务的近期规划与长期规划，并制定一套切实可行的执行方案。然后，建设与电子政务相配套的环境，包括制定相关的政策、加大这方面的资金投入、继续完善地方政府的电子政务平台、加快完善电子政务基础网络平台、推进各部门协同办公应用系统建设，推动各项业务系统的整合，实现一站式服务。最后，要高度重视网络防护工作、加强电子政务安全体系建设，定期、经常的开展对电子政务系统的风险和安全评估，提高通信网络安全防护能力，保障通信网络安全畅通。

2. 全力研发电子政务服务系统，实现"一站式"服务。重点开发全省的网上行政审批、政府信息公开以及一些全省性的政务应用系统，如食品药品安全系统，医疗、教育、社保、就业、住房、健康与环境等与公众日常工作生活密切相关的跨地域应用系统。要将电子政务的发展重心下移，围绕基本公共服务均等化，大力发展县、乡（镇）等面向公众的基层电子政务应用项目。完善政民互动交流，确保政府网站的各种"公众参与"渠道畅通，保证公众意见和建议得到及时处理和反馈，实现外网受理、内网办理。同时，整合政府信息资源，加快政府门户网站共享平台的建设，发挥各部门业务应用系统的综合效益，将政府提供的各项公共服务，分门别类地展现给公众，帮助人们找到所需要的服务，并实现在线办理。重点加强以居民、企业等用户为中心的信息资源整合，将实体办事程序网络化，优化办事流程，减少办事环节、缩短办事时间，提高政府办事效率，形成一个以"信息咨询、在线服务、气象预警"等为主的网站。开发政府机关与驻地条管单位（像金融、国税等）的子系统，共同树立政府高效、公开、透明、廉洁的形象，真正实现一站式的服务

3.树立电子政务的理念，完善信息公开制度。信息公开是阳光政府的必然要求，是行政民主的表现，直接影响着政府的形象。利用政府门户网站积极推动重点领域和关键环节的政府信息公开。如"三公"经费要实现预算公开、决算公开，涉密部分除外；保障性住房要将房源信息、分配过程、分配结果全程公开；食品安全部门要将企业生产经营许可、专项检查整治、违法生产经营行为查处等日常监管信息及时公开；环保部门要将项目环评、行业环保核查、环境质量、环保审批、环境执法等信息实时公开；建设工程、交通工程、水利工程招投标和货物招标、政府采购、产权交易、土地矿产等七大公共资源要确保招投标信息公开、公平、公正。加强对权力运行的监督，减少权力"暗箱操作"。同时，要围绕重点领域信息公开开展督促检查，确保政府信息公开重点工作顺利完成；把信息公开保密审查作为重要环节，明确落实责任人，信息产生就明确属性，发布信息实行三审制；加大政府信息公布人员的培训力度。

七、完善基础设施提升城镇承载力

城镇基础设施建设水平决定城镇的承载能力，也决定着城镇化能否持续稳定发展。城镇功能的完善取决于基础设施的配套，城镇化的进程必须要与城市资源禀赋、基础设施承载力相适应。要提高城镇对人口的吸纳能力和承载能力，必须大力加强和完善基础设施建设。

近年来，湖南省城乡基础设施建设取得了很大成就，高速铁路、高速公路、铁路、机场、码头、地铁、轻轨等交通基础设施不断完善；各城镇在市政公用设施的建设方面也在不断的扩容提质；公共服务设施进一步完善；各

种民生基础工程建设逐步走上正轨等。这些基础设施的建设大大提升了湖南在全国经济版图的地位，也为湖南下一步加快推进新型城镇化积蓄了较强的承载能力。但是与快速城镇化时期的需求和全省居民对更高生活水平的期待还有较大差距，必须在未来以更高的标准和更严格的要求不断完善基础设施的建设。湖南基础设施建设重点任务主要包括以下六个方面：

一是抓好高效便捷的城市内外交通基础设施建设，建设立体交通网。重点是进一步加强城际间交通网络建设，形成公路、铁路、水运、航空等立体交通体系，同时优先发展城市公共交通，优化城市路网结构，努力缓解城市交通拥堵问题；

二是抓好供应充分的市政公用设施建设，重点是加快建设道路、能源、水利、环保和消防安全等设施，高标准完善地下管线、停车设施、供水、排水、污水和垃圾处理等市政基础设施，逐步建立健全区域间互动、共享、便捷的公共服务设施，提高区域间大型基础设施的共享水平；

三是抓好体现社会事业发展水平的公共服务设施建设，重点是进一步加强满足群众教育、医疗、文化、科普、体育和居民休闲娱乐需要的公共服务设施建设；

四是抓好保障性住房等民生工程建设，重点是进一步推进廉租住房、经济适用住房和中小套型的普通商品住房建设，加快城市棚户区改造步伐；

五是城市防灾减灾和应急设施建设，重点是加强城市的人防、防震减灾和公共消防等设施建设；

六是抓好智慧城镇建设。智慧城市是当今世界城市发展的新趋势和新特征，必须大力推广应用互联网、物联网、云计算等现代信息技术，加快推进智能交通、智能电网、智慧学校、智慧家庭建设，智慧地规划和管理城市，智慧地配置城市资源，智慧地提供公共服务，提高城市信息化、智能化水平。

第七章

加快推进湖南新型城镇化的体制机制创新

加快推进湖南新型城镇化要充分发挥优势，利用有利机遇，用改革来化解劣势和挑战带来的矛盾与问题，因地施策、分类指导、精细管理，推进城镇行政管理体制改革，创新城镇建设和社会发展资金筹措机制，推进户籍、土地、社保等配套制度改革，建立两型城镇建设促进机制，深化规划建设管理体制改革创新。

一、推进行政管理体制改革

行政级别决定一个城市发展水平和质量是传统城镇化过程中存在的最大问题。这一问题的存在直接导致了直辖市高过省会城市、省会城市高过地级市、地级市高过县级市这样一种不符合市场配置资源的局面。为了更好地加快推进新型城镇化，建议湖南省设立新型城镇化建设协调领导机构，明确人员组成；积极推进扩权强县，推行扩权强镇，适时增设设区城市，对行政管理体制进行改革。

（一）探索改变以行政级别来配置资源的管理模式

按照新型城镇化的标准，未来要通过制度设置将资源配置和常住人口直接挂钩。也就是说，在一个城市和建成区范围内，不再按照其行政级别来配置资源，而是简化为按照常住人口来配置资源。同时，要积极发挥市场主导城市建设的作用，让市场来对行政级别决定城市发展论进行重新洗牌，在此过程中政府必须更少地参与到市场中来。

（二）推动县改市和镇改市改革，增加城市数量

我国到 2013 年只有 658 个城市，湖南省只有 29 个城市，城市数量占人口比重过小。出现这个局面的原因是我国设市标准过高，除开人口指标外，还附带其他多个经济指标，而且在 1997 年后基本冻结了设市工作。为此，要大力推动符合条件的县或者镇改市。比如攸县，不管是人口规模、城市建设、产业发展等各方面来看都已经是城市的格局了，但是囿于设市限制，一直是县的管理体制，非常不利于新型城镇化推进。"撤县设市"并非新鲜事物，地方政府之所以热衷于撤县设市，是因为通过这种行为可以得到众多实实在在的好处，主要表现在：一是可以得到更多的财税收入。因为县改市后，就可以得到更高的上级返还比例以及增加维护城市建设税等收入；二是市的名头更好听，对地方招商引资和扩大地方知名度有直接好处；三是市的主要领导往往会高配或得到更多的提拔机会；四是地方可以得到更多上级分配的土地指标、工业项目、水资源占有量等。客观地说，尽管1997 年前的县改市热潮出现了一些问题，诸如假性城市化、耕地占用、政绩工程等，但是改市后很多县由于资源调配权力加大而快速做大做强了自己，成为区域发展的重要力量，也在一定程度上分流缓解了特大城市和大城市的"城市病"，也完善了大中小城市空间结构的合理布局。为了更好地推进县、镇改市，可以遵循几个原则：首先，将人口作为设市的惟一标准，大幅降低设市的人口门槛；其次，必须遵循新型城镇化的要求来推动城市数量的增加。新型城镇化要求以人为本，推行公共服务均等化，要求实现集约、绿色、低碳发展，要求产业的强力支撑。要克服土地城镇化远高于人口城镇化的传统问题，城镇化不等于土地指标和建设新城，要让城镇化发展有粗放型转为集约型。最后，服从主体功能区安排，更多集中在重点发展的城市群范围内推行县、镇改市。

（三）以"省管县、县辖市"为重点，建立完善城镇化统筹管理体制

进一步建立完善跨行政区域的多中心城镇化体制、城乡产业融合体制、城乡资源环境一体化管理体制、城乡一体化流通体制，以切块设市为主要内容创新市镇行政管理体制，加快推进"省管县、县辖市"体制改革试点，建立完善城镇化风险应急处理组织体系、信息反馈制度和正确的舆论导向制度。按照城乡一体、精简高效、分工合理、职责明确的原则，推行县（市）行政管理体制改革试点，撤并部分乡镇，鼓励归并较小的乡镇。推进城市管理重心下移，强化区、街（镇）政府的管理职责。在经济发达、城镇化快速发展地区，撤销乡镇建制，推行县村两级行政管理体制改革试点，或推行县下设市模式试点。建立合理的县（市）域村镇体系结构，重点发展县城和1至3个重点镇、特色镇。与此同时，引导规模少于2000人的行政村适度合并，实现农村社区化管理。

二、创新城镇化资金保障机制

据有关部门估算，湖南省2011～2015年城镇化基础设施建设投资需求达7210亿元，到2020年，城镇化基础设施融资建设需求1.92万亿元。其中大部分集中在城镇交通网络、产业园区、供水排水、垃圾处理、保障性住房、城镇环境整治、城镇公共服务设施等政府投资类项目领域。如何筹措所需的庞大资金，已成为确保新型城镇化建设顺利推进的关键因素。按照《国家新型城镇化规划》，未来城镇化的资金来源将有三个主要途径：首先，在财政转移支付方面，按照事权与支出责任相适应的原则，合理确定各级政府在教育、基本医疗、社会保障等公共服务方面的事权，建立健全城镇基本公共服务支出分担机制。建立财政转移支付同农业转移人口市民化挂钩机制，中央和省级财政安排转移支付要考虑常住人口因素。其次，将培育地方主体税种，增强地方政府提供基本公共服务能力。加快房地产税立法并适时推进改革。加快资源税改革，逐步将资源税征收范围扩展到占用各种自然生态空间。推动环境保护费改税。再次，要建立规范透明的

城市建设投融资机制。在完善法律法规和健全地方政府债务管理制度基础上，建立健全地方债券发行管理制度和评级制度，允许地方政府发行市政债券,拓宽城市建设融资渠道。对湖南省来说,要破解城镇化资金来源之困，有以下几点对策建议：

（一）健全中央和地方财权和事权相匹配的财政体制

健全中央和地方财权和事权相匹配的财政体制，前提是转变政府职能，合理界定政府与市场、政府与社会的关系。在未来城镇化的建设过程中，能市场化的尽可能市场化，能社会投资的尽可能社会投资，最后由政府进行总量宏观调控。匹配中央和地方、省、市县各级政府的财权、事权，适度加强中央事权和支出责任，减少委托事务。同时，通过转移支付等手段调节上下级政府、不同地区之间的财力分配，补足地方政府履行事权存在的财力缺口。鉴于新型城镇化建设所涉市政、道路等区域型公共服务，均属地方政府基本事权，需要大量财政支出。事权和财权匹配有助于解决地方财政困难，化解地方债务风险。

（二）建立新型城镇化建设的多元化融资机制

进一步完善政府引导、市场运作的多元化投融资体制，鼓励外资和社会资本投资市政公用事业。积极争取国家政策性银行、商业性银行和国际金融组织贷款，吸引社会资本全面参与城市基础设施领域。探索建立透明规范的城市建设投融资机制，允许地方政府通过发债等多种方式拓宽城市建设融资渠道。具体来说，湖南建立新型城镇化可持续多元化融资机制可以从四方面着手：

1.发行市政债券筹一块。市政债券是缓解地方政府公共设施建设资金不足、改善地方财政状况、推进一个地方债券市场健康发展的重要工具。发行市政债券筹一块，就是要创造条件，在完善法律法规和健全地方政府债务管理制度基础上，建立健全地方债券发行管理制度和评级制度，适度扩大地方政府发行市政债券的规模和范围，拓宽城市建设融资渠道。党的十八届三中全会通过的《决定》明确提出"建立透明规范的城市建设投融资机制，允许地方政府通过发债等多种方式拓宽城市建设融资渠道"，中央首次把允许地方政府发行市政债券写入中央文件，对降低地方融资成本、提高融资效率是一个利好消息。参照中央出台的有关规范地方政府发行市政债券指导性政策，各地应尽快研究细化市政债券发行的主体、发行的范围、管理主体、管理意见，研究市政债券发行代理机构的选择，研究市政债券发行期限、利率结构、合理规模，研究市政债券评级办法及评级机构，进一步完善债券市场发行机制、市场约束机制、风险分担机制、债务偿还机制，创造条件，适度扩大地方政府发行市政建设债券的范围，提高准经营性建设项目直接融资规模和比例，让市政债券成为城镇基础设施建设资金的主要来源，改变长期以来依靠财政资金投入的不可持续的建设方式。

2. 政府财政投入带一块。政府财政投入带一块，就是强化放大效应，发挥财政投资的杠杆功能，带动社会资金投资建设城镇基础设施。在城镇基础设施建设中，政府的财政投入仍起着主导作用。纵观美国、英国、法国、日本等发达国家，其城镇基础设施建设快速发展主要得益于政府的财政投入。在我国也不例外，推进新型中国城镇化进程，改善城镇基础设施，还必须加大政府财政投入，发挥财政投资的带动效应。由于城镇基础设施项目中有很大一部分是具有较高社会效益和一定经济效益的准公共项目，对这类项目社会资金往往还不愿或不敢单独进入，仍然需要政府投资给予支持。要通过政府的先期投资、财政补助、资本金注入、信贷贴息、偿还应急债务等手段，弥补建设项目现金流量不足与还贷能力的缺陷，从而以较少的财政资金，撬动社会资金更大规模投入，达到"四两拨千斤"的投融资放大效应。

3. 放宽市场准入引一块。放宽市场准入引一块，就是降低市场准入条件，鼓励和引导社会资本参与市政设施投资和运营。这是今后解决城镇化建设发展资金来源的主要方向。进一步理顺市政公用产品和服务价格形成机制，降低社会资本进入城镇建设领域的门槛，放宽市场准入条件，完善监管方式，尽快研究制定非公有制企业进入特许经营领域的办法，鼓励和引导企业资金、社会资本和民间资金参与市政设施投资和运营。要按照"谁投资、谁建设，谁经营、谁管理，谁受益、谁承担风险"的原则，大力推进市政公用事业特许经营，把诸如广告设置、出租车营运、公交车营运等特许权，把城镇中的各种有形、无形资产和一切生产要素，大胆地推向市场。要加快探索并建立公共私营合作制模式的融资新机制（PPP），把PPP模式提高到支持新型城镇化建设及转变政府职能的高度，加大试点和推广的力度。政府部门通过与私人部门建立伙伴关系提供公共产品或服务这种方式，有利于转换政府职能，减轻财政负担；有利于政府对投资方向、投资项目的主导性得到保障；有利于促进投资主体多元化；有利于发挥政府公共部门和私人部门各自优势，利润共享、风险共担。因此，有关部门应抓紧制定法律法规，在法律层面上明确政府与企业部门的角色，对政府部门和私人部门在项目中需要承担的责任、义务和风险进行明确界定，认真研究合理PPP公共品定调价机制、微利PPP项目利益补偿机制、PPP项目风险分担和控制机制和公共服务的监管及绩效评价体系。总之，只要有利于城镇建设和发展，无论何种方式，都应该大胆尝试和探索，建立以城建城、以城养城的市场运作机制。

4. 深化金融改革贷一块。深化金融改革贷一块，就是创新金融产品和服务，为城镇基础设施建设提供金融资金支持。城镇基础设施都是一些无利和微利项目，商业效益差，但社会效益好，需要政策性金融机构提供成本低、期限长的的融资服务，不能都靠商业银行短期贷款。三中全会《决定》提出的"加快研究建立城市基础设施、住宅政策性金融机构"这项新举措，可以说，中央重视、地方关注。中央推进政策性金融机构的改革，建立城市基础设施、住宅政策性金融机构，将为各地城市基础设施和住房建设提供规范透明、成本合理、期限匹配的融资服务，各地应及时关注中央政策性金融机构改革的政策动向，积极对接、主动争取金融部门的支持。

三、深化规划建设管理体制改革

新型城镇化规划体系涵盖不同部门、不同区域、不同形式的规划，如国民经济与社会发展规划、主体功能区规划、区域发展规划、土地利用总体规划、城乡规划、城市总体规划以及人口、产业、城建、环境、科技与创新等规划形式。各种文本在同一空间就同一事务往往存在较多重复的规划，部分内容甚至相互冲突。相关规划"体系紊乱、数量过多、定位模糊、可评价性差"等问题直接影响新型城镇化的协同推进。"十二五"规划中指出规划是城市发展建设的总纲，科学的规划，要做到以人为本，把人口规划、产业规划、空间规划、土地利用规划和城市文化遗产规划进行有效整合，实现"五规合一"，才能实现"区域全覆盖，城乡一张图"的构想。以人口规划为基础、以产业规划为核心、以空间规划为引导、以文化遗产保护规划为重点、以土地利用规划为保障。在推进新型城镇化过程中，要不断深化规划建设管理体制改革，探寻各种规划达成协调的方法。

（一）区域发展战略是规划协调的战略基础

新世纪以后，我国开始明确实施区域协调发展战略：西部大开发、东北振兴、中部崛起、东部率先发展。一系列区域发展重大决策进一步增强了区域发展的协调性，经济增长正从主要依靠东部地区"单级推动"向各大区域"多级推动"迈进。目前，仅国务院发布的区域发展规划就多达20多部，这些规划是新型城镇化规划体系协调的战略指引。湖南省近些年来，相继出台了长株潭区域一体化、环长株潭城市群、大湘南承接产业转移和湘西扶贫开发等发展战略，旨在引导不同地区发挥比较优势，促进生产要素合理流动，推进区域良性互动、协同发展，是湖南省新型城镇化规划的战略基础。

（二）全面深化改革是规划协调的制度保障

不同部门、区域存在利益取向冲突是区域协调发展的现实依据。十八届二中全会通过了《国务院机构改革方案》，强调行政体制改革是推动上层建筑适应经济基础的必然要求。方案要求深入研究全面深化体制改革的顶层设计和总体规划，把经济、政治、文化、社会、生态等方面的体制改革有机结合起来，把理论创新、制度创新、科技创新、文化创新以及其他各方面创新有机衔接起来，构建系统完备、科学规范、运行有效的制度体系。要求深入推进政企分开、政资分开、政事分开、政社分开，健全部门职责体系，处理好政府和市场、政府和社会、中央和地方的关系。以职能转变为核心，继续简政放权、推进机构改革、完善制度机制、提高行政效能，稳步推进大部门制改革。新型城镇化规划要整合土地、住房、户籍、财税、地方投融资体制改革，从源头减少部门、区域的潜在冲突，为部际联席会议、省部会商、区域会商共同制定、执行和落实相关规划提供制度保障。

（三）主体功能区划是规划协调的基本前提

按照主体功能区划要求，规范开发秩序，控制开发强度，形成高效、协调、可持续的国土空间开发格局。对不同主体功能区进行分类管理，完善区域协调机制和绩效考核办法，完善法律法规、政策和规划体系，提高协调发展水平。（1）优化开发区走集约化城镇发展模式。对人口密集、开发强度偏高、资源环境负荷过重的城市化地区，推动产业结构升级、基础设施共享、提高用地效率。（2）重点开发区走工业化城镇发展模式。对资源环境承载能力较强、集聚人口和经济条件较好的城市化地区，给予人口、土地、产业发展等方面优惠支持，促进产业、人口集聚，加快工业化步伐。（3）限制开发区走异地化城镇发展模式。对影响全局生态安全的重点生态功能区要限制大规模、高强度的工业化开发，农业功能区域鼓励农民外出安居乐业，适度开展新型乡镇及中心村社区建设；生态功能区域鼓励生态移民和生态补偿，适度推进生态旅游开发。（4）禁止开发区走原生态乡村发展模式。依法设立的各级各类自然文化资源保护区和其他需要特殊保护的区域要禁止开发，严格实施生态移民和生态补偿。

（四）科学制定规划是规划协调的规范依据

2000年中国城镇化率是36.22%，至2012年已提高至52.57%。过去

12年城镇化率平均每年提高1.36个百分点，近5年更是高达1.53个百分点，各地城市规划频繁修编，越调越大，土地城镇化远快于人口城镇化，就业和基本公共服务严重滞后，导致城市无序扩张、耕地过度流失、农村严重空心化、失地农民持续增多等突出问题。无论是农民进城就业或留村居住，还是农村产业发展、环境保护和基本公共服务，都缺乏统一的规划引导及管控机制，城乡差距持续拉大。"十二五"规划提出要以大城市为依托，以中小城市为重点，逐步形成辐射作用大的城市群，促进大中小城市和小城镇协调发展。十八大报告进一步要求把"城乡发展一体化"作为解决"三农"问题的根本途径。科学制定新型城镇化规划及相关规划，重点是明确城乡的功能定位和产业布局，推进基础设施和基本公共服务一体化发展，走利益兼顾的协调发展之路。

（五）严格执行规划是规划协调的中心任务

在高速城镇化进程中，规划编制和实施多变，很容易受到长官意志影响。一些城市领导在需要迅速扩大城市规模、占用更多土地时，要求城市规划调高人口、用地规模，而在制定产业、社会保障和基本公共服务规划时，以户籍、就业、福利等为门槛抑制农民工、失地农民进城。农民的发展意愿和农业、农村发展在城乡规划中被长期忽视。各地在编制实施经济社会发展规划、主体功能区以及土地利用规划、城镇体系规划和城乡总体规划时，就要做好新型城镇化的"顶层设计"，合理限定城市边界，严格控制城镇用地，优化城乡人口、产业结构，严格执行新型城镇化规划及相关规划，缩小区域和城乡之间人均GDP、人均收入、资源配置和基本公共服务差距，促进人口城镇化、就业城镇化与土地城镇化协同推进。

四、构建"两型"城镇化推进机制

建设两型城镇是我国解决资源和环境双重压力的内在要求，也是促进经济与生态协调发展的有效举措。构建两型城镇化建设推进机制就是试图将两型社会、生态文明理念和原则全面融入城镇化全过程，走集约、智能、绿色、低碳的新型城镇化道路。

（一）构建资源节约型城镇化推进机制

推进水价改革，健全城市居民生活用水阶梯价格制度和非居民用水累进加价制度，实行分质供水，制定鼓励生产和使用再生水的价格和财税政策，探索完善水权制度、建立水权交易市场；推进电价改革，稳妥扩大居民用电阶梯价格制度实施范围，进一步加大实行惩罚性电价政策的力度，制定鼓励可再生能源发电、垃圾焚烧发电和填埋气体发电的价格及收费政策；建立能源消费总量控制制度，推动形成节能管理、服务和督察制度；探索建立绿色建筑、可再生能源建筑应用的推广机制；探索完善绿色消费促进机制，加大节能家电、新能源汽车的推广力度。

（二）构建城乡环境保护和治理机制

健全排污权有偿使用和交易制度，完善初始排污权分配和管理制度，加快形成能够反映环境容量和环境影响程度的排污权指标交易价格体系；建立重度污染区域产业整体退出机制，探索对重度污染区产业整体退出给予用地保障、税费返还、职工安置等政策支持；建立湘江流域环境治理支持机制，探索发行湘江流域治理债券，筹措治理资金，制定湘江流域重金属污染防治关键技术研发和转化应用支持政策；完善重点流域和区域的生态补偿机制，探索建立跨市河流生态补偿、生态环境资源补偿、污染损害赔偿等制度；开展环境经济政策试点，探索开展节能量交易、碳交易试点，率先开展区域性环境资源交易平台试点。

（三）构建财税支持两型城镇化机制

探索对企业节能环保技改投资实施税收抵减优惠政策；争取尽快开展征收环境保护税试点；探索进行资源税改革，适当提高资源税税负，完善计征方式；争取尽快设立财政支持"两型社会"建设的专项资金。

（四）构建协调发展的绿色产业体系

产业结构状况是衡量区域经济发展水平的内在标志，也是城镇化可持续发展的内在动力。产业结构调整，要按照生态经济原理和知识经济规律，把环境作为发展和建设的基本要素，以"科技先导、资源节约、清洁生产、生态保护、循环发展"为宗旨，以生态重建为突破口，以发展循环经济为基本途径，构造起运行高效、协调发展的产业结构，使多个生产体系或环节之间，能够通过系统的耦合和资源的多级利用，实现高效的产出和资源的持续利用。着力推进绿色发展、循环发展、低碳发展，构建现代工业、现代农业、现代服务业全方位的绿色产业体系，实现"扩总量、上水平"与"转方式、调结构"的有机统一。在工业方面，积极发展集约节约文明工业体系，通过实施传统产业改造提升工程，继续实施重大项目带动战略，促进产业集群发展；在农业方面，发展特色优势生态农业体系，积极运用现代科技改造农业、现代手段装备农业、现代经营形式发展农业，打造绿色有机生态农牧产品品牌；在服务业方面，发展高效环保服务业体系，按照"注重特色、差异发展、强化功能、突出重点、协调发展"的原则，加快推进具有地域特色、民族特色的服务产业发展，做到城乡经济社会发展齐头、科学发展。

五、加快相关配套制度改革进度

目前，全国有数以亿计的农民（湖南约 700 万）虽然居住在城镇，但并不能同等享受城市的各类公共服务，在劳动就业、子女教育、社会保障、住房等许多方面不能与城市居民享有同等待遇，不能真正融入城市社会。究其根本原因，自建国以来长期形成的户籍、土地、社会保障等体制机制障碍，是制约城镇化深入推进，特别是推进深度的、完全城镇化的重要因素。虽然改革开放以后，在这些方面，我国推行许多改革和创新，调整了一系列的制度规定，但要想实现"以人为本"的城镇化，真正确保每个公民都享有公平的权利和义务，受到公正的对待，必须加快在体制上的改革步伐，加大创新力度，破除阻碍城镇化的制度障碍。城镇化是一系列公共政策的集合，也期待着配套的改革突破。我国过去 30 多年城镇化的快速发展与体制创新改革密不可分，存在的矛盾和问题也与体制机制的不完善直接相关。今后一段时期推进新型城镇化健康发展，必须把深化改革特别是体制改革放在十分突出的位置，加大难题的破解。

（一）统筹推进户籍制度改革

2013 年 6 月 26 日，在第十二届全国人大常委会第三次会议上，国家发改委主任徐绍史作了《国务院关于城镇化建设工作情况的报告》。报告中称，我国将全面放开小城镇和小城市落户限制，有序放开中等城市落户限制，逐步放宽大城市落户条件，合理设定特大城市落户条件，逐步把符合条件的农业转移人口转为城镇居民。这是首次明确提出各类城市具体的户籍制度改革路径。湖南推进新型城镇化进程，深化户籍制度改革，必须以城乡一体化、迁徙自由化为目标和方向，在中央的统一规划下，加快剥离户口所附着的福利功能，恢复户籍制度的本真功能，同时改革嵌入户籍制度之中的其他二元制度，分类整体推进。首先要剥离户籍制度的福利分配功能，恢复其本身的管理功能。要打破城乡分割的农业、非农业二元户口管理结构，建立城乡统一的户口制度。特大城市和大城市要合理控制人口无体量。其次要建立健全深化户籍制度改革的配套制度。这也是户籍制度改革的难点所在。要继续弱化直至最后消解城市户口的附加利益，必须同时解决土地制度、劳动就业制度、社会保障制度等的配套改革问题。再次要改革公共财政体制，为户籍制度改革提供必要的财政基础。要进一步完善分税制财政体制改革，确保地方财政有稳定可靠的税源，推动市民化的财力支持，调整城镇财政支出结构，户口登记与财政待遇相结合，以财政管理促进户口管理。

（二）深化土地管理制度改革

1. 规范城乡土地市场，形成有序的用地市场体系。随着我国城镇化的不断发展，规范城乡土地市场的迫切性日益显现。而实现城乡土地的规范化，关键在于如何建立城乡统一的建设用地市场。毋庸置疑，农村建设用地的社会资产价值日益呈现，这就更加强调规范农村集体用地交易行为的重要性，也是当前农村土地制度改革的重要方向。在城乡土地市场规范统一化的背景下，有助于形成有序的用地市场体系，并极大地挖掘了农村集体建设用地的价值。在新型城镇化发展的重要时期，应大力推进城乡用地的结构及布局调整，切实做好城乡建设用地规范化的统一市场体系。依据相关的规定及发展需求，应确保国有土地与农村集体建设用地具有同等地位，也就是具有同等权和价。

在大力推进城乡统一的建设用地市场的过程中，应确实提高土地的利用率，特别是对于农村闲置土地的有效利用，具有十分重要的意义。对于农村建设用地中的经营性部分，应加大引导推进，促使其更好地步入到市场中去。同时，要切实强化农村建设用地使用的制度改革，并逐步形成良好机制，以反映市场供求关系中的土地价格。当然，在此过程中，应充分利用好市场的作用，尤其是市场配置土地的重要作用。

2. 农民与城市居民具有同等的住房权益，允许农村宅基地具有自由使用、转让等权利。在新型城镇化发展的背景下，不仅加大土地制度的改革创新，其关键一点在于如何让农民与城市居民具有同等的住房权益。当前，农民的诸多行为，如住房的抵押、买卖、出租等，从根本上是无碍于农村集体土地权的本质。并且，农民通过宅基地的有效流转，可以获取收益，对于农民自身而言是有利的。所以，在新型城镇化的发展进程中，应放开束缚的手，允许农村宅基地具有流转权，如自由使用、转让和抵押、出租等，这样，有助于其进入市场，提高农村集体建设用地的经济效益，提高农民的土地收入。当前，在征地的过程中，征地的范围和过程存在不透明性，这就透露出当前农村征地制度的不合理性，在很大程度上损害了农民的合法权益。同时，在征地补偿上缺乏统一的分配标准，致使征地补偿纠纷十分普遍，不仅不利于农村权益的保障，而且阻碍了新型城镇化发展。所以，在当前这样的发展形势下，应注重农民权益的维护，让农民与城市居民具有同等的住房权益，具有自由使用、转让、出租等权利。

3. 坚持依托农民深化农地改革，让农民自由推进城镇化。推进新型城镇化的过程中，农地改革是关键，而农地改革的主体是农民。所以，在推进农地改革中,应坚持依托农民,这将更具改革的活力。深化农村土地改革,应始终依靠农民,这不仅有助于强化改革的不断推进,而且提高了改革效率,维护了农民的切身利益。当前,提倡让农民自由推进城镇化,是指乡镇集体用地在符合相关规划的基础上,可以避开土地征用,而是直接在集体的作用下,推进城市化建设。这样一来,整个建设过程中,农民的生产方式发生了转变,而且让农民共享了城镇化发展的成果。新型城镇化建设的农民力量不可或缺,这就需要我们的政府相信农民,有能力、有信心进行自主城镇化。其实,农村在城镇化的进程中,可以在集体土地所有制不变的条件下,由农民组织推进完成。与此同时,城镇化中农民权益的保障是关键,而依托农民自主型城镇化,不仅可以确保农民集体土地的合法权益,而且有助于推进城镇化的建设进程,让广大的农民共享城镇化发展的成果。当然,自主型城镇化的发展模式,也让政府财政压力有所减轻,但绝非是农民一方的事情,政府也应加强管理引导以及资金投入。只有这样,充分利用好各方力量,尊重城镇化发展的主体,方可推进新型城镇化的不断发展。

(三)完善社会保障制度改革

在推进新型城镇化过程中,为实现党的十八大报告提出的"全覆盖、保基本、多层次、可持续"的社会保障工作方针,实现进城务工人员享有基本社会保障,着力缩小城乡差距和地区差距,促进人力资源合理流动,建议:一要加快推进社会保险法制化建设。《社会保险法》已颁布实施几年了,但相关的配套政策还没有跟上,导致《社会保险法》中的很多条款无法落实,群众反应十分强烈,如群众翘首期盼的病残津贴制度等,应从国家层面尽快出台相关的配套法规,同时建议加快研究制定《养老保险条例》和《医疗保险条例》等专项法律法规。二要逐步提高社会保险统筹层次,尽快实现全国性的顺畅转移接续。现阶段,社会保险只有实现了全国统筹才能真正实现全民社保的目标,这需要从国家层面进行顶层设计,尽快建立统收统支的全国统筹,通过统一政策,统一基金,统一信息,实现社会保险关系和基金在全国范围的无障碍转移接续，以适应城镇化所带来的人口转移流动。三要逐步提高社会保险保障水平，建立健全正常的待遇调整机制。建议根据经济发展情况和物价涨幅水平综合确定企业退休人员养老金涨幅，确保退休人员生活水平稳步提高。在提高社保待遇整体水平的同时，要合理界定各类群体的待遇差距，发挥社会保障调节社会分配的功能，逐步形成各类人员社会保险待遇的合理关系。四要加大财政对社保事业的投入，引入市场机制实现社保基金的保值增值。调整各级财政支出结构，用于社保的支出比例应逐年大幅提高；建议加快建立社保基金投资运营制度，实现基金的保值增值；进一步加大对中西部欠发达地区的社保转移支付力度；对金保工程实施国家立项，由中央财政匹配项目资金，建立起全国互通互联的信息网络平台；加快推行社会保障卡，力争早日实现全国社保一卡通。

（四）完善住房保障制度改革

要以解决城镇低收入群体和农民工保障性住房为重点，完善住房保障制度体系。一要坚持市场供应为主，加大保障性住房供给，建立覆盖不同收入群体的城镇住房多元化供应体系。二要完善住房保障体系，加大经济适用房和廉租房建设力度，大力发展公共租赁住房，增加对城镇中低收入群体的住房供给。三要将住房保障纳入公共财政体系，建立稳定的住房保障资金渠道。四要多渠道多形式改善农民工居住条件，逐步将符合条件的农民工纳入城镇住房保障体系。

结　语

一、全面推进新型城镇化势在必行

传统城镇化的历史性弊端日益显现，而经济社会进一步发展的资源制约也愈来愈显著，迫使我们必须按照科学发展观的要求，做出科学可行的选择，放弃传统城镇化的老路，全面推进新型城镇化进程。中国和湖南省的城镇化涉及人口规模空前，只有走资源节约的新型城镇化道路，才有可能在全面推进城镇化的同时，不至于导致资源供应出现过大的缺口。另外，在我们进入人均 GDP3000 美元的资本相对充裕期以后，我们也已经有能力进一步改善城乡二元结构，促进农村地区加快发展。所以，推进新型城镇化是政治、经济、社会的需要，是国家长治久安的需要，也是扩大内需改善国民经济发展结构的需要。

二、正确认识新型城镇化的内涵

新型城镇化内涵十分丰富，概括而言，新型城镇化是以科学发展观为指导，以人的全面发展为目的的城镇化；新型城镇化是民生得到保障和改善、人民幸福指数不断上升、能够安居乐业的城镇化；新型城镇化是遵循客观规律，全面、协调、可持续发展的城镇化；新型城镇化是以工业化、信息化和农业现代化协调发展的城镇化。新型城镇化的内生动力来源于城镇化与工业化、信息化、农业现代化的同步发展，外生动力则来源于市场调节和政府调控的有机结合；主体发展形态是城市群；主要特征表现为经济高效、社会和谐、人民幸福、生态文明、城乡一体和区域协调。

三、湖南加快推进新型城镇化具有典型意义

湖南处于中国东部沿海地区和中西部地区过渡带、长江开放经济带和沿海开放经济带结合部的"一带一部"区域，是全国的典型代表，整体上具备多方面的代表性，如人口总量大、农村人口比例高、人均资源不足、人均经济指标偏低、经济发展质量不高等。站在时代发展的新起点，按照科学发展观的总要求，突出资源节约和城乡和谐发展的历史主题，全面推进新型城镇化进程，在战略与战术层面摸索科学可行的具体路子，对全国推动城镇化进程具有十分典型的示范意义。只要在湖南这样农业大省能够试验成功的新型城镇化方式方法和经验，在全国推广应用的可行性就比较好。

四、湖南省在推进新型城镇化发展中做了有益的实践探索

新型城镇化是新"四化"的载体，新型城镇化的实现，必须以科学发展观为引领，因地制宜、统筹兼顾，保护生态、集约发展，探索不以牺牲农业和粮食安全、生态和环境为代价的，新型工业化、新型城镇化、农业现代化和信息化融合发展的新模式，努力形成资源节约、环境友好、经济高效、文化繁荣、社会和谐的城乡全面健康协调可持续发展的新格局。

五、新型城镇化进程中需要重点推进七方面工作

从发展进程看，2006 年开始，我国部分地区才开始全面探索新型城镇化道路，积累的实际经验还非常有限，形成的思想成果更少。从湖南省发

展需要分析，人口转移压力特别大，钱从哪里来？人往哪里去？民生怎么办？这些难题破解均需要一个艰苦探索的过程。加上资源节约、城乡和谐方面需要研究和摸索的实际问题也非常多。所以，在坚定信念走新型城镇化道路的同时，要科学求实地探索新型城镇化道路上一系列难题，不能随意冒进，求真，求实，求效，真正造福人民。湖南省加快推进湖南新型城镇化建设的主要任务和工作重点包括：推进农业转移人口市民化、推进城镇布局和形态优化、推进城镇化建设两型化、推动城乡发展一体化、提升城镇化产业支撑力、提高政府管理和服务效能、完善基础设施提升城镇承载力。

六、体制机制创新是推进新型城镇化的重要动力

当前,湖南省推动新型城镇化的过程中,体制问题仍然是比较大的障碍。加快推进湖南新型城镇化要充分发挥优势，利用有利机遇，用改革来化解劣势和挑战带来的矛盾，因地施策、分类指导、精细管理，推进城镇行政管理体制改革，创新城镇建设和社会发展资金筹措机制，推进户籍、土地、社保等配套制度改革，建立两型城镇建设促进机制，深化规划建设管理体制改革创新。

总之，加快推进新型城镇化进程，提高城镇发展水平，是一项艰巨而复杂的历史任务，也是一项需要不断深入研究和探索创新的重大课题。我们必须进一步统一思想、抓住机遇，开拓创新、真抓实干，为推进城镇化更好更快发展，为国民经济持续健康发展增添强大动力。城市让生活更美好。新型城镇化建设，一头连着发展，一头紧系民生，是全面小康社会建设的有力"推进器"。可以相信，随着湖南省新型城镇化建设的不断推进，湖南省经济社会发展的巨大潜力将得到充分释放，更多的三湘人民将在城市文明的沐浴下过上更加幸福美满的生活！

主要参考文献

[1] 李克强. 协调推进城镇化是实现现代化的重大战略选择 [J]. 行政管理改革，2012（11）.

[2] 厉以宁. 关于中国城镇化的一些问题 [J]. 当代财经，2011（1）.

[3] 辜胜阻等. 中国特色城镇化道路研究 [J]. 中国人口资源与环境，2009（1）.

[4] 仇保兴. 中国的新型城镇化之路 [J]. 中国发展观察，2010（4）.

[5] 陈锡文. 中国城镇化进程与新农村建设须并行不悖 [J]. 农村工作通讯，2011（14）.

[6] 马庆栋. 关于推进河北省城镇化进程的战略思考 [J]. 商业时代，2011（25）.

[7] 汪阳红. 农民工市民化过程中的土地问题研究 [J]. 宏观经济管理，2011（5）.

[8] 汤云龙. 农民工市民化：现实困境与权益实现 [J]. 上海财经大学学报，2011（5）.

[9] 黄祖辉. 户籍改革谨防流于表面 [J]. 农村经营管理，2011（6）.

[10] 蓝枫等. 科学推进城镇化进程着力提升发展质量和水平 [J]. 城乡建设，2010（9）.

[11] 简新华. 新生代农民工融入城市的障碍与对策 [J]. 求是学刊，2011（1）.

[12] 张通. 用战略思维推进新型城镇化建设 [N]. 学习时报，2014-05-13.

[13] 田静. 新型城镇化评价指标体系构建 [J]. 四川建筑，2012（4）.

[14] 陈淦璋，胡信松. 城镇化的"湖南梦想"——我省加速推进新型城镇化综述 [N]. 湖南日报，2013-05-23.

[15] 张占斌. 我国新发展阶段的城镇化建设 [J]. 经济研究参考，2013（1）.

[16] 李克强. 在中国工会第十六次全国代表大会上的经济形势报告 [N]. 工人日报，2013-11-4.

[17] 蔡昉. 如何转向全要素生产率驱动型 [J]. 中国社会科学，2013（1）.

[18] 郑秉文. 转型发展中警惕中等收入陷阱 [J]. 杭州，2012（8）.

[19] 杨晶. 努力推动经济转型升级 [J]. 行政管理改革，2013（9）.

[20] 简新华等. 中国城镇化的质量问题和健康发展 [J]. 当代财经，2013（9）.

[21] 张占斌. 新型城镇化的战略意义和改革难题 [J]. 国家行政学院学报，2013（1）.

[22] 张占斌. 新型城镇化"新"在哪里 [A]. 张占斌、黄锟. 以人为本的新型城镇化建设 [C]. 北京：国家行政学院出版社，2013.

[23] 中共中央关于深化改革若干重大问题的决定 [Z]. 北京：人民出版社，2013.

[24] 刘世锦. 中国经济进入增长阶段转换期 [N]. 中国经济时报，2013-3-24.

[25] 张占斌. 努力打造中国经济升级版 [J]. 前线，2013（6）.

[26] 张占斌. 城镇化红利潜能究竟有多大 [J]. 人民论坛，2013（3）上.

[27]Ray M. Northam. Urban Geography [M].New York：John Wiley & Sons,

1975.

[28] 周加来. "城市病"的界定、规律与防治 [J]. 中国城市经济, 2004（2）.

[29] 王小双. 湖南新型城镇化 SWOT 分析及对策研究 [J]. 湖湘论坛, 2014（1）.

[30] 罗波阳, 罗黎平. 促进湖南新型工业化与城镇化协调发展的对策建议 [J]. 经济研究参考, 2008（55）.

[31] 周少华. 湖南新型工业化面临的几个主要问题 [J]. 湖湘论坛, 2008（4）.

[32] 李明秋, 郎学彬. 城市化质量的内涵及其评价指标体系的构建 [J]. 中国软科学, 2010（12）.

[33] 段禄峰, 张沛. 我国城镇化与工业化协调发展问题研究 [J]. 城市发展研究, 2009（7）.

[34] 万劲波. 新型城镇化规划体系协调任重道远 [N]. 中国科学报, 2013-04-08.

[35] 朱有志, 童中贤等. 长株潭城市群重构 "两型社会" 视域中的城市群发展模式 [M]. 北京：社会科学文献出版社, 2008.

[36] 张萍, 史永铭等. 长株潭城市群发展报告（2011）[M]. 北京：社会科学文献出版社, 2011.

[37] 来亚红. 长株潭城市群 "两型社会" 综合改革试验区刍议. 湖南行政学院学报, 2008（2）.

[38] 朱有志. 论 "两型社会" 综改区城乡统筹中的机制创新 [J]. 湖南社会科学, 2008（9）.

[39] 刘艳文, 曾群华. 湖南省 2012～2013 年城镇化发展形势分析与展望 [M]// 中国中部地区发展报告（2013）——新型城镇化与中部崛起. 北京：社会科学文献出版社, 2013.

[40] 许泽群, 龚志. 新型城镇化的沅江样本 [N]. 中国经济时报, 2014-01-14.

[41] 李文峰，周怀立. 攸县推进新型城镇化手笔之一·大城梦想开启篇 [N]. 湖南日报，2013-10-31.

[42] 林喜洋. 以城镇化建设加快耒阳率先全面建成小康社会步伐 [J].《衡阳通讯》，2013（2）.

[43] 王新国. 推进龙山来凤经济协作示范区一体化 [J]. 政策，2013（4）.

[44] 李良俊. 把握工作着力点 推进新型城市化——关于推进新型城市化进程的探索和思考 [N]. 攸县公众信息网（www.hnyx.gov.cn），2011-11-10.

[45] 余勋伟. 新型城镇化实践的浏阳探索 [J]. 中国投资，2014（3）.

[46] 黄标. 推进新型城市化建设 打造边区明星城市 [N]. 红网 http：//www.sina.com.cn，2011-4-21.

[47] 张剑飞. 在全省新型城市化工作会议上的发言. 2008-8-22.

[48] 徐林，曹红华. 从测度到引导：新型城镇化的"星系"模型及其评价体系 [J]. 公共管理学报，2014（1）.

[49] 杨长明. 论中国特色新型城镇化发展的体制机制 [J]. 城市观察，2014（1）.

[50] 杨义武，方大春. 中国走新型城镇化道路的 SWOT 分析及路径选择 [J]. 江西科技学院学报，2013（12）.

[51] 吴江，王斌，申丽娟. 中国新型城镇化进程中的地方政府行为研究 [J]. 中国行政管理，2009（3）.

[52] 张通. 用战略思维推进新型城镇化建设 [N]. 学习时报，2014-04-21.

[53] 宋林飞. 新型城镇化的几点思考 [J]. 观察与思考，2014（1）.

[54] 倪鹏飞. 新型城镇化的基本模式、具体路径与推进对策 [J]. 江海学刊，2013（1）.

[55] 吴殿廷，赵林，高文姬. 新型城镇化的本质特征及其评价 [J]. 北华大学学报（社会科学版），2013（12）.

[56] 郑风田，普蕡喆 . 新型城镇化 : 制度桎梏与破局路径 [J]. 学术前沿，2014（03 下）.

[57] 易鹏 . 中国新路——新型城镇化路径 [M]. 西南财经大学出版社，2014.

[58] 李从军 . 中国新城镇化战略 [M]. 新华出版社，2013.

[59] 新玉言 . 新型城镇化——理论发展与前景透析 [M]. 国家行政学院出版社，2013.

[60] 新玉言 . 新型城镇化——模式分析与实践路径 [M]. 国家行政学院出版社，2013.

国家新型城镇化规划（2014～2020年）

目 录

国家新型城镇化规划（2014～2020年），根据中国共产党第十八次全国代表大会报告、《中共中央关于全面深化改革若干重大问题的决定》、中央城镇化工作会议精神、《中华人民共和国国民经济和社会发展第十二个五年规划纲要》和《全国主体功能区规划》编制，按照走中国特色新型城镇化道路、全面提高城镇化质量的新要求，明确未来城镇化的发展路径、主要目标和战略任务，统筹相关领域制度和政策创新，是指导全国城镇化健康发展的宏观性、战略性、基础性规划。

第一篇　规划背景

我国已进入全面建成小康社会的决定性阶段，正处于经济转型升级、加快推进社会主义现代化的重要时期，也处于城镇化深入发展的关键时期，必须深刻认识城镇化对经济社会发展的重大意义，牢牢把握城镇化蕴含的巨大机遇，准确研判城镇化发展的新趋势新特点，妥善应对城镇化面临的风险挑战。

第一章　重大意义

城镇化是伴随工业化发展，非农产业在城镇集聚、农村人口向城镇集中的自然历史过程，是人类社会发展的客观趋势，是国家现代化的重要标志。按照建设中国特色社会主义五位一体总体布局，顺应发展规律，因势利导，趋利避害，积极稳妥扎实有序推进城镇化，对全面建成小康社会、加快社会主义现代化建设进程、实现中华民族伟大复兴的中国梦，具有重大现实意义和深远历史意义。

——城镇化是现代化的必由之路。工业革命以来的经济社会发展史表明，一国要成功实现现代化，在工业化发展的同时，必须注重城镇化发展。当今中国，城镇化与工业化、信息化和农业现代化同步发展，是现代化建设的核心内容，彼此相辅相成。工业化处于主导地位，是发展的动力；农业现代化是重要基础，是发展的根基；信息化具有后发优势，为发展注入新的活力；城镇化是载体和平台，承载工业化和信息化发展空间，带动农业现代化加快发展，发挥着不可替代的融合作用。

——城镇化是保持经济持续健康发展的强大引擎。内需是我国经济发展的根本动力，扩大内需的最大潜力在于城镇化。目前我国常住人口城镇化率为53.7%，户籍人口城镇化率只有36%左右，不仅远低于发达国家80%的平均水平，也低于人均收入与我国相近的发展中国家60%的平均水平，还有较大的发展空间。城镇化水平持续提高，会使更多农民通过转移就业提高收入，通过转为市民享受更好的公共服务，从而使城镇消费群体不断扩大、消费结构不断升级、消费潜力不断释放，也会带来城市基础设施、公共服务设施和住宅建设等巨大投资需求，这将为经济发展提供持续的动力。

——城镇化是加快产业结构转型升级的重要抓手。产业结构转型升级是转变经济发展方式的战略任务，加快发展服务业是产业结构优化升级的主攻方向。目前我国服务业增加值占国内生产总值比重仅为46.1%，与发达国家74%的平均水平相距甚远，与中等收入国家53%的平均水平也有较大差距。城镇化与服务业发展密切相关，服务业是就业的最大容纳器。城镇化过程中的人口集聚、生活方式的变革、生活水平的提高，都会扩大生活性服务需求；生产要素的优化配置、三次产业的联动、社会分工的细化，也会扩大生产性服务需求。城镇化带来的创新要素集聚和知识传播扩散，有利于增强创新活力，驱动传统产业升级和新兴产业发展。

——城镇化是解决农业农村农民问题的重要途径。我国农村人口过多、农业水土资源紧缺，在城乡二元体制下，土地规模经营难以推行，传统生产方式难以改变，这是"三农"问题的根源。我国人均耕地仅0.1公顷，农户户均土地经营规模约0.6公顷，远远达不到农业规模化经营的门槛。城镇化总体上有利于集约节约利用土地，为发展现代农业腾出宝贵空间。随着农村人口逐步向城镇转移，农民人均资源占有量相应增加，可以促进农业生产规模化和机械化，提高农业现代化水平和农民生活水平。城镇经济实力提升，会进一步增强以工促农、以城带乡能力，加快农村经济社会发展。

——城镇化是推动区域协调发展的有力支撑。改革开放以来，我国东部沿海地区率先开放发展，形成了京津冀、长江三角洲、珠江三角洲等一批城市群，有力推动了东部地区快速发展，成为国民经济重要的增长极。但与此同时，中西部地区发展相对滞后，一个重要原因就是城镇化发展很不平衡，中西部城市发育明显不足。目前东部地区常住人口城镇化率达到

62.2%，而中部、西部地区分别只有 48.5%、44.8%。随着西部大开发和中部崛起战略的深入推进，东部沿海地区产业转移加快，在中西部资源环境承载能力较强地区，加快城镇化进程，培育形成新的增长极，有利于促进经济增长和市场空间由东向西、由南向北梯次拓展，推动人口经济布局更加合理、区域发展更加协调。

——城镇化是促进社会全面进步的必然要求。城镇化作为人类文明进步的产物，既能提高生产生活效率，又能富裕农民、造福人民，全面提升生活质量。随着城镇经济的繁荣，城镇功能的完善，公共服务水平和生态环境质量的提升，人们的物质生活会更加殷实充裕，精神生活会更加丰富多彩；随着城乡二元体制逐步破除，城市内部二元结构矛盾逐步化解，全体人民将共享现代文明成果。这既有利于维护社会公平正义、消除社会风险隐患，也有利于促进人的全面发展和社会和谐进步。

第二章 发展现状

改革开放以来，伴随着工业化进程加速，我国城镇化经历了一个起点低、速度快的发展过程。1978～2013 年，城镇常住人口从 1.7 亿人增加到 7.3 亿人，城镇化率从 17.9% 提升到 53.7%，年均提高 1.02 个百分点；城市数量从 193 个增加到 658 个，建制镇数量从 2173 个增加到 20113 个。京津冀、长江三角洲、珠江三角洲三大城市群，以 2.8% 的国土面积集聚了 18% 的人口，创造了 36% 的国内生产总值，成为带动我国经济快速增长和参与国际经济合作与竞争的主要平台。城市水、电、路、气、信息网络等基础设施显著改善，教育、医疗、文化体育、社会保障等公共服务水平明显提高，人均住宅、公园绿地面积大幅增加。城镇化的快速推进，吸纳了大量农村劳动力转移就业，提高了城乡生产要素配置效率，推动了国民经济持续快速发展，带来了社会结构深刻变革，促进了城乡居民生活水平全面提升，取得的成就举世瞩目。

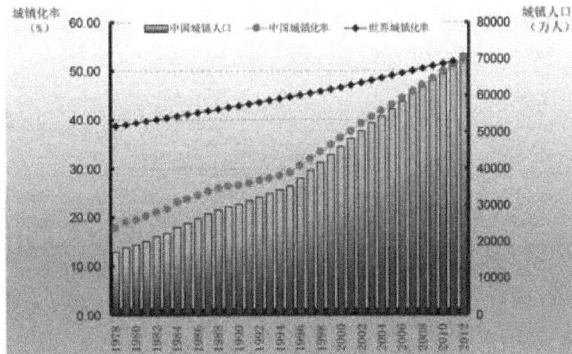

图1 城镇化水平变化

表1 城市（镇）数量和规模变化情况

	1978 年	2010 年
城市	193	658
1000 万以上人口城市	0	6
500 万—1000 万人口城市	2	10
300 万—500 万人口城市	2	21
100 万—300 万人口城市	25	103
50 万—100 万人口城市	35	138
50 万以下人口城市	129	1380
建制镇	2173	19410
注：2010 年数据根据第六次全国人口普查数据整理。		

表2 城市基础设施和服务设施变化情况

指标	2000 年	2012 年
用水普及率（%）	63.9	97.2
燃气普及率（%）	44.6	93.2
人均道路面积（平方米）	6.1	14.4
人均住宅建筑面积（平方米）	20.3	32.9
污水处理率（%）	34.3	87.3
人均公园绿地面积（平方米）	3.7	12.3
普通中学（所）	14473	17333
病床数（万张）	142.6	273.3

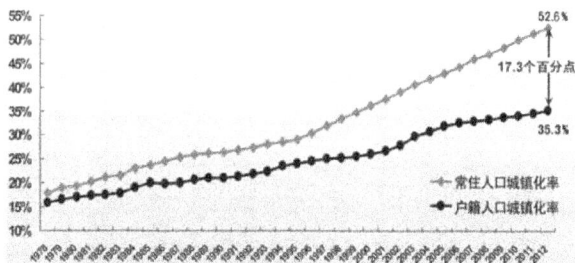

图2　常住人口城镇化率与户籍人口城镇化率的差距

在城镇化快速发展过程中，也存在一些必须高度重视并着力解决的突出矛盾和问题。

——大量农业转移人口难以融入城市社会，市民化进程滞后。目前农民工已成为我国产业工人的主体，受城乡分割的户籍制度影响，被统计为城镇人口的2.34亿农民工及其随迁家属，未能在教育、就业、医疗、养老、保障性住房等方面享受城镇居民的基本公共服务，产城融合不紧密，产业集聚与人口集聚不同步，城镇化滞后于工业化。城镇内部出现新的二元矛盾，农村留守儿童、妇女和老人问题日益凸显，给经济社会发展带来诸多风险隐患。

——"土地城镇化"快于人口城镇化，建设用地粗放低效。一些城市"摊大饼"式扩张，过分追求宽马路、大广场，新城新区、开发区和工业园区占地过大，建成区人口密度偏低。1996～2012年，全国建设用地年均增加724万亩，其中城镇建设用地年均增加357万亩；2010～2012年，全国建设用地年均增加953万亩，其中城镇建设用地年均增加515万亩。2000～2011年，城镇建成区面积增长76.4%，远高于城镇人口50.5%的增长速度；农村人口减少1.33亿人，农村居民点用地却增加了3045万亩。一些地方过度依赖土地出让收入和土地抵押融资推进城镇建设，加剧了土地粗放利用，浪费了大量耕地资源，威胁到国家粮食安全和生态安全，也加大了地方政府性债务等财政金融风险。

——城镇空间分布和规模结构不合理，与资源环境承载能力不匹配。

东部一些城镇密集地区资源环境约束趋紧，中西部资源环境承载能力较强地区的城镇化潜力有待挖掘；城市群布局不尽合理，城市群内部分工协作不够、集群效率不高；部分特大城市主城区人口压力偏大，与综合承载能力之间的矛盾加剧；中小城市集聚产业和人口不足，潜力没有得到充分发挥；小城镇数量多、规模小、服务功能弱，这些都增加了经济社会和生态环境成本。

——城市管理服务水平不高，"城市病"问题日益突出。一些城市空间无序开发、人口过度集聚，重经济发展、轻环境保护，重城市建设、轻管理服务，交通拥堵问题严重，公共安全事件频发，城市污水和垃圾处理能力不足，大气、水、土壤等环境污染加剧，城市管理运行效率不高，公共服务供给能力不足，城中村和城乡接合部等外来人口集聚区人居环境较差。

——自然历史文化遗产保护不力，城乡建设缺乏特色。一些城市景观结构与所处区域的自然地理特征不协调，部分城市贪大求洋、照搬照抄，脱离实际建设国际大都市，"建设性"破坏不断蔓延，城市的自然和文化个性被破坏。一些农村地区大拆大建，照搬城市小区模式建设新农村，简单用城市元素与风格取代传统民居和田园风光，导致乡土特色和民俗文化流失。

——体制机制不健全，阻碍了城镇化健康发展。现行城乡分割的户籍管理、土地管理、社会保障制度，以及财税金融、行政管理等制度，固化着已经形成的城乡利益失衡格局，制约着农业转移人口市民化，阻碍着城乡发展一体化。

第三章　发展态势

根据世界城镇化发展普遍规律，我国仍处于城镇化率30%～70%的快速发展区间，但延续过去传统粗放的城镇化模式，会带来产业升级缓慢、资源环境恶化、社会矛盾增多等诸多风险，可能落入"中等收入陷阱"，进而影响现代化进程。随着内外部环境和条件的深刻变化，城镇化必须进入以提升质量为主的转型发展新阶段。

——城镇化发展面临的外部挑战日益严峻。在全球经济再平衡和产业格局再调整的背景下，全球供给结构和需求结构正在发生深刻变化，庞大生产能力与有限市场空间的矛盾更加突出，国际市场竞争更加激烈，我国面临产业转型升级和消化严重过剩产能的挑战巨大；发达国家能源资源消费总量居高不下，人口庞大的新兴市场国家和发展中国家对能源资源的需求迅速膨胀，全球资源供需矛盾和碳排放权争夺更加尖锐，我国能源资源和生态环境面临的国际压力前所未有，传统高投入、高消耗、高排放的工业化城镇化发展模式难以为继。

——城镇化转型发展的内在要求更加紧迫。随着我国农业富余劳动力减少和人口老龄化程度提高，主要依靠劳动力廉价供给推动城镇化快速发展的模式不可持续；随着资源环境瓶颈制约日益加剧，主要依靠土地等资源粗放消耗推动城镇化快速发展的模式不可持续；随着户籍人口与外来人口公共服务差距造成的城市内部二元结构矛盾日益凸显，主要依靠非均等化基本公共服务压低成本推动城镇化快速发展的模式不可持续。工业化、信息化、城镇化和农业现代化发展不同步，导致农业根基不稳、城乡区域差距过大、产业结构不合理等突出问题。我国城镇化发展由速度型向质量型转型势在必行。

——城镇化转型发展的基础条件日趋成熟。改革开放30多年来我国经济快速增长，为城镇化转型发展奠定了良好物质基础。国家着力推动基本公共服务均等化，为农业转移人口市民化创造了条件。交通运输网络的不断完善、节能环保等新技术的突破应用，以及信息化的快速推进，为优化城镇化空间布局和形态，推动城镇可持续发展提供了有力支撑。各地在城镇化方面的改革探索，为创新体制机制积累了经验。

第二篇　指导思想和发展目标

我国城镇化是在人口多、资源相对短缺、生态环境比较脆弱、城乡区域发展不平衡的背景下推进的，这决定了我国必须从社会主义初级阶段这个最大实际出发，遵循城镇化发展规律，走中国特色新型城镇化道路。

第四章　指导思想

高举中国特色社会主义伟大旗帜，以邓小平理论、"三个代表"重要思想、科学发展观为指导，紧紧围绕全面提高城镇化质量，加快转变城镇化发展方式，以人的城镇化为核心，有序推进农业转移人口市民化；以城市群为主体形态，推动大中小城市和小城镇协调发展；以综合承载能力为支撑，提升城市可持续发展水平；以体制机制创新为保障，通过改革释放城镇化发展潜力，走以人为本、四化同步、优化布局、生态文明、文化传承的中国特色新型城镇化道路，促进经济转型升级和社会和谐进步，为全面建成小康社会、加快推进社会主义现代化、实现中华民族伟大复兴的中国梦奠定坚实基础。

要坚持以下基本原则：

——以人为本，公平共享。以人的城镇化为核心，合理引导人口流动，有序推进农业转移人口市民化，稳步推进城镇基本公共服务常住人口全覆盖，不断提高人口素质，促进人的全面发展和社会公平正义，使全体居民共享现代化建设成果。

——四化同步，统筹城乡。推动信息化和工业化深度融合、工业化和城镇化良性互动、城镇化和农业现代化相互协调,促进城镇发展与产业支撑、就业转移和人口集聚相统一，促进城乡要素平等交换和公共资源均衡配置，形成以工促农、以城带乡、工农互惠、城乡一体的新型工农、城乡关系。

——优化布局，集约高效。根据资源环境承载能力构建科学合理的城镇化宏观布局，以综合交通网络和信息网络为依托，科学规划建设城市群，严格控制城镇建设用地规模，严格划定永久基本农田，合理控制城镇开发边界，优化城市内部空间结构，促进城市紧凑发展，提高国土空间利用效率。

——生态文明，绿色低碳。把生态文明理念全面融入城镇化进程，着力推进绿色发展、循环发展、低碳发展，节约集约利用土地、水、能源等资源，强化环境保护和生态修复，减少对自然的干扰和损害，推动形成绿色低碳的生产生活方式和城市建设运营模式。

——文化传承，彰显特色。根据不同地区的自然历史文化禀赋，体现区域差异性，提倡形态多样性，防止千城一面，发展有历史记忆、文化脉络、地域风貌、民族特点的美丽城镇，形成符合实际、各具特色的城镇化发展模式。

——市场主导，政府引导。正确处理政府和市场关系，更加尊重市场规律，坚持使市场在资源配置中起决定性作用，更好发挥政府作用，切实履行政府制定规划政策、提供公共服务和营造制度环境的重要职责，使城镇化成为市场主导、自然发展的过程，成为政府引导、科学发展的过程。

——统筹规划，分类指导。中央政府统筹总体规划、战略布局和制度安排，加强分类指导；地方政府因地制宜、循序渐进抓好贯彻落实；尊重基层首创精神，鼓励探索创新和试点先行，凝聚各方共识，实现重点突破，总结推广经验，积极稳妥扎实有序推进新型城镇化。

第五章 发展目标

——城镇化水平和质量稳步提升。城镇化健康有序发展，常住人口城镇化率达到 60% 左右，户籍人口城镇化率达到 45% 左右，户籍人口城镇化率与常住人口城镇化率差距缩小 2 个百分点左右，努力实现 1 亿左右农业转移人口和其他常住人口在城镇落户。

专栏 1　新型城镇化主要指标

指标	2012 年	2020 年
城镇化水平		
常住人口城镇化率（%）	52.6	60 左右
户籍人口城镇化率（%）	35.3	45 左右
基本公共服务		
农民工随迁子女接受义务教育比例（%）		≥ 99
城镇失业人员、农民工、新成长劳动力免费接受基本职业技能培训		≥ 95
城镇常住人口基本养老保险覆盖率（%）	66.9	≥ 90
城镇常住人口基本医疗保险覆盖率（%）	95	98
城镇常住人口保障性住房覆盖率（%）	12.5	≥ 23
基础设施		
百万以上人口城市公共交通占机动化出行比例（%）	45*	60
城镇公共供水普及率（%）	81.7	90
城市污水处理率（%）	87.3	95
城市生活垃圾无害处理率（%）	84.8	95
城市家庭宽带接入能力（%）	4	≥ 50
城市社区综合服务设施覆盖率（%）	72.5	100
资源环境		
人均城市建设用地（平方米）		≤ 100
城镇可再生能源消费比重（%）	8.7	13
城镇绿色建筑占新建建筑比重（%）	2	50
城市建成区绿地率（%）	35.7	38.9
地级以上城市空气质量达到国家标准的比例（%）	40.9	60

注：①带 * 为 2011 年数据。

②城镇常住人口基本养老保险覆盖率指标中，常住人口不含 16 周岁以下人员和在校学生。

③城镇保障性住房：包括公租房（含廉租房）、政策性商品住房和棚户区改造安置住房等。

④人均城市建设用地：国家《城市用地分类与规划建设用地标准》规定，人均城市建设用地标准为 65.0 ～ 115.0 平方米，新建城市为 85.1 ～ 105.0 平方米。

⑤城市空气质量国家标准：在 1996 年标准基础上，增设了 PM2.5 浓度限值和臭氧小时 8 小时平均浓度限值，调整了 PM10、二氧化氮、铅等浓度限值。

——城镇化格局更加优化。"两横三纵"为主体的城镇化战略格局基本形成，城市群集聚经济、人口能力明显增强，东部地区城市群一体化水平和国际竞争力明显提高，中西部地区城市群成为推动区域协调发展的新的重要增长极。城市规模结构更加完善，中心城市辐射带动作用更加突出，中小城市数量增加，小城镇服务功能增强。

——城市发展模式科学合理。密度较高、功能混用和公交导向的集约紧凑型开发模式成为主导，人均城市建设用地严格控制在 100 平方米以内，建成区人口密度逐步提高。绿色生产、绿色消费成为城市经济生活的主流，节能节水产品、再生利用产品和绿色建筑比例大幅提高。城市地下管网覆盖率明显提高。

——城市生活和谐宜人。稳步推进义务教育、就业服务、基本养老、基本医疗卫生、保障性住房等城镇基本公共服务覆盖全部常住人口，基础设施和公共服务设施更加完善，消费环境更加便利，生态环境明显改善，空气质量逐步好转，饮用水安全得到保障。自然景观和文化特色得到有效保护，城市发展个性化，城市管理人性化、智能化。

——城镇化体制机制不断完善。户籍管理、土地管理、社会保障、财税金融、行政管理、生态环境等制度改革取得重大进展，阻碍城镇化健康发展的体制机制障碍基本消除。

第三篇 有序推进农业转移人口市民化

按照尊重意愿、自主选择，因地制宜、分步推进，存量优先、带动增量的原则，以农业转移人口为重点，兼顾高校和职业技术院校毕业生、城镇间异地就业人员和城区城郊农业人口，统筹推进户籍制度改革和基本公共服务均等化。

第六章　推进符合条件农业转移人口落户城镇

逐步使符合条件的农业转移人口落户城镇，不仅要放开小城镇落户限制，也要放宽大中城市落户条件。

第一节　健全农业转移人口落户制度

各类城镇要健全农业转移人口落户制度，根据综合承载能力和发展潜力，以就业年限、居住年限、城镇社会保险参保年限等为基准条件，因地制宜制定具体的农业转移人口落户标准，并向全社会公布，引导农业转移人口在城镇落户的预期和选择。

第二节　实施差别化落户政策

以合法稳定就业和合法稳定住所（含租赁）等为前置条件，全面放开建制镇和小城市落户限制，有序放开城区人口 50 万～ 100 万的城市落户限制，合理放开城区人口 100 万～ 300 万的大城市落户限制，合理确定城区人口 300 万～ 500 万的大城市落户条件，严格控制城区人口 500 万以上的特大城市人口规模。大中城市可设置参加城镇社会保险年限的要求，但最高年限不得超过 5 年。特大城市可采取积分制等方式设置阶梯式落户通道调控落户规模和节奏。

第七章　推进农业转移人口享有城镇基本公共服务

农村劳动力在城乡间流动就业是长期现象，按照保障基本、循序渐进的原则，积极推进城镇基本公共服务由主要对本地户籍人口提供向对常住人口提供转变，逐步解决在城镇就业居住但未落户的农业转移人口享有城镇基本公共服务问题。

专栏 2　农民工职业技能提升计划

01　就业技能培训

对转移到非农产业务经商的农村劳动者开展专项技能或初级技能培训。依托技工院校、中高等职业院校、职业技能实训基地等培训机构，加大各级政府投入，开展政府补贴农民工就业技能培训，每年培训 1000 万人次，基本消除新成长劳动力无技能从业现象。对少数民族转移就业人员实行双语技能培训。

02　岗位技能提升培训

对与企业签订一定期限劳动合同的在岗农民工进行提高技能水平培训。鼓励企业结合行业特点和岗位技能需求，开展农民工在岗技能提升培训，每年培训农民工 1000 万人次。

03　高技能人才和创业培训

对符合条件的具备中高级技能的农民工实施高技能人才培训计划，完善补贴政策，每年培养 100 万高技能人才。对有创业意愿并具备创业条件的农民工开展提升创业能力培训。

04　劳动预备制培训

对农民未能继续升学并准备进入非农产业就业或进城务工的应届初高中毕业生、农村籍退役士兵进行储备性专业技能培训。

05　社区公益性培训

组织中高等职业院校、普通高校、技工院校开展面向农民工的公益性教育培训，与街道、社区合作，举办灵活多样的社区培训，提升农民工的职业技能和综合素质。

06　职业技能培训能力建设

依托现有各类职业教育和培训机构，提升改造一批职业技能实训基地。鼓励大中型企业联合技工院校、职业院校，建设一批农民工实训基地。支持一批职业教育优质特色学校和示范性中高等职业院校建设。

第一节　保障随迁子女平等享有受教育权利

建立健全全国中小学生学籍信息管理系统，为学生学籍转接提供便捷服务。将农民工随迁子女义务教育纳入各级政府教育发展规划和财政保障范畴，合理规划学校布局，科学核定教师编制，足额拨付教育经费，保障农民工随迁子女以公办学校为主接受义务教育。对未能在公办学校就学的，采取政府购买服务等方式，保障农民工随迁子女在普惠性民办学校接受义务教育的权利。逐步完善农民工随迁子女在流入地接受中等职业教育免学费和普惠性学前教育的政策，推动各地建立健全农民工随迁子女接受义务教育后在流入地参加升学考试的实施办法。

第二节　完善公共就业创业服务体系

加强农民工职业技能培训，提高就业创业能力和职业素质。整合职业教育和培训资源，全面提供政府补贴职业技能培训服务。强化企业开展农民工岗位技能培训责任，足额提取并合理使用职工教育培训经费。鼓励高等学校、各类职业院校和培训机构积极开展职业教育和技能培训，推进职业技能实训基地建设。鼓励农民工取得职业资格证书和专项职业能力证书，并按规定给予职业技能鉴定补贴。加大农民工创业政策扶持力度，健全农民工劳动权益保护机制。实现就业信息全国联网，为农民工提供免费的就业信息和政策咨询。

第三节　扩大社会保障覆盖面

扩大参保缴费覆盖面，适时适当降低社会保险费率。完善职工基本养老保险制度，实现基础养老金全国统筹，鼓励农民工积极参保、连续参保。依法将农民工纳入城镇职工基本医疗保险，允许灵活就业农民工参加当地城镇居民基本医疗保险。完善社会保险关系转移接续政策，在农村参加的养老保险和医疗保险规范接入城镇社保体系，建立全国统一的城乡居民基本养老保险制度，整合城乡居民基本医疗保险制度。强化企业缴费责任，扩大农民工参加城镇职工工伤保险、失业保险、生育保险比例。推进商业保险与社会保险衔接合作，开办各类补充性养老、医疗、健康保险。

第四节 改善基本医疗卫生条件

根据常住人口配置城镇基本医疗卫生服务资源，将农民工及其随迁家属纳入社区卫生服务体系，免费提供健康教育、妇幼保健、预防接种、传染病防控、计划生育等公共卫生服务。加强农民工聚居地疾病监测、疫情处理和突发公共卫生事件应对。鼓励有条件的地方将符合条件的农民工及其随迁家属纳入当地医疗救助范围。

第五节 拓宽住房保障渠道

采取廉租住房、公共租赁住房、租赁补贴等多种方式改善农民工居住条件。完善商品房配建保障性住房政策，鼓励社会资本参与建设。农民工集中的开发区和产业园区可以建设单元型或宿舍型公共租赁住房，农民工数量较多的企业可以在符合规定标准的用地范围内建设农民工集体宿舍。审慎探索由集体经济组织利用农村集体建设用地建设公共租赁住房。把进城落户农民完全纳入城镇住房保障体系。

第八章 建立健全农业转移人口市民化推进机制

强化各级政府责任，合理分担公共成本，充分调动社会力量，构建政府主导、多方参与、成本共担、协同推进的农业转移人口市民化机制。

第一节 建立成本分担机制

建立健全由政府、企业、个人共同参与的农业转移人口市民化成本分担机制，根据农业转移人口市民化成本分类，明确成本承担主体和支出责任。

政府要承担农业转移人口市民化在义务教育、劳动就业、基本养老、基本医疗卫生、保障性住房以及市政设施等方面的公共成本。企业要落实农民工与城镇职工同工同酬制度，加大职工技能培训投入，依法为农民工缴纳职工养老、医疗、工伤、失业、生育等社会保险费用。农民工要积极参加城镇社会保险、职业教育和技能培训等，并按照规定承担相关费用，提升融入城市社会的能力。

第二节　合理确定各级政府职责

中央政府负责统筹推进农业转移人口市民化的制度安排和政策制定，省级政府负责制定本行政区农业转移人口市民化总体安排和配套政策，市县政府负责制定本行政区城市和建制镇农业转移人口市民化的具体方案和实施细则。各级政府根据基本公共服务的事权划分，承担相应的财政支出责任，增强农业转移人口落户较多地区政府的公共服务保障能力。

第三节　完善农业转移人口社会参与机制

推进农民工融入企业、子女融入学校、家庭融入社区、群体融入社会，建设包容性城市。提高各级党代会代表、人大代表、政协委员中农民工的比例，积极引导农民工参加党组织、工会和社团组织，引导农业转移人口有序参政议政和参加社会管理。加强科普宣传教育，提高农民工科学文化和文明素质，营造农业转移人口参与社区公共活动、建设和管理的氛围。城市政府和用工企业要加强对农业转移人口的人文关怀，丰富其精神文化生活。

第四篇　优化城镇化布局和形态

根据土地、水资源、大气环流特征和生态环境承载能力，优化城镇化空间布局和城镇规模结构，在《全国主体功能区规划》确定的城镇化地区，按照统筹规划、合理布局、分工协作、以大带小的原则，发展集聚效率高、辐射作用大、城镇体系优、功能互补强的城市群，使之成为支撑全国经济增长、促进区域协调发展、参与国际竞争合作的重要平台。构建以陆桥通道、沿长江通道为两条横轴，以沿海、京哈京广、包昆通道为三条纵轴，以轴线上城市群和节点城市为依托、其他城镇化地区为重要组成部分，大中小城市和小城镇协调发展的"两横三纵"城镇化战略格局。

第九章　优化提升东部地区城市群

东部地区城市群主要分布在优化开发区域，面临水土资源和生态环境压力加大、要素成本快速上升、国际市场竞争加剧等制约，必须加快经济转型升级、空间结构优化、资源永续利用和环境质量提升。

京津冀、长江三角洲和珠江三角洲城市群，是我国经济最具活力、开放程度最高、创新能力最强、吸纳外来人口最多的地区，要以建设世界级城市群为目标，继续在制度创新、科技进步、产业升级、绿色发展等方面走在全国前列，加快形成国际竞争新优势，在更高层次参与国际合作和竞争，发挥其对全国经济社会发展的重要支撑和引领作用。科学定位各城市功能，增强城市群内中小城市和小城镇的人口经济集聚能力，引导人口和产业由特大城市主城区向周边和其他城镇疏散转移。依托河流、湖泊、山峦等自然地理格局建设区域生态网络。

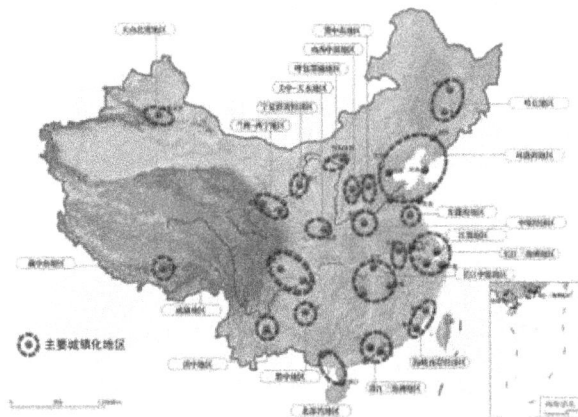

图3 《全国主体功能区规划》确定的城镇化战略格局示意图

东部地区其他城市群，要根据区域主体功能定位，在优化结构、提高效益、降低消耗、保护环境的基础上，壮大先进装备制造业、战略性新兴产业和现代服务业，推进海洋经济发展。充分发挥区位优势，全面提高开放水平，集聚创新要素，增强创新能力，提升国际竞争力。统筹区域、城乡基础设施网络和信息网络建设，深化城市间分工协作和功能互补，加快一体化发展。

第十章　培育发展中西部地区城市群

中西部城镇体系比较健全、城镇经济比较发达、中心城市辐射带动作用明显的重点开发区域，要在严格保护生态环境的基础上，引导有市场、有效益的劳动密集型产业优先向中西部转移，吸纳东部返乡和就近转移的农民工，加快产业集群发展和人口集聚，培育发展若干新的城市群，在优化全国城镇化战略格局中发挥更加重要作用。

加快培育成渝、中原、长江中游、哈长等城市群，使之成为推动国土空间均衡开发、引领区域经济发展的重要增长极。加大对内对外开放力度，有序承接国际及沿海地区产业转移，依托优势资源发展特色产业，加快新型工业化进程，壮大现代产业体系，完善基础设施网络，健全功能完备、布局合理的城镇体系，强化城市分工合作，提升中心城市辐射带动能力，形成经济充满活力、生活品质优良、生态环境优美的新型城市群。依托陆桥通道上的城市群和节点城市，构建丝绸之路经济带，推动形成与中亚乃至整个欧亚大陆的区域大合作。

中部地区是我国重要粮食主产区，西部地区是我国水源保护区和生态涵养区。培育发展中西部地区城市群，必须严格保护耕地特别是基本农田，严格保护水资源，严格控制城市边界无序扩张，严格控制污染物排放，切实加强生态保护和环境治理，彻底改变粗放低效的发展模式，确保流域生态安全和粮食生产安全。

第十一章　建立城市群发展协调机制

统筹制定实施城市群规划,明确城市群发展目标、空间结构和开发方向,明确各城市的功能定位和分工,统筹交通基础设施和信息网络布局,加快推进城市群一体化进程。加强城市群规划与城镇体系规划、土地利用规划、生态环境规划等的衔接,依法开展规划环境影响评价。中央政府负责跨省级行政区的城市群规划编制和组织实施,省级政府负责本行政区内的城市群规划编制和组织实施。

建立完善跨区域城市发展协调机制。以城市群为主要平台,推动跨区域城市间产业分工、基础设施、环境治理等协调联动。重点探索建立城市群管理协调模式,创新城市群要素市场管理机制,破除行政壁垒和垄断,促进生产要素自由流动和优化配置。建立城市群成本共担和利益共享机制,加快城市公共交通"一卡通"服务平台建设,推进跨区域互联互通,促进基础设施和公共服务设施共建共享,促进创新资源高效配置和开放共享,推动区域环境联防联控联治,实现城市群一体化发展。

第十二章　促进各类城市协调发展

优化城镇规模结构,增强中心城市辐射带动功能,加快发展中小城市,有重点地发展小城镇,促进大中小城市和小城镇协调发展。

第一节　增强中心城市辐射带动功能

直辖市、省会城市、计划单列市和重要节点城市等中心城市,是我国城镇化发展的重要支撑。沿海中心城市要加快产业转型升级,提高参与全球产业分工的层次,延伸面向腹地的产业和服务链,加快提升国际化程度和国际竞争力。内陆中心城市要加大开发开放力度,健全以先进制造业、战略性新兴产业、现代服务业为主的产业体系，提升要素集聚、科技创新、高端服务能力，发挥规模效应和带动效应。区域重要节点城市要完善城市功能，壮大经济实力，加强协作对接，实现集约发展、联动发展、互补发展。特大城市要适当疏散经济功能和其他功能，推进劳动密集型加工业向外转移，加强与周边城镇基础设施连接和公共服务共享，推进中心城区功能向1小时交通圈地区扩散，培育形成通勤高效、一体发展的都市圈。

第二节　加快发展中小城市

把加快发展中小城市作为优化城镇规模结构的主攻方向，加强产业和公共服务资源布局引导，提升质量，增加数量。鼓励引导产业项目在资源环境承载力强、发展潜力大的中小城市和县城布局，依托优势资源发展特色产业，夯实产业基础。加强市政基础设施和公共服务设施建设，教育医疗等公共资源配置要向中小城市和县城倾斜，引导高等学校和职业院校在中小城市布局、优质教育和医疗机构在中小城市设立分支机构，增强集聚要素的吸引力。完善设市标准，严格审批程序，对具备行政区划调整条件的县可有序改市，把有条件的县城和重点镇发展成为中小城市。培育壮大陆路边境口岸城镇，完善边境贸易、金融服务、交通枢纽等功能，建设国际贸易物流节点和加工基地。

专栏3　重点建设的陆路边境口岸城镇

01	面向东北亚
	丹东、集安、临江、长白、和龙、图们、珲春、黑河、绥芬河、抚远、同江、东宁、满洲里、二连浩特、甘其毛都、策克
02	面向中亚西亚
	喀什、霍尔果斯、伊宁、博乐、阿拉山口、塔城
03	面向东南亚
	东兴、凭祥、宁明、龙州、大新、靖西、那坡、磨憨、畹町、河口
04	面向南亚
	樟木、吉隆、亚东、普兰、日屋

专栏4　县城和重点镇基础设施提升工程

01　公共供水 加强供水设施建设，实现县城和重点镇公共供水普及率85%以上。	
02　污水处理 因地制宜建设集中污水处理厂或分散型生态处理设施，使所有县城和重点镇具备污水处理能力，实现县城污水处理率达85%左右，重点镇达70%左右。	
03　垃圾处理 实现县城具备垃圾无害化处理能力，按照以城乡带乡模式推进重点镇垃圾无害化处理，重点建设垃圾收集、转运设施，实现实现重点镇垃圾收集、转运全覆盖。	
04　道路交通 统筹城乡交通一体化发展，县城基本实现高等级公路连通，重点镇积极发展公共交通。	
05　燃气供热 加快城镇天然气（含煤层气等）管网、液化天然气（压缩天然气）站、集中供热等设施建设，因地制宜发展大中型沼气、生物质燃气和热能，县城逐步推进燃气替代生活燃煤，北方地区县城和重点镇集中供热水平明显提高。	
06　分布式能源 城镇建设和改造要优先采用分布式能源，资源丰富地区的城镇新能源和可再生能源消费比重显著提高。增大条件适宜地区大力促进可再生能源建筑应用。	

第三节　有重点地发展小城镇

按照控制数量、提高质量，节约用地、体现特色的要求，推动小城镇发展与疏解大城市中心城区功能相结合、与特色产业发展相结合、与服务"三农"相结合。大城市周边的重点镇，要加强与城市发展的统筹规划与功能配套，逐步发展成为卫星城。具有特色资源、区位优势的小城镇，要通过规划引导、市场运作，培育成为文化旅游、商贸物流、资源加工、交通枢纽等专业特色镇。远离中心城市的小城镇和林场、农场等，要完善基础设施和公共服务，发展成为服务农村、带动周边的综合性小城镇。对吸纳人口多、经济实力强的镇，可赋予同人口和经济规模相适应的管理权。

第十三章　强化综合交通运输网络支撑

完善综合运输通道和区际交通骨干网络，强化城市群之间交通联系，加快城市群交通一体化规划建设，改善中小城市和小城镇对外交通，发挥综合交通运输网络对城镇化格局的支撑和引导作用。到 2020 年，普通铁路网覆盖 20 万以上人口城市，快速铁路网基本覆盖 50 万以上人口城市；普通国道基本覆盖县城，国家高速公路基本覆盖 20 万以上人口城市；民用航空网络不断扩展，航空服务覆盖全国 90% 左右的人口。

第一节　完善城市群之间综合交通运输网络

依托国家"五纵五横"综合运输大通道，加强东中部城市群对外交通骨干网络薄弱环节建设，加快西部城市群对外交通骨干网络建设，形成以铁路、高速公路为骨干，以普通国省道为基础，与民航、水路和管道共同组成的连接东西、纵贯南北的综合交通运输网络，支撑国家"两横三纵"城镇化战略格局。

第二节　构建城市群内部综合交通运输网络

按照优化结构的要求，在城市群内部建设以轨道交通和高速公路为骨干，以普通公路为基础，有效衔接大中小城市和小城镇的多层次快速交通运输网络。提升东部地区城市群综合交通运输一体化水平，建成以城际铁路、高速公路为主体的快速客运和大能力货运网络。推进中西部地区城市群内主要城市之间的快速铁路、高速公路建设，逐步形成城市群内快速交通运输网络。

第三节　建设城市综合交通枢纽

建设以铁路、公路客运站和机场等为主的综合客运枢纽，以铁路和公路货运场站、港口和机场等为主的综合货运枢纽，优化布局，提升功能。依托综合交通枢纽，加强铁路、公路、民航、水运与城市轨道交通、地面公共交通等多种交通方式的衔接，完善集疏运系统与配送系统，实现客运"零距离"换乘和货运无缝衔接。

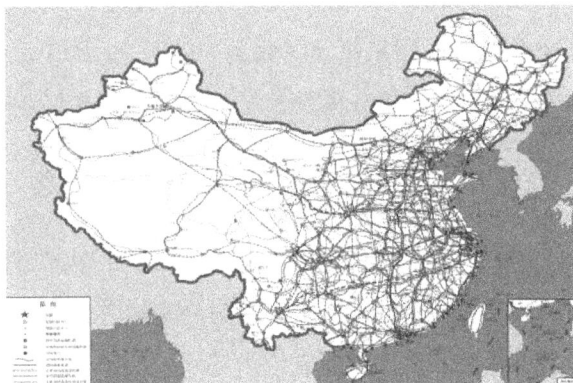

图 4　全国主要城市综合交通运输网络示意图

第四节　改善中小城市和小城镇交通条件

加强中小城市和小城镇与交通干线、交通枢纽城市的连接，加快国省干线公路升级改造，提高中小城市和小城镇公路技术等级、通行能力和铁路覆盖率，改善交通条件，提升服务水平。

第五篇　提高城市可持续发展能力

加快转变城市发展方式，优化城市空间结构，增强城市经济、基础设施、公共服务和资源环境对人口的承载能力，有效预防和治理"城市病"，建设和谐宜居、富有特色、充满活力的现代城市。

第十四章　强化城市产业就业支撑

调整优化城市产业布局和结构,促进城市经济转型升级,改善营商环境,增强经济活力,扩大就业容量,把城市打造成为创业乐园和创新摇篮。

第一节　优化城市产业结构

根据城市资源环境承载能力、要素禀赋和比较优势,培育发展各具特色的城市产业体系。改造提升传统产业,淘汰落后产能,壮大先进制造业和节能环保、新一代信息技术、生物、新能源、新材料、新能源汽车等战略性新兴产业。适应制造业转型升级要求,推动生产性服务业专业化、市场化、社会化发展,引导生产性服务业在中心城市、制造业密集区域集聚;适应居民消费需求多样化,提升生活性服务业水平,扩大服务供给,提高服务质量,推动特大城市和大城市形成以服务经济为主的产业结构。强化城市间专业化分工协作,增强中小城市产业承接能力,构建大中小城市和小城镇特色鲜明、优势互补的产业发展格局。推进城市污染企业治理改造和环保搬迁。支持资源枯竭城市发展接续替代产业。

第二节　增强城市创新能力

顺应科技进步和产业变革新趋势,发挥城市创新载体作用,依托科技、教育和人才资源优势,推动城市走创新驱动发展道路。营造创新的制度环境、政策环境、金融环境和文化氛围,激发全社会创新活力,推动技术创新、商业模式创新和管理创新。建立产学研协同创新机制,强化企业在技术创新中的主体地位,发挥大型企业创新骨干作用,激发中小企业创新活力。建设创新基地,集聚创新人才,培育创新集群,完善创新服务体系,发展创新公共平台和风险投资机构，推进创新成果资本化、产业化。加强知识产权运用和保护，健全技术创新激励机制。推动高等学校提高创新人才培养能力，加快现代职业教育体系建设，系统构建从中职、高职、本科层次职业教育到专业学位研究生教育的技术技能人才培养通道，推进中高职衔接和职普沟通。引导部分地方本科高等学校转型发展为应用技术类型高校。试行普通高校、高职院校、成人高校之间的学分转换，为学生多样化成才提供选择。

第三节　营造良好就业创业环境

发挥城市创业平台作用，充分利用城市规模经济产生的专业化分工效应，放宽政府管制，降低交易成本，激发创业活力。完善扶持创业的优惠政策，形成政府激励创业、社会支持创业、劳动者勇于创业新机制。运用财政支持、税费减免、创业投资引导、政策性金融服务、小额贷款担保等手段，为中小企业特别是创业型企业发展提供良好的经营环境，促进以创业带动就业。促进以高校毕业生为重点的青年就业和农村转移劳动力、城镇困难人员、退役军人就业。结合产业升级开发更多适合高校毕业生的就业岗位，实行激励高校毕业生自主创业政策，实施离校未就业高校毕业生就业促进计划。合理引导高校毕业生就业流向，鼓励其到中小城市创业就业。

第十五章　优化城市空间结构和管理格局

按照统一规划、协调推进、集约紧凑、疏密有致、环境优先的原则，统筹中心城区改造和新城新区建设，提高城市空间利用效率，改善城市人居环境。

第一节　改造提升中心城区功能

推动特大城市中心城区部分功能向卫星城疏散，强化大中城市中心城区高端服务、现代商贸、信息中介、创意创新等功能。完善中心城区功能组合，统筹规划地上地下空间开发，推动商业、办公、居住、生态空间与交通站点的合理布局与综合利用开发。制定城市市辖区设置标准，优化市辖区规模和结构。按照改造更新与保护修复并重的要求，健全旧城改造机制，优化提升旧城功能。加快城区老工业区搬迁改造，大力推进棚户区改造，稳步实施城中村改造，有序推进旧住宅小区综合整治、危旧住房和非成套住房改造，全面改善人居环境。

专栏5 棚户区改造行动计划

01 城市棚户区改造
加快推进集中成长城市棚户区改造，逐步将其他棚户区、城中村改造统一纳入城市棚户区改造范围，到2020年基本完成城市棚户区改造任务。
02 国有工矿棚户区改造
将位于城市规划区内的国有工矿棚户区统一纳入城市棚户区改造范围，按照属地原则将铁路、钢铁、有色、黄金等行业棚户区纳入各地棚户区改造规划组织实施。
03 国有林区棚户区改造
加快改造国有林区棚户区和国有林场危旧房，将国有林区（场）外其他林业基层单位符合条件的住房困难人员纳入当地城镇住房保障体系。
04 国有垦区危房改造
加快改造国有垦区危房，将华侨农场非归难

第二节 严格规范新城新区建设

严格新城新区设立条件，防止城市边界无序蔓延。因中心城区功能过度叠加、人口密度过高或规避自然灾害等原因，确需规划建设新城新区，必须以人口密度、产出强度和资源环境承载力为基准，与行政区划相协调，科学合理编制规划，严格控制建设用地规模，控制建设标准过度超前。统筹生产区、办公区、生活区、商业区等功能区规划建设，推进功能混合和产城融合，在集聚产业的同时集聚人口，防止新城新区空心化。加强现有开发区城市功能改造，推动单一生产功能向城市综合功能转型，为促进人口集聚、发展服务经济拓展空间。

第三节　改善城乡接合部环境

提升城乡接合部规划建设和管理服务水平，促进社区化发展，增强服务城市、带动农村、承接转移人口功能。加快城区基础设施和公共服务设施向城乡接合部地区延伸覆盖，规范建设行为，加强环境整治和社会综合治理，改善生活居住条件。保护生态用地和农用地，形成有利于改善城市生态环境质量的生态缓冲地带。

第十六章　提升城市基本公共服务水平

加强市政公用设施和公共服务设施建设，增加基本公共服务供给，增强对人口集聚和服务的支撑能力。

第一节　优先发展城市公共交通

将公共交通放在城市交通发展的首要位置，加快构建以公共交通为主体的城市机动化出行系统，积极发展快速公共汽车、现代有轨电车等大容量地面公共交通系统，科学有序推进城市轨道交通建设。优化公共交通站点和线路设置，推动形成公共交通优先通行网络，提高覆盖率、准点率和运行速度，基本实现 100 万人口以上城市中心城区公共交通站点 500 米全覆盖。强化交通综合管理，有效调控、合理引导个体机动化交通需求。推动各种交通方式、城市道路交通管理系统的信息共享和资源整合。

第二节　加强市政公用设施建设

建设安全高效便利的生活服务和市政公用设施网络体系。优化社区生活设施布局，健全社区养老服务体系，完善便民利民服务网络，打造包括物流配送、便民超市、平价菜店、家庭服务中心等在内的便捷生活服务圈。加强无障碍环境建设。合理布局建设公益性菜市场、农产品批发市场。统筹电力、通信、给排水、供热、燃气等地下管网建设，推行城市综合管廊，新建城市主干道路、城市新区、各类园区应实行城市地下管网综合管廊模式。加强城镇水源地保护与建设和供水设施改造与建设，确保城镇供水安全。加强防洪设施建设，完善城市排水与暴雨外洪内涝防治体系，提高应对极端天气能力。建设安全可靠、技术先进、管理规范的新型配电网络体系，加快推进城市清洁能源供应设施建设，完善燃气输配、储备和供应保障系统，大力发展热电联产，淘汰燃煤小锅炉。加强城镇污水处理及再生利用设施建设，推进雨污分流改造和污泥无害化处置。提高城镇生活垃圾无害化处理能力。合理布局建设城市停车场和立体车库，新建大中型商业设施要配建货物装卸作业区和停车场，新建办公区和住宅小区要配建地下停车场。

第三节　完善基本公共服务体系

根据城镇常住人口增长趋势和空间分布，统筹布局建设学校、医疗卫生机构、文化设施、体育场所等公共服务设施。优化学校布局和建设规模，合理配置中小学和幼儿园资源。加强社区卫生服务机构建设，健全与医院分工协作、双向转诊的城市医疗服务体系。完善重大疾病防控、妇幼保健等专业公共卫生和计划生育服务网络。加强公共文化、公共体育、就业服务、社保经办和便民利民服务设施建设。创新公共服务供给方式，引入市场机制，扩大政府购买服务规模，实现供给主体和方式多元化，根据经济社会发展状况和财力水平，逐步提高城镇居民基本公共服务水平，在学有所教、劳有所得、病有所医、老有所养、住有所居上持续取得新进展。

专栏6　城市"三区四线"规划管理

01	禁建区
	基本农田、行洪河道、水源地一级保护区、风景名胜区核心区、自然保护区核心区和缓冲区、森林湿地公园生态保育区和恢复重建区、地质公园核心区、道路红线、区域性市政走廊用地范围内、城市绿地、地质灾害易发区、矿产采空区、文物保护单位保护范围等，禁止城市建设开发活动。
02	限建区
	水源地二级保护区、地下水防护区、风景名胜区非核心区、自然保护区非核心区和缓冲区、森林公园非生态保育区、湿地公园非保育区和恢复重建区、地质公园非核心区、海陆交界生态敏感区和灾害易发区、文物保护单位建设控制地带、文物地下埋藏区、机场噪声控制区、市政走廊预留和utk道路红线外控制区、矿产采空区外围、地质pop灾害低易发区、蓄涝洪区、行洪河道外围一定范围等，限制城市建设开发活动。
03	适建区
	在已经划定为城市建设用地的区域，合理安排生产用地、生活用地和生态用地合理确定开发时序、开发模式和开发强度。
04	绿线
	划定城市各类绿地范围的控制线，规定保护要求和控制指标。
05	蓝线
	划定在城市f划中确定的江、河、湖、库、渠和湿地等城市地表水体保护和控制的地域界线规定保护要求和控制指标。
06	紫线
	划定国家历史文化名域内的历史文化街区和省、自治区、直辖市人民政府公布的历史文化街区的保护范围界线，以及城市历史文化街区外经县级以上人民政府公布保护的历史建筑的保护范围界线。
07	黄线
	划定对城市发展金属有影响、必须控制的城市基础设施用地的控制界线，规定保护要求和控制指标。

第十七章　提高城市规划建设水平

适应新型城镇化发展要求，提高城市规划科学性，加强空间开发管制，健全规划管理体制机制，严格建筑规范和质量管理，强化实施监督，提高城市规划管理水平和建筑质量。

第一节　创新规划理念

把以人为本、尊重自然、传承历史、绿色低碳理念融入城市规划全过程。城市规划要由扩张性规划逐步转向限定城市边界、优化空间结构的规划，科学确立城市功能定位和形态，加强城市空间开发利用管制，合理划定城市"三区四线"，合理确定城市规模、开发边界、开发强度和保护性空间，加强道路红线和建筑红线对建设项目的定位控制。统筹规划城市空间功能布局，促进城市用地功能适度混合。合理设定不同功能区土地开发利用的容积率、绿化率、地面渗透率等规范性要求。建立健全城市地下空间开发利用协调机制。统筹规划市区、城郊和周边乡村发展。

第二节　完善规划程序

完善城市规划前期研究、规划编制、衔接协调、专家论证、公众参与、审查审批、实施管理、评估修编等工作程序，探索设立城市总规划师制度，提高规划编制科学化、民主化水平。推行城市规划政务公开，加大公开公示力度。加强城市规划与经济社会发展、主体功能区建设、国土资源利用、生态环境保护、基础设施建设等规划的相互衔接。推动有条件地区的经济社会发展总体规划、城市规划、土地利用规划等"多规合一"。

第三节　强化规划管控

保持城市规划权威性、严肃性和连续性，坚持一本规划一张蓝图持之以恒加以落实，防止换一届领导改一次规划。加强规划实施全过程监管，确保依规划进行开发建设。健全国家城乡规划督察员制度，以规划强制性内容为重点，加强规划实施督察，对违反规划行为进行事前事中监管。严格实行规划实施责任追究制度，加大对政府部门、开发主体、居民个人违法违规行为的责任追究和处罚力度。制定城市规划建设考核指标体系，加强地方人大对城市规划实施的监督检查，将城市规划实施情况纳入地方党政领导干部考核和离任审计。运用信息化等手段，强化对城市规划管控的技术支撑。

第四节　严格建筑质量管理

强化建筑设计、施工、监理和建筑材料、装修装饰等全流程质量管控。严格执行先勘察、后设计、再施工的基本建设程序，加强建筑市场各类主体的资质资格管理，推行质量体系认证制度，加大建筑工人职业技能培训力度。坚决打击建筑工程招投标、分包转包、材料采购、竣工验收等环节的违法违规行为，惩治擅自改变房屋建筑主体和承重结构等违规行为。健全建筑档案登记、查询和管理制度，强化建筑质量责任追究和处罚，实行建筑质量责任终身追究制度。

第十八章　推动新型城市建设

顺应现代城市发展新理念新趋势，推动城市绿色发展，提高智能化水平，增强历史文化魅力，全面提升城市内在品质。

第一节　加快绿色城市建设

将生态文明理念全面融入城市发展，构建绿色生产方式、生活方式和消费模式。严格控制高耗能、高排放行业发展。节约集约利用土地、水和能源等资源，促进资源循环利用，控制总量，提高效率。加快建设可再生能源体系，推动分布式太阳能、风能、生物质能、地热能多元化、规模化应用，提高新能源和可再生能源利用比例。实施绿色建筑行动计划，完善绿色建筑标准及认证体系、扩大强制执行范围，加快既有建筑节能改造，大力发展绿色建材，强力推进建筑工业化。合理控制机动车保有量，加快新能源汽车推广应用，改善步行、自行车出行条件，倡导绿色出行。实施大气污染防治行动计划，开展区域联防联控联治，改善城市空气质量。完善废旧商品回收体系和垃圾分类处理系统，加强城市固体废弃物循环利用和无害化处置。合理划定生态保护红线，扩大城市生态空间，增加森林、湖泊、湿地面积，将农村废弃地、其他污染土地、工矿用地转化为生态用地，在城镇化地区合理建设绿色生态廊道。

专栏 7 绿色城市建设重点

01	**绿色能源** 推进新能源示范城市建设和智能微电网示范工程建设，依托新能源示范城市建设分布式光伏发电示范区。在北方地区城镇开展风电清洁供暖示范工程，选择部分县城开展可再生能源热热利用示范工程，加强绿色能源县建设。
02	**绿色建筑** 推进既有建筑供热计量和节能改造，基本完成北方采，暖地区居住建筑供热计量和节能改积极推造和公共建筑节能改造。逐步提高新建建筑能效水平，严格执行节能标准。积极推进建筑工业化、标准化，提高住宅工业化比例。政府投资的公益性建筑、保障性住房和大型公共建筑全面执行绿色建筑标准和认证。
03	**绿色交通** 加快发展新能源、小排量等环保型型汽车，加快充电站、充电桩、加气站等配套设施建设，加强步行和自行车等慢行交通系统建设，积极推进混合动力、纯电动、天然气等新能源和清洁燃料车辆在公共交通行业的示范应用。推进机场、车站、码头节能节水改造，推广使用太阳能等可再生能源。继续严格实行运营车辆燃料消耗量准入制度，到 2020 年淘汰全部黄标车。
04	**产业园区循环化改造** 以国家级和省级产业园区为重点，推进循环化改造，实现土地集约利用、废物交换利用、废水循环利用和污染集中处理。
05	**城市环境综合整治** 实施清洁空气工程，强化强化大气污染综合防治，明显发送城市空气质量；实施安全饮用水工程，治理地表水、地下水，实现本质、水质双保障；开展存量生活垃圾治理工作；实施重金属污染防治工程，推进重点地区污染场地和土壤修复治理。实施森林、湿地保护与修复。

06	绿色新生活行动
	在衣食住行游等方面，加快向简约适度、绿色低碳、文明节约方式转变。培育生态文化，引导绿色消费，推广节能环保型汽车、节能省地型住宅。镇全城市废旧商品回收体系和餐厨废弃物资源化利用体系，减少使用一次性产品，抵制商品过度包装。

第二节　推进智慧城市建设

统筹城市发展的物质资源、信息资源和智力资源利用，推动物联网、云计算、大数据等新一代信息技术创新应用，实现与城市经济社会发展深度融合。强化信息网络、数据中心等信息基础设施建设。促进跨部门、跨行业、跨地区的政务信息共享和业务协同，强化信息资源社会化开发利用，推广智慧化信息应用和新型信息服务，促进城市规划管理信息化、基础设施智能化、公共服务便捷化、产业发展现代化、社会治理精细化。增强城市要害信息系统和关键信息资源的安全保障能力。

专栏8　智慧城市建设方向

01	信息网络宽带化
	推进光纤到户和"交进铜退"，实现光纤网络基本覆盖城市家庭，城市宽带接入能力达到50Mbps，50%家庭达到100Mbps，发达城市部分家庭达到1Gbps。推动4G网络建设，加快城市公共热点区域无线局域网覆盖。

02	规划管理信息化
	发展数字化城市管理，推动平台建设和功能拓展，建立城市统一的地理空间信息平台及建（构）筑物数据库，构建智慧城市公共信息平台，统筹推进城市规划、国土利用、城市管网、园林绿化、环境保护等市政基础设施管理的数字化和精准化。

03	基础设施智能化
	发展智能交通，实现交通诱导、指挥控制、调度管理和应急处理的智能化。发展智能电网，支持分布式能源的接入、居民和企业用电的智能管理。发展智能水务，构建覆盖供水全过程、保障供水质量安全的智能供排水和污水处理系统。发展智能管网，实现城市地下空间、地下管网的信息化管理和运行监控智能化。发展智能建筑，实现建筑设施、设备、节能、安全的智慧化管控。

04	公共服务便捷化
	建立跨部门跨地区业务协、共建共享的公共服务信息服务体系。利用信息技术，创新发展城市教育、就业、社保、养老、医疗和文化的服务模式。
05	产业发展现代化
	加快传统产业信息化改造，推进制造模式向数字化、网络化、智能化、服务化转变。积极发展信息服务业，推动电子商务和物流信息化集成发展，创新并培育新型业态。
06	社会治理精细化
	在市场监管、环境监督、信用服务、应急保障、治安防防控、公共安全等社会治理领域，深化信息应用，建立完善相关信息服务体系，创新社会治理方式。

专栏9　人文城市建设重点

01	文化和自然遗产保护
	加强国家重大文化和自然遗产地、国家考古遗址公园、全国重点文物保护单位、历史文化名城名镇名村保护设施建设，加强城市重要历史建筑和历史文化街区保护，推进非物质文化遗产保护利用设施建设。
02	文化设施
	建设城市公共图书馆、文化馆、博物馆、美术馆等文化设施，每个社区配套建设文化活动设施，发展中小城市影剧院。
03	体育设施
	建设城市体育场（馆）和群众性户外体育健身场地，每个社区有便捷实用的体育健身设施。
04	休闲设施
	建设城市生态休闲公园、文化休闲街区、休闲步道、城郊休憩带。
05	公共设施免费开放
	逐步免费开放公共图书馆、文化馆（站）、博物馆、美术馆、纪念馆、科技馆、青少年宫和公益性城市公园。

第三节　注重人文城市建设

发掘城市文化资源,强化文化传承创新,把城市建设成为历史底蕴厚重、

233

时代特色鲜明的人文魅力空间。注重在旧城改造中保护历史文化遗产、民族文化风格和传统风貌，促进功能提升与文化文物保护相结合。注重在新城新区建设中融入传统文化元素，与原有城市自然人文特征相协调。加强历史文化名城名镇、历史文化街区、民族风情小镇文化资源挖掘和文化生态的整体保护，传承和弘扬优秀传统文化，推动地方特色文化发展，保存城市文化记忆。培育和践行社会主义核心价值观，加快完善文化管理体制和文化生产经营机制，建立健全现代公共文化服务体系、现代文化市场体系。鼓励城市文化多样化发展，促进传统文化与现代文化、本土文化与外来文化交融，形成多元开放的现代城市文化。

第十九章　加强和创新城市社会治理

树立以人为本、服务为先理念，完善城市治理结构，创新城市治理方式，提升城市社会治理水平。

第一节　完善城市治理结构

顺应城市社会结构变化新趋势，创新社会治理体制，加强党委领导，发挥政府主导作用，鼓励和支持社会各方面参与，实现政府治理和社会自我调节、居民自治良性互动。坚持依法治理，加强法治保障，运用法治思维和法治方式化解社会矛盾。坚持综合治理，强化道德约束，规范社会行为，调节利益关系，协调社会关系，解决社会问题。坚持源头治理，标本兼治、重在治本，以网格化管理、社会化服务为方向，健全基层综合服务管理平台，及时反映和协调人民群众各方面各层次利益诉求。加强城市社会治理法律法规、体制机制、人才队伍和信息化建设。激发社会组织活力，加快实施政社分开，推进社会组织明确权责、依法自治、发挥作用。适合由社会组织提供的公共服务和解决的事项，交由社会组织承担。

第二节　强化社区自治和服务功能

健全社区党组织领导的基层群众自治制度，推进社区居民依法民主管理社区公共事务和公益事业。加快公共服务向社区延伸，整合人口、劳动就业、社保、民政、卫生计生、文化以及综治、维稳、信访等管理职能和服务资源，加快社区信息化建设，构建社区综合服务管理平台。发挥业主委员会、物业管理机构、驻区单位积极作用，引导各类社会组织、志愿者参与社区服务和管理。加强社区社会工作专业人才和志愿者队伍建设，推进社区工作人员专业化和职业化。加强流动人口服务管理。

第三节　创新社会治安综合治理

建立健全源头治理、动态协调、应急处置相互衔接、相互支撑的社会治安综合治理机制。创新立体化社会治安防控体系，改进治理方式，促进多部门城市管理职能整合，鼓励社会力量积极参与社会治安综合治理。及时解决影响人民群众安全的社会治安问题，加强对城市治安复杂部位的治安整治和管理。理顺城管执法体制，提高执法和服务水平。加大依法管理网络力度，加快完善互联网管理领导体制，确保国家网络和信息安全。

第四节　健全防灾减灾救灾体制

完善城市应急管理体系，加强防灾减灾能力建设，强化行政问责制和责任追究制。着眼抵御台风、洪涝、沙尘暴、冰雪、干旱、地震、山体滑坡等自然灾害，完善灾害监测和预警体系，加强城市消防、防洪、排水防涝、抗震等设施和救援救助能力建设，提高城市建筑灾害设防标准，合理规划布局和建设应急避难场所，强化公共建筑物和设施应急避难功能。完善突发公共事件应急预案和应急保障体系。加强灾害分析和信息公开，开展市民风险防范和自救互救教育，建立巨灾保险制度，发挥社会力量在应急管理中的作用。

第六篇　推动城乡发展一体化

　　坚持工业反哺农业、城市支持农村和多予少取放活方针，加大统筹城乡发展力度，增强农村发展活力，逐步缩小城乡差距，促进城镇化和新农村建设协调推进。

第二十章　完善城乡发展一体化体制机制

　　加快消除城乡二元结构的体制机制障碍，推进城乡要素平等交换和公共资源均衡配置，让广大农民平等参与现代化进程、共同分享现代化成果。

第一节　推进城乡统一要素市场建设

　　加快建立城乡统一的人力资源市场，落实城乡劳动者平等就业、同工同酬制度。建立城乡统一的建设用地市场，保障农民公平分享土地增值收益。建立健全有利于农业科技人员下乡、农业科技成果转化、先进农业技术推广的激励和利益分享机制。创新面向"三农"的金融服务，统筹发挥政策性金融、商业性金融和合作性金融的作用，支持具备条件的民间资本依法发起设立中小型银行等金融机构，保障金融机构农村存款主要用于农业农村。加快农业保险产品创新和经营组织形式创新，完善农业保险制度。鼓励社会资本投向农村建设，引导更多人才、技术、资金等要素投向农业农村。

第二节　推进城乡规划、基础设施和公共服务一体化

　　统筹经济社会发展规划、土地利用规划和城乡规划，合理安排市县域城镇建设、农田保护、产业集聚、村落分布、生态涵养等空间布局。扩大公共财政覆盖农村范围，提高基础设施和公共服务保障水平。统筹城乡基础设施建设，加快基础设施向农村延伸，强化城乡基础设施连接，推动水

电路气等基础设施城乡联网、共建共享。加快公共服务向农村覆盖，推进公共就业服务网络向县以下延伸，全面建成覆盖城乡居民的社会保障体系，推进城乡社会保障制度衔接，加快形成政府主导、覆盖城乡、可持续的基本公共服务体系，推进城乡基本公共服务均等化。率先在一些经济发达地区实现城乡一体化。

第二十一章　加快农业现代化进程

坚持走中国特色新型农业现代化道路，加快转变农业发展方式，提高农业综合生产能力、抗风险能力、市场竞争能力和可持续发展能力。

第一节　保障国家粮食安全和重要农产品有效供给

确保国家粮食安全是推进城镇化的重要保障。严守耕地保护红线，稳定粮食播种面积。加强农田水利设施建设和土地整理复垦，加快中低产田改造和高标准农田建设。继续加大中央财政对粮食主产区投入，完善粮食主产区利益补偿机制，健全农产品价格保护制度，提高粮食主产区和种粮农民的积极性，将粮食生产核心区和非主产区产粮大县建设成为高产稳产商品粮生产基地。支持优势产区棉花、油料、糖料生产，推进畜禽水产品标准化规模养殖。坚持"米袋子"省长负责制和"菜篮子"市长负责制。完善主要农产品市场调控机制和价格形成机制。积极发展都市现代农业。

第二节　提升现代农业发展水平

加快完善现代农业产业体系，发展高产、优质、高效、生态、安全农业。提高农业科技创新能力，做大做强现代种业，健全农技综合服务体系，完善科技特派员制度，推广现代化农业技术。鼓励农业机械企业研发制造先进实用的农业技术装备，促进农机农艺融合，改善农业设施装备条件，耕种收综合机械化水平达到70%左右。创新农业经营方式，坚持家庭经营在农业中的基础性地位，推进家庭经营、集体经营、合作经营、企业经营等共同发展。鼓励承包经营权在公开市场上向专业大户、家庭农场、农民合作社、农业企业流转，发展多种形式规模经营。鼓励和引导工商资本到农村发展适合企业化经营的现代种养业，向农业输入现代生产要素和经营模式。加快构建公益性服务与经营性服务相结合、专项服务与综合服务相协调的新型农业社会化服务体系。

第三节　完善农产品流通体系

统筹规划农产品市场流通网络布局，重点支持重要农产品集散地、优势农产品产地批发市场建设，加强农产品期货市场建设。加快推进以城市便民菜市场（菜店）、生鲜超市、城乡集贸市场为主体的农产品零售市场建设。实施粮食收储供应安全保障工程，加强粮油仓储物流设施建设，发展农产品低温仓储、分级包装、电子结算。健全覆盖农产品收集、存储、加工、运输、销售各环节的冷链物流体系。加快培育现代流通方式和新型流通业态，大力发展快捷高效配送。积极推进"农批对接"、"农超对接"等多种形式的产销衔接，加快发展农产品电子商务，降低流通费用。强化农产品商标和地理标志保护。

第二十二章　建设社会主义新农村

坚持遵循自然规律和城乡空间差异化发展原则，科学规划县域村镇体系，统筹安排农村基础设施建设和社会事业发展，建设农民幸福生活的美好家园。

第一节 提升乡镇村庄规划管理水平

适应农村人口转移和村庄变化的新形势，科学编制县域村镇体系规划和镇、乡、村庄规划，建设各具特色的美丽乡村。按照发展中心村、保护特色村、整治空心村的要求，在尊重农民意愿的基础上，科学引导农村住宅和居民点建设，方便农民生产生活。在提升自然村落功能基础上，保持乡村风貌、民族文化和地域文化特色，保护有历史、艺术、科学价值的传统村落、少数民族特色村寨和民居。

第二节 加强农村基础设施和服务网络建设

加快农村饮水安全建设，因地制宜采取集中供水、分散供水和城镇供水管网向农村延伸的方式解决农村人口饮用水安全问题。继续实施农村电网改造升级工程，提高农村供电能力和可靠性，实现城乡用电同网同价。加强以太阳能、生物沼气为重点的清洁能源建设及相关技术服务。基本完成农村危房改造。完善农村公路网络，实现行政村通班车。加强乡村旅游服务网络、农村邮政设施和宽带网络建设，改善农村消防安全条件。继续实施新农村现代流通网络工程，培育面向农村的大型流通企业，增加农村商品零售、餐饮及其他生活服务网点。深入开展农村环境综合整治，实施乡村清洁工程，开展村庄整治，推进农村垃圾、污水处理和土壤环境整治，加快农村河道、水环境整治，严禁城市和工业污染向农村扩散。

第三节 加快农村社会事业发展

合理配置教育资源，重点向农村地区倾斜。推进义务教育学校标准化建设，加强农村中小学寄宿制学校建设，提高农村义务教育质量和均衡发展水平。积极发展农村学前教育。加强农村教师队伍建设。建立健全新型职业化农民教育、培训体系。优先建设发展县级医院，完善以县级医院为龙头、乡镇卫生院和村卫生室为基础的农村三级医疗卫生服务网络，向农民提供安全价廉可及的基本医疗卫生服务。加强乡镇综合文化站等农村公共文化和体育设施建设，提高文化产品和服务的有效供给能力，丰富农民精神文化生活。完善农村最低生活保障制度。健全农村留守儿童、妇女、老人关爱服务体系。

第七篇　改革完善城镇化发展体制机制

加强制度顶层设计，尊重市场规律，统筹推进人口管理、土地管理、财税金融、城镇住房、行政管理、生态环境等重点领域和关键环节体制机制改革，形成有利于城镇化健康发展的制度环境。

第二十三章　推进人口管理制度改革

在加快改革户籍制度的同时，创新和完善人口服务和管理制度，逐步消除城乡区域间户籍壁垒，还原户籍的人口登记管理功能，促进人口有序流动、合理分布和社会融合。

——建立居住证制度。全面推行流动人口居住证制度，以居住证为载体，建立健全与居住年限等条件相挂钩的基本公共服务提供机制，并作为申请登记居住地常住户口的重要依据。城镇流动人口暂住证持有年限累计进居住证。

——健全人口信息管理制度。加强和完善人口统计调查制度，进一步改进人口普查方法，健全人口变动调查制度。加快推进人口基础信息库建设，分类完善劳动就业、教育、收入、社保、房产、信用、计生、税务等信息系统，逐步实现跨部门、跨地区信息整合和共享，在此基础上建设覆盖全国、安全可靠的国家人口综合信息库和信息交换平台，到2020年在全国实行以公民身份号码为惟一标识，依法记录、查询和评估人口相关信息制度，为人口服务和管理提供支撑。

第二十四章　深化土地管理制度改革

实行最严格的耕地保护制度和集约节约用地制度，按照管住总量、严控增量、盘活存量的原则，创新土地管理制度，优化土地利用结构，提高土地利用效率，合理满足城镇化用地需求。

——建立城镇用地规模结构调控机制。严格控制新增城镇建设用地规模，严格执行城市用地分类与规划建设用地标准，实行增量供给与存量挖潜相结合的供地、用地政策，提高城镇建设使用存量用地比例。探索实行城镇建设用地增加规模与吸纳农业转移人口落户数量挂钩政策。有效控制特大城市新增建设用地规模，适度增加集约用地程度高、发展潜力大、吸纳人口多的卫星城、中小城市和县城建设用地供给。适当控制工业用地，优先安排和增加住宅用地，合理安排生态用地，保护城郊菜地和水田，统筹安排基础设施和公共服务设施用地。建立有效调节工业用地和居住用地合理比价机制，提高工业用地价格。

——健全节约集约用地制度。完善各类建设用地标准体系，严格执行土地使用标准，适当提高工业项目容积率、土地产出率门槛，探索实行长期租赁、先租后让、租让结合的工业用地供应制度，加强工程建设项目用地标准控制。建立健全规划统筹、政府引导、市场运作、公众参与、利益共享的城镇低效用地再开发激励约束机制，盘活利用现有城镇存量建设用地，建立存量建设用地退出激励机制，推进老城区、旧厂房、城中村的改造和保护性开发，发挥政府土地储备对盘活城镇低效用地的作用。加强农村土地综合整治，健全运行机制，规范推进城乡建设用地增减挂钩，总结推广工矿废弃地复垦利用等做法。禁止未经评估和无害化治理的污染场地进行土地流转和开发利用。完善土地租赁、转让、抵押二级市场。

——深化国有建设用地有偿使用制度改革。扩大国有土地有偿使用范围，逐步对经营性基础设施和社会事业用地实行有偿使用。减少非公益性用地划拨，对以划拨方式取得用于经营性项目的土地，通过征收土地年租金等多种方式纳入有偿使用范围。

——推进农村土地管理制度改革。全面完成农村土地确权登记颁证工作，依法维护农民土地承包经营权。在坚持和完善最严格的耕地保护制度前提下，赋予农民对承包地占有、使用、收益、流转及承包经营权抵押、担保权能。保障农户宅基地用益物权，改革完善农村宅基地制度，在试点基础上慎重稳妥推进农民住房财产权抵押、担保、转让，严格执行宅基地使用标准，严格禁止一户多宅。在符合规划和用途管制前提下，允许农村集体经营性建设用地出让、租赁、入股，实行与国有土地同等入市、同权同价。建立农村产权流转交易市场，推动农村产权流转交易公开、公正、规范运行。

——深化征地制度改革。缩小征地范围，规范征地程序，完善对被征地农民合理、规范、多元保障机制。建立兼顾国家、集体、个人的土地增值收益分配机制，合理提高个人收益，保障被征地农民长远发展生计。健全争议协调裁决制度。

——强化耕地保护制度。严格土地用途管制，统筹耕地数量管控和质量、生态管护，完善耕地占补平衡制度，建立健全耕地保护激励约束机制。落实地方各级政府耕地保护责任目标考核制度，建立健全耕地保护共同责任机制；加强基本农田管理，完善基本农田永久保护长效机制，强化耕地占补平衡和土地整理复垦监管。

第二十五章　创新城镇化资金保障机制

加快财税体制和投融资机制改革，创新金融服务，放开市场准入，逐步建立多元化、可持续的城镇化资金保障机制。

——完善财政转移支付制度。按照事权与支出责任相适应的原则，合理确定各级政府在教育、基本医疗、社会保障等公共服务方面的事权，建立健全城镇基本公共服务支出分担机制。建立财政转移支付同农业转移人口市民化挂钩机制，中央和省级财政安排转移支付要考虑常住人口因素。依托信息化管理手段，逐步完善城镇基本公共服务补贴办法。

——完善地方税体系。培育地方主体税种，增强地方政府提供基本公共服务能力。加快房地产税立法并适时推进改革。加快资源税改革，逐步将资源税征收范围扩展到占用各种自然生态空间。推动环境保护费改税。

——建立规范透明的城市建设投融资机制。在完善法律法规和健全地方政府债务管理制度基础上，建立健全地方债券发行管理制度和评级制度，允许地方政府发行市政债券，拓宽城市建设融资渠道。创新金融服务和产品，多渠道推动股权融资，提高直接融资比重。发挥现有政策性金融机构的重要作用，研究制定政策性金融专项支持政策，研究建立城市基础设施、住宅政策性金融机构，为城市基础设施和保障性安居工程建设提供规范透明、成本合理、期限匹配的融资服务。理顺市政公用产品和服务价格形成机制，放宽准入，完善监管，制定非公有制企业进入特许经营领域的办法，鼓励社会资本参与城市公用设施投资运营。鼓励公共基金、保险资金等参与项目自身具有稳定收益的城市基础设施项目建设和运营。

第二十六章　健全城镇住房制度

建立市场配置和政府保障相结合的住房制度，推动形成总量基本平衡、结构基本合理、房价与消费能力基本适应的住房供需格局，有效保障城镇常住人口的合理住房需求。

——健全住房供应体系。加快构建以政府为主提供基本保障、以市场为主满足多层次需求的住房供应体系。对城镇低收入和中等偏下收入住房困难家庭，实行租售并举、以租为主，提供保障性安居工程住房，满足基本住房需求。稳定增加商品住房供应，大力发展二手房市场和住房租赁市场，推进住房供应主体多元化，满足市场多样化住房需求。

——健全保障性住房制度。建立各级财政保障性住房稳定投入机制，扩大保障性住房有效供给。完善租赁补贴制度，推进廉租住房、公共租赁住房并轨运行。制定公平合理、公开透明的保障性住房配租政策和监管程序，严格准入和退出制度，提高保障性住房物业管理、服务水平和运营效率。

——健全房地产市场调控长效机制。调整完善住房、土地、财税、金融等方面政策，共同构建房地产市场调控长效机制。各城市要编制城市住房发展规划，确定住房建设总量、结构和布局。确保住房用地稳定供应，完善住房用地供应机制，保障性住房用地应保尽保，优先安排政策性商品住房用地，合理增加普通商品住房用地，严格控制大户型高档商品住房用地。实行差别化的住房税收、信贷政策，支持合理自住需求，抑制投机投资需求。依法规范市场秩序，健全法律法规体系，加大市场监管力度。建立以土地为基础的不动产统一登记制度，实现全国住房信息联网，推进部门信息共享。

第二十七章　强化生态环境保护制度

完善推动城镇化绿色循环低碳发展的体制机制，实行最严格的生态环境保护制度，形成节约资源和保护环境的空间格局、产业结构、生产方式和生活方式。

——建立生态文明考核评价机制。把资源消耗、环境损害、生态效益纳入城镇化发展评价体系，完善体现生态文明要求的目标体系、考核办法、奖惩机制。对限制开发区域和生态脆弱的国家扶贫开发工作重点县取消地区生产总值考核。

——建立国土空间开发保护制度。建立空间规划体系，坚定不移实施主体功能区制度，划定生态保护红线，严格按照主体功能区定位推动发展，加快完善城镇化地区、农产品主产区、重点生态功能区空间开发管控制度，建立资源环境承载能力监测预警机制。强化水资源开发利用控制、用水效率控制、水功能区限制纳污管理。对不同主体功能区实行差别化财政、投资、产业、土地、人口、环境、考核等政策。

——实行资源有偿使用制度和生态补偿制度。加快自然资源及其产品价格改革，全面反映市场供求、资源稀缺程度、生态环境损害成本和修复效益。建立健全居民生活用电、用水、用气等阶梯价格制度。制定并完善生态补偿方面的政策法规，切实加大生态补偿投入力度，扩大生态补偿范围，提高生态补偿标准。

——建立资源环境产权交易机制。发展环保市场，推行节能量、碳排放权、排污权、水权交易制度，建立吸引社会资本投入生态环境保护的市场化机制，推行环境污染第三方治理。

——实行最严格的环境监管制度。建立和完善严格监管所有污染物排放的环境保护管理制度，独立进行环境监管和行政执法。完善污染物排放许可制，实行企事业单位污染物排放总量控制制度。加大环境执法力度，严格环境影响评价制度，加强突发环境事件应急能力建设，完善以预防为主的环境风险管理制度。对造成生态环境损害的责任者严格实行赔偿制度，依法追究刑事责任。建立陆海统筹的生态系统保护修复和污染防治区域联动机制。开展环境污染强制责任保险试点。

第八篇　规划实施

本规划由国务院有关部门和地方各级政府组织实施。各地区各部门要高度重视、求真务实、开拓创新、攻坚克难，确保规划目标和任务如期完成。

第二十八章　加强组织协调

合理确定中央与地方分工，建立健全城镇化工作协调机制。中央政府要强化制度顶层设计，统筹重大政策研究和制定，协调解决城镇化发展中的重大问题。国家发展改革委要牵头推进规划实施和相关政策落实，监督检查工作进展情况。各有关部门要切实履行职责，根据本规划提出的各项任务和政策措施，研究制定具体实施方案。地方各级政府要全面贯彻落实本规划，建立健全工作机制，因地制宜研究制定符合本地实际的城镇化规划和具体政策措施。加快培养一批专家型城市管理干部，提高城镇化管理水平。

第二十九章　强化政策统筹

根据本规划制定配套政策，建立健全相关法律法规、标准体系。加强部门间政策制定和实施的协调配合，推动人口、土地、投融资、住房、生态环境等方面政策和改革举措形成合力、落到实处。城乡规划、土地利用规划、交通规划等要落实本规划要求，其他相关专项规划要加强与本规划的衔接协调。

第三十章　开展试点示范

本规划实施涉及诸多领域的改革创新，对已经形成普遍共识的问题，如长期进城务工经商的农业转移人口落户、城市棚户区改造、农民工随迁子女义务教育、农民工职业技能培训和中西部地区中小城市发展等，要加大力度，抓紧解决。对需要深入研究解决的难点问题，如建立农业转移人口市民化成本分担机制，建立多元化、可持续的城镇化投融资机制，建立创新行政管理、降低行政成本的设市设区模式，改革完善农村宅基地制度等，要选择不同区域不同城市分类开展试点。继续推进创新城市、智慧城市、低碳城镇试点。深化中欧城镇化伙伴关系等现有合作平台，拓展与其他国家和国际组织的交流，开展多形式、多领域的务实合作。

第三十一章　健全监测评估

加强城镇化统计工作，顺应城镇化发展态势，建立健全统计监测指标体系和统计综合评价指标体系，规范统计口径、统计标准和统计制度方法。加快制定城镇化发展监测评估体系，实施动态监测与跟踪分析，开展规划中期评估和专项监测，推动本规划顺利实施。

附录二

湖南省推进新型城镇化实施纲要（2012～2020年）

为全面贯彻落实省委省政府《关于加快新型城镇化推进城乡一体化的意见》（湘发〔2012〕6号）精神，加快推进我省新型城镇化，制定本实施纲要。

一、推进新型城镇化的意义、要求和目标

1. 重大意义。2008年省委省政府召开新型城市化工作会议以来，我省推进城镇化工作取得了明显成效，但仍存在着发展水平较低、发展质量不高、城镇综合承载能力不强、要素资源不足、体制机制不顺等突出问题。当前，党中央、国务院长把城镇化确定为调整经济结构、转变社会型态、扩大内需的重要战略和主要抓手。未来5至10年，将是我省城镇化发展的重要机遇期和关键期。加快推进新型城镇化，是我省转变经济发展方式的客观需要，是实施"四化两型"战略的重要内容，是富民强省的必由之路。

2. 总体要求。以科学发展观为统领，以人口城镇化为核心，以宜居宜业为目的，以城乡一体化为方向，大力提升城镇化水平和发展质量。坚持以人为本和改善民生，着力创造宜居宜业环境；坚持资源节约和环境友好，着力构建"两型"产业和"两型"生活；坚持城乡统筹和区域协调，着力提高县城和中心镇发展水平；坚持提升城镇综合承载能力和辐射带动能力，着力完善城镇功能；坚持全面发展和可持续发展，着力创新体制机制。

3．发展目标。以城市群为主体形态，以长株潭城市群为核心、中心城市为依托，以县城和中心镇为基础，构建大中小城市和小城镇协调发展的新型城镇体系。

——到2015年，全省城镇化水平超过50%，建设特大城市6个（长沙、衡阳、株洲、湘潭、岳阳、常德），大城市6个（郴州、益阳、永州、邵阳、娄底、怀化），40个县（市）中心城区人口发展到20万以上，50个建制镇镇区人口发展到3万以上。全省亿元GDP建设用地规模控制在1250亩，县以上城镇人均公园绿地面积达9平方米，污水处理率达85%，生活垃圾无害化处理率达90%以上，空气质量优良天数超过328天的城市达到13个，二氧化硫排放总量下降到65.1万吨，万元GDP能耗降低16%。

——到2020年，全省城镇化率赶上全国平均水平，新增郴州、益阳发展成为中心城区人口过100万的特大城市。全省城镇发展质量明显提高，城镇功能基本完善，城乡人居环境良好，"两型社会"建设效用显著。

二、优化城镇体系结构

4．大力促进城市集群发展。引导空间相邻、交通畅捷、产设施共享、功能互补的城市集群发展，着力构建"一核五轴"的城镇空间发展格局。"一核"，即长株潭城市群；"五轴"，即岳阳—郴州城镇发展主轴、常德—永州城镇发展轴、石门—通道城镇发展轴、株洲—怀化城镇发展轴、长沙—吉首城镇发展轴。

——推进长株潭城市群加快转型发展，使其成为我省经济社会发展的引擎和核心增长极。到2015年，长株潭城市群城镇化率达到70%，GDP和财政收入占全省的比重均达到45%左右。

——拓展提升环长株潭城市群统筹发展的深度和水平。抓好株洲、湘潭、衡阳、岳阳、娄底等老工业基地调整改造，推动益阳、常德优化产业结构、拓展产业规模，促进人口、产业、技术、资本和市场的聚集和融合。到 2015 年，环长株潭城市群城镇化率超过 55%。

——因地制宜发展不同类型、不同层次的城市群。重点支持郴州大十字城镇群、邵阳东部城市群、衡阳西南云大经济圈加快发展。积极推进永州冷零祁经济圈、怀化鹤中洪芷经济圈、湘西吉凤花城镇带、娄底娄涟双城镇群等城镇密集地区的统筹开发建设。

5. 壮大区域中心城市。长沙、株洲、湘潭以"两型社会"试验区建设为契机，坚持先行先试。长沙要进一步提高在全省的城市首位度，依托航空港和全国高铁枢纽中心大力发展临空产业和现代服务业，着力打造具有国际影响力的城市新区，增强对全省城镇发展的核心带动和示范作用。长沙中心城区人口到 2015 年达 400 万以上，2020 年达 500 万以上；株洲、湘潭中心城区人口到 2015 年均超过 100 万。

——岳阳、益阳、常德以洞庭湖生态经济区建设为契机，着力打造彰显滨水特色的现代生态城市。岳阳要大力发展临港经济和临江产业带，中心城区人口到 2015 年发展过 100 万。"十二五"末，常德和益阳中心城区人口要分别达到 100 万和 80 万左右。

——衡阳、郴州、永州以承接产业转移示范区建设为契机，着力打造现代宜业宜居城市。到 2015 年，衡阳中心城区人口过 120 万，形成中部地区重要的先进制造业和现代服务业基地；郴州成为中心城区人口过 80 万的湘粤赣边区中心城市；永州成为中心城区人口过 70 万的湘粤桂边区中心城市及我省对接东盟的重要桥头堡。

——怀化、吉首、张家界以武陵山经济协作区建设和新一轮扶贫开发为契机，着力打造西部重要交通枢纽、边区贸易中心和生态文化旅游城市。到 2015 年，怀化发展为中心城区人口过 50 万的大城市，张家界和吉首市中心城区人口扩大到 30 万～40 万。

——邵阳、娄底以加快湘中发展、促进湘中崛起为目标，充分利用交通区位条件改善的契机，积极承接产业转移，加快产业改造升级，延长产业链。到 2015 年，邵阳、娄底分别发展为中心城区人口过 70 万和 50 万的大城市。

6. 大力推进县城和中心镇提速发展。县级市和县城要全面提升城镇综合承载能力，全力扩大非农产业规模，加快县城经济社会发展，成为农村人口转移就业和居住的重要载体。

——抓紧制定《湖南省小城镇建设规划（2011～2020 年）》，"十二五"期间，全省重点支持 100 个中心镇和 151 个特色镇的发展。中心镇要实施扩权强镇，着力增强镇区非农产业集聚能力，大力提升基础设施建设水平，改善人居环境。特色镇要因地制宜，突出特色，加快发展。

——加快出省公路干线省际边界小城镇的发展，突出产业、基础设施和公共服务设施建设，提高出省公路建设水平，扩大开放，增强要素集聚能力，促进县域经济发展。

重点工程一：县城和中心镇扩容提质工程

鼓励中心城区人口过 10 万的 55 个县（市）按中等城市的规模和标准规划建设，中心镇及镇区人口过 2 万以上的一般建制镇按 5 万人口以上的小城市规模和标准规划建设。到 2015 年，40 个发展基础较好的县（市）城区人口过 20 万；50 个以上的建制镇镇区人口达 3 万以上。到 2020 年，耒阳市、醴陵市、宁乡县、浏阳市、祁阳县、长沙县、邵东县中心城区人口过 50 万。其他规模较小及发展相对滞后的县（市）要完善基础设施，提升经济实力，中心城区人口规模要逐步超过 10 万。

7. 构建完备高效的城际交通网络。积极构建国际航线、国内干线、区域支线三位一体、互为补充的综合航空运输网络，加快推进长沙黄花机场、张家界荷花机场等民用机场的改扩建和南岳、武冈等机场的新建。长沙黄花机场建成我省首个航空城和区域性国际航空枢纽，张家界荷花机场建成全国重要的旅游机场。

——构建长沙高铁枢纽，加快在建和已获批的客运专线、铁路、城际轨道交通线等项目建设，积极启动一批项目的前期工作。到2015年，基本建成长株潭城际轨道。

——稳步推进高速公路建设。加强高速公路出省通道、网络连接线、市县连接线建设，加快完成在建高速公路项目，全面开工已批高速公路项目，打通25条高速省际通道，抓紧做好一批高速公路的前期工作。到2015年，全省形成以"六纵七横"为骨架的高速公路网，实现相邻市州间以高速公路连通，所有县市区30分钟内上高速公路。

——大力推进岳阳城陵矶枢纽工程前期工作，把城陵矶新港区建设成为全省综合交通运输体系的重要枢纽，现代物流的重要园区，开放型经济的重要门户。继续推进内河航运扩容提质，加快湘江、沅水高等级航道和岳阳、长沙等7个重要港口建设。

"十二五"期间累计改建千吨级以上航道500公里左右，建成千吨级以上泊位130个以上，加快长沙湘江航电枢纽、土谷塘湘江航电枢纽等工程建设。

三、发挥城乡规划的统筹作用

8.完善城市规划体系。贯彻落实《湖南省城镇体系规划》、《环长株潭城市群城镇体系规划》等城镇体系规划，加快制定《武陵山经济协作扶贫开发试验示范区城镇体系规划》、《郴州大十字城镇群城镇体系规划》、《邵阳东部城市群城镇体系规划》等区域城镇体系规划，整合区域资源，统筹区域重大基础设施建设。

——建立健全城镇总体规划实施绩效评估机制。每两年组织对城市、县城总体规划实施情况进行评估，根据经济社会发展需要及时依法修改，合理调整发展规模和发展方向，优化用地布局和用地结构，引导人口和产业合理分布。

——加强控制性详细规划以及综合交通体系，给排水，绿地系统，综合防灾减灾，教育、医疗、卫生、文化体育、社会福利等社会发展事业，燃气、电力、信息等基础设施，物流、商业网点及市场设施，历史文化资源保护等专项规划的制定。城市、县城总体规划批准实施1年内，相关专项规划以及5年近期建设范围内控制性详细规划要完成审批。

重点工程二：轨道交通枢纽城市综合体规划建设工程

统筹规划铁路客运专线、城际城市轨道交通线站场的空间布局，实现无缝对接。依托铁路客运专线、城际城市轨道交通线站场，半径1公里范围以内规划建设高强度、高容积率的城市综合体，重点发展商务商业、酒店餐饮、现代服务业、会展中心及职业培训教育、居住、公共服务等功能，人口密度每平方公里达5万人以上。

---

9. 强化村镇规划的制定与实施。强力推进村镇规划的制定与实施工作，逐步实现农村居民相对集中建房，农村基础设施和公共服务设施相对集约布置。2013年底基本完成镇（乡）域村镇布局规划。2015年底前完成全省镇区（集镇）规划、村庄规划的修改或制定工作。省财政对村镇规划编制给予一定补助。

——村镇规划的制定与实施要突出镇区（集镇）、村庄、非农产业、路网及各类基础设施和公共服务设施空间布局的改善和优化，强化对各类建设活动的空间管制。大力整治当前村镇建设"散、乱、差"的状况，切实消除"一条公路两排房"的现象，充分展现乡村山水田园风光。到2020年，全省村镇的空间格局和建设风貌得到明显改善。

10. 加强城乡规划监管。科学把握城乡规划实施时序。城市、县城要严格遵照国家和省有关规定制定近期建设规划和年度建设行动计划，并认真按照近期建设规划和年度建设行动计划组织各项建设，消除"城中村"现象，提高基础设施建设投入产出效益。

——提高城市规划的公众参与水平。严格执行规划公示制度及公众参与制度，"十二五"期间，中心城区规划人口20万以上的城市和县城要建立规划展示馆，打造公众参与平台。规划展示馆应与科技馆、文化馆、群众艺术馆、青少年宫等共同建设，实现资源共享。

——严格执行建设项目"一书三证"制度、城市"三区四线"管理规定、《建设用地容积率管理办法》，依法查处擅自变更用地性质、调整容积率的行为。深入推进规划督察员制度，严肃追究地方政府及城乡规划主管部门违反城乡规划的决策和审批行为。

四、增强城镇综合承载能力

11. 夯实城镇发展产业基础。科学确定城镇产业定位。充分发挥区位、资源优势，改造提升传统产业，推动产业转型发展，培育发展战略性新兴产业，大力促进生产性服务业、消费性服务业和文化旅游产业的发展，实现资源共享、优势互补，形成特色鲜明、错位发展、良性互动的产业发展格局，不断增大城镇吸纳就业容量。

——按照布局合理、用地集约、产业集聚的原则，大力发展各类产业园区。支持综合竞争力较强的省级开发区升级为国家开发区，支持符合条件的园区扩区调区，支持具备条件但尚未设立省级开发区的县（市）设立1个省级工业集中区，鼓励有条件的乡镇发展非农特色产业园区，促进劳动密集型、资源加工型产业向县城和中心镇的产业园区转移集聚。推动产业园区和城镇新区协调发展，实现产业与城镇融合，避免产业园围城现象。

——制订产业园区建设规划，符合城镇总体规划、土地利用总体规划和环境保护规划要求，服从城镇统一规划管理，建设用地规模纳入城镇总体规划建设用地规模。优化产业园区用地布局和结构，避免不同功能组团间相互干扰，生产性用地比例应达到建设用地总量的 60% 以上。支持园区配套建设公共租赁住房、普通商品住房，严禁在园区内建设别墅和高档商品住房。

12. 完善城镇综合交通体系。统筹城市道路、车辆加油充电充气站、停车设施的布局，市内交通与城市对外交通的衔接，步行、自行车交通与一般机动车、公交车、轨道交通、出租车等交通方式的衔接。2013 年底前，县以上城市要完成综合交通体系规划的制定。实施重大建设项目交通影响评价机制，减少建设项目对周边交通负荷影响。

——优先发展公共交通。合理确定公交车辆与其他社会车辆的路权使用分配关系，加强交通换乘枢纽及设施、公共交通场站、公交专用道、公交优先通行信号系统建设管理，加快长沙轨道交通建设，特大城市探索建立 BRT 快速公共交通系统，构筑以公共交通为主体、枢纽站点配置合理、通畅快捷的城镇公共交通服务体系。到 2015 年，300 万人、300 万～100 万人和 100 万人以下人口的城市公共交通分担率分别达到 35%、20% 和 15% 以上。积极推进城乡公交一体化进程，逐步解决农民出行难和安全出行的问题。

——统筹城镇停车设施建设。充分利用地上地下空间和人防工程，开发建设立体式停车场和地下停车场。到 2015 年，全省开发利用人防工程提供地下停车位 30 万个。交通换乘枢纽、公交换乘场站、宾馆、酒楼、商场，写字楼、营业场所、公共机构，要按使用需求配足停车泊位。新建小区的停车泊位要满足小区单位和居民的停车需求，现有小区要结合城市改造和综合整治增加停车泊位。清理恢复被占用的大型楼房、商场的地下公共停车场，实行对外开放服务。实施分时、分段、分区域的停车收费标准，其中繁华地段要提高停车费中的道路占用费比重。鼓励民间资本参与公共停车场建设和经营，逐步实现停车产业化。

重点工程三：城镇路网结构提质优化工程

严格执行《城市道路交通规划设计规范》（GB 50220-95），切实保证城镇各级道路的路网密度，严格把握各级道路的宽度，杜绝严重超出《规范》宽度要求的"宽马路"。城镇道路的规划设计要充分考虑地形地貌特征，避免深挖高填，积极保护原生态。科学渠化交叉路口，新建道路建设港湾式公交车停靠站点，已建道路有条件的要逐步实施改造。特大城市要大力推动快速路建设，提高跨区通行速度。加强老旧城区支路改造建设，合理加大支路网密度，打通断头路、改造丁字路。严格支路建设管理，严禁小区建设挤占城市支路，已挤占的要责令限期恢复。到2015年底，设区城市主次干路密度达4公里/平方公里，县以上城镇人均道路面积达13.5平方米。

——新（改、扩）建道路、交通设施、公共停车场、公共交通工具设置无障碍设施，已建成设施进行无障碍改造，满足残疾人日常工作、生活出行的基本需求。

——大力推进步行道和自行车道建设，积极发展公共自行车，开展公交接驳点步行改造，营造良好的自行车、步行交通空间。推广公共自行车系统建设经验，新建、改建、扩建的城市道路，必须设置步行道和自行车道。进一步完善行人过街设施、隔离设施和交通标识，城市快速路、主干路优先采用地下穿越的行人过街方式。

13. 提升城镇供水能力和品质。加强新建供水设施建设，扩大公共供水服务范围，增强城镇供水能力，确保供水能力适度超前发展。推动城乡区域统筹供水，发挥城镇供水设施辐射带动作用，加快乡镇供水设施建设。

——加快城镇现有供水管网和制水工艺提质改造，提高供水品质，降低管网漏损。加强城镇供水监测能力建设。加大二次供水管理力度，二次供水方式纳入工程设计审查范围内。

——加强水源地保护，取缔水源保护区内与保护水源无关的建设项目及已建排污口。严格生活饮用水源地周边建设项目的报批、验收工作。依法查处向饮用水源地倾倒固体废物、危险废物和生活垃圾的违法行为。对环境风险隐患大的饮用水水源保护区开展综合整治，着力解决湘江流域沿线城市枯水季节安全饮水问题。抓好城市备用水源建设，中等以上城市都要开辟第二水源。开展东江引水工程可行性调研论证质。

> **重点工程四：重要水源地保护和供水提质改造工程**
>
> 加强东江湖、水府庙、株树桥等重要水源地保护和环境整治，保证源水质量。全面执行《生活饮用水卫生标准》（GB5749-2006），加快供水设施的提质改造，到2015年底，县城以上城镇生活饮用水水质符合新的卫生标准，新增和改造供水规模648万立方米／日，新增和改造供水管网长度1.08万公里，80%以上城市和60%以上县城供水管网的漏损率达到国家规定标准。

14. 加快城镇燃气发展。全面推进城镇燃气管网建设，合理布局站点，完善燃气输配系统。优化液化燃气储备站及供应站布局，推广瓶装液化燃气集中配送系统，减少瓶装液化燃气销售网点。统筹推进农村和集镇燃气发展，开展分布式能源试点和小城镇管道燃气供应试点。严格实行燃气经营许可，加强燃气供应设施的建设和管理。

> **重点工程五：气化湖南工程**
>
> 大力发展管道天然气。到2015年，全省新建天然气省级支干线管道6条，天然气输气干管覆盖全省地级市和一半以上的县（市）。到2020年，全省天然气管网形成四纵四横输气管道、5座液化天然气调峰站省级骨架干网，实现县县通天然气，县以上城镇超过80%的居民使用天然气。

15．提升城镇电力和信息基础设施建设水平。大力加强电力建设，完善城镇供电网络，加快农村电网改造，提高城乡供电保障能力。加快城镇配电网建设与改造，保证变电站、电力走廊及电缆通道的建设用地，促进电力建设与城镇建设协调同步。推进智能电网建设，提高电网的经济性、实用性和科技性。

——统筹布局新一代移动通信、下一代互联网、数字电视等网络设施建设，构建超高速、大容量、高智能的干线传输网络。积极建设无线宽带城市，率先推动长株潭建成宽带立体的高速信息城域网。建立电信网、互联网、广播电视网三网统一的建管体制框架，2012年率先完成长株潭试点，并将试点范围扩大到环长株潭城市群，2015年在全省推开。推进城市骨干信息网向农村延伸，实施农村建制村"宽带通"工程。加快有线电视网络整合和数字化改造，到2015年，县城以上城区数字电视普及率超过98%。

16．加强城镇公共服务设施建设。统筹教育、医疗卫生、文化体育、养老服务、社会福利、社会保障、就业服务、物流、商业网点及市场设施、金融保险等公共服务设施建设，提高对周边地区的辐射带动能力。按照实际服务范围和人口规模，加大公共服务设施建设力度，逐步形成覆盖城乡、布局合理的公共服务体系。

——各级政府加大对公共服务设施建设的投入，切实保证公共服务设施建设用地需求，重点突出学校、医院、养老服务等公共服务设施建设，公平、合理配置城乡公共服务资源，着力解决城乡居民上学难、就医难、养老难的问题。

——合理布局城镇商业网点及市场设施，加快县乡流通基础设施建设，促进县乡流通现代化和消费便利化。加强产地批发市场建设，加大农村与超市对接力度，对县乡农贸市场进行标准化改造，夯实城市"菜篮子"工程基础。

17．健全城镇安全保障体系。提高城镇建筑和公共设施的灾害防御性能。加强交通、通信、电力、供气、给排水管网等生命线工程抗毁抗灾能力建设，有效利用学校、公园、绿地、广场、体育场等现有场所，建设或改造城镇、社区应急避难场所。

——提高城镇防洪排涝能力。严格执行城镇防洪排涝标准，开展防洪排涝能力普查评估，加强防洪堤及排涝设施建设和维护，防洪排涝工程建设应与交通、景观、休闲设施统筹安排，到 2015 年，全省县城以上城镇防洪堤建设全面达到国家规定的防洪标准。城镇可通过大幅增加地面透水面积，提高排水系统的排水能力，新开、拓宽、清淤河道，拆除阻水建（构）筑物，新建、改扩建水闸，保留农田低地和城市水面等措施，增强城市整体排涝能力。

——建立健全地质灾害调查评价、监测预警、综合防治和应急管理体系，避开地质灾害危险区域布局建设项目，提高学校、医院等公共设施抗震设防标准和抗震能力。加强消防体系及消防设施建设，健全运行管理机制，发挥消防保障作用。

——提高城镇应急防控处置能力。不断完善供水、供气、供电、消防、治安、轨道交通等突发事件应急预案，加强应急演练，物防、技防配套设施与主体建设项目同步规划设计，同步建设，同步验收，保障城镇安全有序运转。

五、改善城乡居民居住条件

18. 提高普通商品住房供给能力。大力发展中小套型、中低价位的普通商品住房，满足自住型需求。金融机构要落实差别化住房信贷政策，为居民首次购买普通商品住房提供贷款支持和利率优惠；国土资源部门要对普通商品住房优先供地、控制过高地价；税务部门要落实国家有关税收优惠政策，鼓励开发商投资普通商品住房建设，引导住房合理消费。

——转变房地产业发展方式。县城和中心镇要加快房地产市场的培育和发展，以适应人口城镇化发展要求，注重集中连片综合开发，同步配套建设基础设施、公共服务设施，提高住宅产业化水平，积极推动全装修住房建设和交易。

19. 加大保障性安居工程建设与管理力度。坚持政府主导、政策扶持、社会参与的原则，加大公共财政投入，全面落实保障性住房建设各项政策措施及相关规定。发挥市场机制作用，以公共租赁住房为重点，统筹廉租住房、经济适用住房等保障性住房建设。扩大住房公积金支持保障性安居工程建设试点范围，新增株洲、湘潭、衡阳、岳阳四市为试点城市。

——加快推进城市和国有工矿棚户区改造，优先安排连片规模较大、住房条件较差、安全隐患严重的项目，2015 年底前基本完成集中连片的城市和国有工矿棚户区改造。对老城区可整治的旧住宅和规划保留建筑，主要进行房屋维修、配套设施和无障碍设施完善、环境整治和建筑节能改造。

——加强保障性住房分配和管理。健全准入退出机制，合理确定准入标准、保障方式和退出条件等，定期调整并向社会公布，确保配租配售过程公开透明、结果公平公正。完善住房信息系统，推行动态监测，提高分配管理信息透明度。建立纠错机制，坚决查处骗购骗租、变相福利分房等行为。引入市场手段和竞争机制，通过服务外包、购买服务、物业管理等措施，完善后续管理。

20. 推进农村住房建设管理和危房改造。农村集体土地上农民建房坚持"一户一宅、建新拆旧"原则，鼓励盘活空置房。因地制宜，分类安排，推动农民居住由分散向规划中的村庄集中。丘陵地区要适度集中，依山傍水；平原地区要尽量集中，少占耕地；山区要相对集中，力求向交通便捷区域选址布局。加快农村危房改造步伐，力争"十二五"期间，力争每年改善 20 万户以上农村住房困难家庭的住房条件。

——镇（乡）域村镇布局规划确定保留的现状农村居民点，要积极开展村庄整治和农房建设，同步配套基础设施和公共服务设施。镇（乡）域村镇布局规划确定要搬迁的现状农村居民点，一律停批宅基地，通过提供优惠条件引导农民到小城镇、规划确定的村庄购房建房。生态恶劣、干旱缺水、交通严重不便、地质灾害频发、采空塌陷等不宜居住的现状农村居民点，逐步实施整体搬迁。

六、提升城乡生态环境质量

21. 加强园林绿化建设。实施城镇绿荫行动，严格执行《城市园林绿化评价标准》，强化绿线绿章管理。加强城镇公园绿地、附属绿地、防护绿地、生产绿地及其他绿地的保护与建设，提高绿地分布的均衡性。积极发展社区公园，推进庭院小区绿化、垂直绿化、屋顶绿化、立交桥绿化和江河湖岸绿化，抓好植物园、动物园和儿童公园等各类公园建设，加快城镇范围内的公路和铁路两侧绿化带建设，大力推进城郊绿化，逐步形成各类绿地合理配置，乔、灌、花、草，常绿与落叶，林相与季相，生态效益与景观效果有机结合，适地适树适草，注重生物多样性，城市和郊区一体的城镇绿化体系。到 2015 年，全省县城以上城镇建成区绿化覆盖率、绿地率分别达到 35%、31%。

——强化对城镇园林绿化保护与建设的监管，确保居住区绿化、单位绿化及各类建设项目配套绿化达到规划建设指标。积极创建生态园林城市、人居环境奖（范例奖）、园林城市（县城）、园林城镇、园林式小区（单位）。开展省级"十佳林荫道路"、"十佳园林小区"和"人居环境奖"评选工作。

——加强重点生态功能区以及长株潭生态绿心地区、风景名胜区、森林公园、自然保护区、湿地、生态脆弱地区及交通沿线绿地等的保护与管理。建立健全生态补偿机制，开展下游地区对上游地区、开发地区对保护地区、生态受益地区对生态保护地区的生态补偿试点。

22. 严格风景名胜区保护与开发。积极鼓励申报创建国家级风景名胜区和世界自然遗产。加强风景名胜区规划工作，2013 年风景名胜区总体规划覆盖率达到 100%，2015 年风景名胜区核心景区详细规划覆盖率达 70%。

——加强风景名胜区环境综合治理和各项建设，推动原居民集中安置，提高污水处理和垃圾收集能力。到 2015 年，国家级风景名胜区内基本实现清洁能源、环保交通，景区门禁系统、遥感动态监测全覆盖。依法依程序开征风景名胜资源有偿使用费，规范特许经营，鼓励依托风景名胜区建设特色景观旅游名镇名村。

23. 加快垃圾无害化处理。加快生活垃圾无害化处理设施建设，实施垃圾渗滤液污染处置工程，加强医疗垃圾和固体废弃物处理，优先推广焚烧发电等先进技术，实现县以上城镇生活垃圾无害化处理设施全覆盖。"十二五"期间，新续建垃圾无害化处理设施115座，新增日处理能力3.75万吨。积极推行生活垃圾分类试点，加快推进餐厨垃圾无害化和资源化处理工作。

——加强生活垃圾处理监管能力建设，严格焚烧设施烟气排放、填埋场渗滤液和气体排放监测。完善垃圾处理设施运营监管考核评价体系，对采用焚烧发电和工业协同处理项目实行财政补贴政策。全面开征生活垃圾处理费，推行伴水伴电征收方式，确保生活垃圾处理设施正常运行。

24. 加大生活污水处理力度。重点加强现有污水处理能力不足的城市、县城和中心镇、特色镇污水处理设施和配套管网建设。加快推进雨污分流，新建城区严格实施雨污分流，老城区逐步实施雨污分流改造。加快现有污水处理厂升级改造，提高除磷脱氮能力，加大改造重点流域、重要水源地等敏感地区的污水处理厂力度。加强污泥处理处置设施建设，开展污泥处理处置试点。

——严格生活污水处理设施运营监管，加大排水许可实施力度，"十二五"期间城市和县城全面实施排水许可。建设省级城镇排水监测网络，强化在线监控管理。建立生活污水处理设施运营补贴机制，加大对使用自备水源单位污水处理费征收力度，污泥处理处置成本纳入污水处理收费范畴。

——因地制宜，科学确定城镇生活污水集中处理技术路线，优选节能省地、成本低廉、管理简单的处理工艺。积极推进分布式生活污水集中处理方式，制定相关配套政策，促进生活污水集中处理小区化、局域化。加强污水排放监管，注重发挥化粪池的初级处理作用，严肃查处生活污水不按规定排放的行为。

重点工程六：城镇污水垃圾设施建设工程

"十二五"期间，新建污水管网 8492 公里，新增和改造污水处理规模 440.9 万立方米／日，到 2015 年底，县以上城镇和一般建制镇污水处理率分别达到 85% 和 30%。新增生活垃圾无害化处理能力和收转运能力 3.86 万吨／日，到 2015 年底，县以上城生活垃圾无害化处理率达到 90%，50% 以上的设区城市实现餐厨垃圾分类收运。

25. 开展城乡环境综合整治。积极开展城镇环境综合整治，着力推进湘江流域以重金属污染治理为重点的集中整治，开展简易垃圾场治理，引导重污染企业集中布局、升级改造或搬迁退出。规范城镇垃圾收运处理，重点治理户外广告、牌匾、霓虹灯设置，强化车辆停放、摊点摆设，建筑工地管理，加强城镇临街建筑立面的提质改造。逐步开展 PM2.5 监测，有效管理和控制施工产生的扬尘、噪声，改善城市环境质量。以点带面，重点开展城乡结合部、背街小巷、老旧居住区、集贸市场等卫生死角环境治理。

——开展农村环境综合整治。抓好规模畜禽养殖场和养殖小区污染治理。加强农村饮用水源地环境保护，提升农村饮水安全保障能力。提高农村废弃物资源化利用水平，合理处置化肥、农药、农地膜残留物。大力推进农村清洁家园、清洁水源、清洁田园、清洁能源建设。到 2015 年，完成 4000 个建制村的环境综合整治。

重点工程七：城乡环境综合整治工程

成立省城乡环境综合整治工程领导小组，由省住房和城乡建设厅牵头，环保、国土资源、交通、电力、电信、农办、林业、商务、公安、卫生、财政等部门参与，开展城乡环境综合整治三年行动，实现城乡品位和形象大提升。

——开展城乡环卫一体化试点工作，完善县城周边区域 30 公里范围内垃圾中转设施建设，积极推进农村垃圾"户分类—村收集—乡镇转运—县处理"的处理模式。距县城 30 公里以外的乡镇，提倡分片建设区域性垃圾处理设施。

——开展生态修复行动。因工程建设造成山体、土壤、水体及河湖岸线损毁，应在工程竣工 1 年内完成生态修复。已造成的损毁，城镇和主要交通沿线要在 2015 年底前完成修复，其余的在 2020 年底前完成修复。矿产开采区、采空区、尾矿库区要按照有关规定加大生态修复和耕地复垦力度。

26．开展绿道网建设。在全省开展绿道网建设，建设连接城际之间、城乡之间、社区之间的绿色连续开敞空间，促进乡村休闲旅游发展，提升人民生活质量。按照"省统筹规划，地方政府建设"的原则，由省住房和城乡建设厅分类指导各地开展绿道网建设工作，构建区域绿道——城市绿道——社区绿道有效衔接、相互协调的三级绿道网络。

重点工程八：长株潭绿道网建设工程

省住房和城乡建设厅负责组织编制《长株潭绿道网总体规划》，长株潭 3 市政府负责绿道网建设。按照"一年构建骨架，两年基本建成，三年完善成网"的要求，到 2015 年长株潭地区率先建成连接城际之间、城乡之间、社区之间的绿道网络。

七、坚持集约高效可持续发展

27．集约节约使用建设用地。科学配置城镇产业发展和建设用地，整合规范农村建设用地，适度提高城镇建筑容积率，提高单位建设用地投入产出强度。严格产业项目用地管理，严禁出现借产业园建设的圈地圈地行为，健全收回机制，对达不到投入产出强度标准或者闲置 2 年以上的产业项目建设用地予以收回。

——统筹城市地下与地上空间的开发利用。健全地下空间开发建设管理机制，出台相关配套政策和标准规范，明确地下空间的权属关系，结合人防工程，开发利用好城市地下空间。规划中心城区人口超过 20 万以上的城市、县城，总体规划要增加地下空间开发利用的专项内容，对各类功能区、广场、公园、道路和建筑，提出地下空间开发利用的要求和规定，并在城市开发建设中严格落实。对地上地下一体式建筑，地下部分建筑面积不计算容积率和建筑规模。

——开展城市地下综合管线建设试点。推行共用管沟、综合管廊等地下管线建设方式，对供水、排水、供气、电力、信息网络等统一管线综合、统一建设、统一管理。新建城区地下管线原则上应采用综合管廊方式，到 2020 年，地级市地下管线应大部分实现综合管廊方式，各县（市）应建成一定规模的地下综合管廊。

28. 着力提升城市局域循环水平。优化和改善城市产业、居住及各类设施的空间布局，着力控制并缩短市民各类日常活动的通勤距离，缩小市政设施运行服务半径。

——通过促进市民就近居住、工作和生活，合理控制市政设施的运行服务半径，提升城市局域循环水平，降低城市建设、运营、管理成本，减少交通流量，节约市民日常支出。

——加强城市次干路、支路的微循环系统建设，合理确定各级道路两侧各类建（构）筑物退让道路红线距离，在不影响道路通行能力的前提下，发挥和开发各类建（构）筑物的使用功能，积极发展商业和生活服务设施，贴近市民生活，丰富街景空间。

29. 加大城市节水力度。强化取水总量控制和用水管理，建立节约用水的利益调节机制，促进水资源合理调配与高效利用。推进节水型城市创建，"十二五"末创建国家级节水型城市 2 个，省级节水型城市 5 个。

——大力推广应用节水技术和节水器具，抓好再生水、矿井水等非传统水资源利用，加快高耗水及重点用水行业节水技术改造，逐步实施阶梯水价。

——推动中水回用。中水回用管理纳入城镇供排水统一管理和调配，新建城区全面建设中水回用设施，中水用于景观用水、绿化浇灌、地表清洁等非生活用水，并逐步向生产、消防、车辆清洁等领域推广。推动城镇污水厂再生水利用，"十二五"末全省再生水利用率达到10%。

30. 大力发展绿色建筑。严格执行建筑节能强制性标准，更加注重发挥建筑布局、朝向、体型系数、自然采光通风在建筑节能中的作用。开展绿色建筑集中示范城区试点和星级绿色建筑示范，分类分步骤强制执行绿色建筑标准。到"十二五"末，建成绿色建筑400万平方米。

——开展既有建筑节能改造。运用绿色建筑节能技术，推广合同能源管理方式，"十二五"期间组织对100个2万平方米以上的既有大型公共建筑进行节能改造。公共建筑实行用能限额管理，对超限额用能的公共建筑，采取增加用能成本或强制改造等措施。大力推进既有大型公共建筑能耗统计、能源审计、能效公示及监测平台建设。

——大力发展建筑节能节材技术。重点发展墙体自保温隔热系统，高性能节能门窗，遮阳技术，高强材料，屋顶绿化技术以及加气混凝土制品、烧结空心制品，复合墙板、一体化屋面等技术和材料。大力推广节能灯、节能机电产品、绿色施工技术，积极利用工业和建筑固体废弃物作为建筑材料。深入推进预拌商品混凝土、砂浆的使用，墙体材料革新和"禁实"向纵深发展。

——因地制宜发展太阳能、地热能等新能源，推动可再生能源建筑规模化应用。组织实施国家可再生能源建筑应用城市和村镇示范。"十二五"期末，实现可再生能源建筑应用4000万平方米。

——从严控制高度超过100米的超高层建筑，对城市气候气流、生态环境、地质水文、综合安全以及建造和运行综合效益等方面造成的影响进行严格论证，论证不充分或者通不过论证的，不得建设。

31．加快推进市政设施绿色建设。实施市政绿色照明改造工程，制订湖南省城镇绿色照明中长期发展规划及绿色照明产品、工程评价体系，出台绿色照明改造项目管理办法。建立市政绿色照明改造考核机制，加大融资力度，鼓励利用外国政府低息贷款，积极推行合同能源管理。到2015年底，市州人民政府所在城市完成市政绿色照明改造，城市照明节电率达15%。到2020年底，所有市、县完成市政绿色照明改造。

——遵循功能照明为主、景观照明为辅原则，重点提高城镇道路、居民小区街巷照明效果，严格控制景观照明。积极推进城镇照明信息化平台建设，完善城镇照明监控系统。

——市政公用设施的设计施工、机电设备、构配件和材料选用，坚持耐久适用、美观协调、节能节材、绿色环保、维护便利和可循环利用，提升使用功能和效益。

32．积极推进工程建设精细化管理。切实提高工程勘察设计质量，督促勘察设计企业走精细化设计路线，勘察设计过程、勘察设计文件重实重细重功能，确保勘察设计成果经得起实际和时间检验。

——鼓励开展以设计为龙头的工程总承包，以工程监理为龙头的工程项目管理，提升工程建设管理的专业化水平。落实安全文明施工责任和工程质量终身责任制，强化工程项目建设全过程全方位控制，不断提升工程建设综合效益。加强建筑物的维护管理，大力倡导对既有建筑进行改造和加固，延长建筑使用周期，不得擅自拆除合理使用寿命内的建筑物。

八、建设湖湘特色城乡

33．打造特色城镇。按照工业带动型、商贸流通型、旅游服务型、现代农业型等形态，科学确定城镇发展定位。城镇建设要突出我省山林水文、地形地貌特征，着力建设紧凑型、组团型城市，城市组团内部集约高效布局，组团之间通过生态廊带隔离、快捷交通连接。积极保护城市山体、水体等原生态，注重水系连通，加强城镇建设与风景名胜的衔接。充分利用和发挥湖南的山水优势，打造显山露水、城水相依、城山相偎，人与自然高度融合的特色城镇。

——加强城镇重要开发地段、重要节点、重点保护地区修建性详细规划制定，重要地段、重要节点和重要建（构）筑物要充分体现建筑艺术、时代特征、地方特色。深入挖掘、提炼城镇的历史文化元素，精心展示历史生产生活场景、重大历史事件、重要历史人物、城镇发展变迁。

——城镇公园、广场、人行道、地面停车场、河湖堤岸尽可能减少硬质铺装，硬质铺装优先采用吸水透水性能好的小面块材料，丰富铺装图案、色彩。城镇桥梁、建筑小品的造型、体量、用材和色泽要与城镇格局风貌、山水特色相协调。

34. 塑造特色村庄。引导农民依据镇（乡）域村镇布局规划和村庄规划，建设与周边生态环境协调、特色鲜明、设施配套的村庄和农村新型社区。"十二五"期间，每个县（市、区）抓好1个以上特色村庄建设示范点，引导农民自筹资金集中建房和提质改造现有房屋。省财政采取以奖代补的办法，对符合规划且用地、建筑规模、建筑风格符合要求的，给予一定数额奖补资金。

——加强特色民居风貌保护和改造。用2年左右时间，重点对湘西、怀化出省高速公路可视范围内的民居进行风貌保护和改造，省财政给予一定补助。鼓励各地结合地域特色积极开展对特色民居风貌保护和改造。

35. 加强历史文化资源保护。重点抓好省级以上历史文化名城（镇、村）保护工作，突出历史文化街区、核心区、文物保护单位的保护，在一定范围内保持好历史的真实性、风貌的完整性、生活的延续性。高度重视非物质文化遗产的保护、利用、传承工作，加强古遗址保护及考古遗址公园建设。建立以政府为主导、市场适度开发的模式，确保政府对历史文化资源的所有权、管理权、经营权。

——加强传统村落、历史建筑、纪念性建筑、名人故居和近现代优秀建筑的保护，按照"确定合理、分布均衡、对象明晰、范围适度、标准明确、措施严格"的原则，引导各方有序改善生产生活环境，传承历史文化，发展旅游产业。

九、加强和完善城市管理

36. 推进城市管理法制化规范化。健全城市管理法规制度，出台《湖南省城市管理条例》，对城市管理的内容、运行以及各方责任作出明确规定。

——加强市政基础设施管养维护和市容环卫管理，加快设施维护、园林绿化养护、清扫保洁、渣土清运等的市场化步伐，提高城市道路清扫保洁作业机械化水平，实行建管分离、管养分开，健全运行机制，降低管养成本，提高管养效率。

——按照"两级政府、三级管理、四级网络"要求，推进城市管理重心下移，形成以市为主导、区为重点、街道（镇）为基础的城市管理体制，推动城管工作考核标准化、运作市场化、作业精细化、管理网格化。

——加强城管队伍建设，确保工作经费，健全规章制度和工作考核机制，提高工作效率。推进城管政务公开，切实保障群众的参与权，主动接受社会监督，严格执法、文明执法。

——严格执行征地拆迁和国有土地上房屋征收补偿的规定和政策，规范程序、落实责任、严格标准，切实维护失地农民和被征收人的合法权益。加强控违拆违管理，明确部门责任，整合行政资源，切实防止和大力整治违法占地以及违章建设行为。

37. 加强社区管理。完善物业管理机制，创新物业管理模式，拓展服务范围。严格商品房维修基金的筹集和管理，落实各方维修责任，形成责任明确、程序严格、实施通畅的商品房维修机制。加强政策培训与宣传，引导社会形成物业管理的理性氛围，提高从业人员的综合素质和服务水平，促进物业管理步入专业化、社会化、市场化的良性轨道。强化对物业管理行业的监督管理，整顿规范物业管理市场秩序。

——加强社区公共管理和公共服务，改善社区基础条件和服务设施，完善公共管理和公共服务的各项功能，保证社区居民和社区组织参与社区管理。到 2015 年，城市 80% 的社区建立社区服务站，50% 以上的街道建立社区服务中心。

38. 加快数字化城市建设。按照"标准统一、资源整合、因地制宜、信息共享"原则，建设功能完善的城市管理基础数据共享平台。加强以"一网、一库、一平台"为支撑的测绘地理信息公共服务设施建设，到"十二五"末，全省地级城市和有条件的县（市）建成数字城市地理空间框架。出台《湖南省城镇建设档案及地下管线管理办法》，组织开展城镇地下管线普查，加强城镇建设档案及地下管线信息的综合管理，形成共建互通共享的综合平台。

——整合城管信息资源，加快推进数字城管建设。逐步扩大数字城管系统接入范围，实现业务处理自动化、移动指挥智能化、监控可视化、监督举报社会化以及信息交换管理网络化。"十二五"末，全省地级市和 1/3 以上的县级市基本建成数字化管理平台。至 2020 年，所有城市实现数字城管。

——充分借助互联网、物联网、传感网等先进技术，提高交通管理、城市生命线管理、楼宇管理、公众出行、公共服务、物流、电力、通讯、旅游等领域的信息化水平，推动智慧城市建设。

39. 提升城市文明建设水平。围绕建设社会主义核心价值体系，全方位、多形式加强社会主义荣辱观的宣传，普及法制和文明教育，加强人文关怀和心理疏导，大力促进市民思想品德、家庭美德、职业道德的提高，大力培育遵章守法、诚实信用、文明礼让、和谐友爱的社会风尚，塑造自尊自信自立、平和开放包容的城市心态，广泛开展文明社区、文明机关、文明单位等创建活动，促进文明城市建设。

十、创新体制机制

40. 健全村镇规划建设管理机制。理顺省、市州、县市区、乡镇四级的村镇规划建设管理职责和分工。规模较大及建设任务较重的乡镇，可单独设立规划建设管理机构；规模较小的乡镇，整合规划、建设、国土资源、环保等管理职能，可成立综合性管理机构。加强乡镇规划建设管理力量建设，保证工作经费。

41. 有序拓展城镇行政区划范围。根据城镇发展需要，积极、有序、稳妥地开展行政区划调整，拓展城镇特别是县城发展空间，提高行政管理效率，促进集聚效应和辐射带动能力的发挥。

——积极拓展和优化中心城市发展空间，支持长沙、株洲、衡阳、娄底、怀化等市将周边县（市）调整为市辖区。中心城市可以根据发展需要，将周边县（市）的部分临近乡镇纳入城市规划区。

——稳步拓展县城和中心镇的发展空间，根据县城发展需要，将周边部分乡镇纳入县城规划区或直接并入县城，县城规划建设用地范围以内的全部村镇以及规划区内的部分村镇改设为街道办事处。根据中心镇区的发展需要，将周边部分村庄划入镇区。

42. 统筹城乡土地利用。加快推进农村集体土地所有权、农村宅基地使用权和集体建设用地使用权登记发证工作，及时做好国有土地使用权的变更登记，实现土地登记全覆盖和城乡地政统一管理。推进征地制度改革，建立征地补偿标准动态调整机制，完善征地补偿款预存制度。

——依法依规开展城镇建设用地增加与农村建设用地减少挂钩试点工作，严格规范城乡建设用地增减挂钩项目管理。有序推进集体经营性建设用地流转，健全集体建设用地管理政策，完善集体建设用地流转收益分配制度。

——建立健全畅通的农村宅基地使用权退出和补偿机制，用经济手段促进和规范农村闲置宅基地的退出和流转，在县（市）域内实施农村居民宅基地置换商品房、农民公寓房、物业或货币补偿。探索建立对农村居民整户连续8年以上在城镇有稳定职业并购置住房，已成为事实上的城镇居民的宅基地实行收回补偿的机制，对其承包地经营权实行依法、自愿、有偿流转。

43．加快户籍制度改革。落实国家和省关于放宽城市和小城镇落户条件的政策精神，引导农村人口有序向城镇转移。对农村人口已落户城镇的，要保证其享有与当地城镇居民同等的权益。对暂未落户的农民工，要有针对性地完善相关制度，解决其在劳动报酬、子女上学、技能培训、公共卫生、住房租购、社会保障、职业安全卫生等方面的突出问题。

44．加强和改善社会保障。着力提高农民工、非公有制经济组织从业人员、灵活就业人员参加城镇职工养老保险覆盖率，实现城乡养老保险全覆盖。健全城镇职工基本医疗、城镇居民基本医疗和新型农村合作医疗等三项医保制度，加快推进基本医疗保障城乡统筹管理。建立健全社会保险跨地区、跨城乡衔接和转移机制。

——健全城乡社会救助制度，完善以城乡低保、五保供养、自然灾害灾民救助为基础，以医疗、教育、住房、司法、交通事故等专项救助为配套，以临时救援、社会互助、优惠政策为补充，与经济社会发展相适应的城乡社会救助体系。

45. 加大财税支持力度。落实各级公共财政对城镇建设的投入责任，国家重点支持的污水、垃圾、供水等项目，各级财政要按照要求落实配套资金。采取出让、转让、控股等方式，盘活既有政府投资建设的市政设施。充分发挥政府资金的导向作用，建立政府引导、社会参与、市场运作的多元投融资机制。支持地方发行市政债券，广辟筹资渠道。

——推动财政资金整合。"在统一规划、分口安排、集中投入、各记其功"原则下，整合与新型城镇化建设相关的专项资金，制定专项资金整合管理办法，集中用于支持县城和中心镇的基础设施和公共服务设施建设。

——加大税收政策支持力度，完善分税制财政管理体制，为城镇化健康发展提供财税体制保障。积极推进房地产税改革，探索开征绿色出行附加费，为城镇建设和公共服务提供稳定的财力。

——推进财政体制改革，进一步完善省直管县财政体制改革，理顺县乡财政体制，充分调动乡镇的积极性，注重发挥乡镇在小城镇建设中的主体作用。

46. 拓宽城镇建设投融资渠道。贯彻落实住房和城乡建设部《关于印发进一步鼓励和引导民间资本进入市政公用事业领域的实施意见的通知》（建城〔2012〕89号）精神，结合我省实际出台实施细则，积极吸引民间资金和企业资本参与城镇建设和市政设施管理运营，支持企业对县城和小城镇进行集中连片综合开发，推广大汉集团等企业变建房为造城的模式。

——坚持"谁投资、谁所有"原则，建立和完善保障性住房产权登记制度。鼓励房地产开发企业、社会投资机构投入保障性住房建设运营管理。鼓励用工集中、住房困难职工较多的企业和产业园区投资建设以公共租赁住房为主的保障性住房。

——鼓励金融机构加大对县城（县级市）和中心镇建设的信贷投入。根据建设项目的投资需求、还贷来源和还贷能力，各金融机构每年对县城（县级市）和中心镇提供一定额度的专项贷款。

十一、落实保障措施

47. 加强组织领导。各级政府要成立推进新型城镇化工作领导小组，加强对新型城镇化工作的指导协调，及时研究解决遇到的困难和问题。

——省直各部门要主动参与，积极配合，加强协作，省住房和城乡建设厅要发挥牵头作用，加强政策研究，形成配套联动的工作机制和合力。

——市州、县市及省直有关部门要根据当地实际情况及部门职责，制定推进新型城镇化工作方案。市州、省直部门的工作方案报省推进新型城市化工作领导小组审定，县市的工作方案报市州推进新型城镇化领导小组审定。

48. 落实考核奖励。加强对省直有关部门和市州、县市人民政府的考核，省住房和城乡建设厅要制定考评办法。省政府每年组织对推进新型城镇化工作情况进行考评，通报工作情况，表彰先进。从2012年起，省设立推进新型城镇化奖励专项资金，主要用于奖励推进新型城镇化的先进单位和先进个人。

49．及时总结引导。从"十二五"开始，省住房和城乡建设厅每年发布一期全省新型城镇化发展报告，对全省推进新型城镇化的实施情况进行调查统计评价，提出未来发展趋势的建议措施。

——及时总结各地各部门的经验，不定期开展各种形式的经验交流和典型推广。大力宣传推进新型城镇化的重大意义、目标措施、先进典型，形成共识，营造氛围，凝聚合力。加强对各级干部、相关管理人员、相关机构单位的培训，提高指导和参与推进新型城镇化工作的能力水平。

附件：1.湖南省新型城镇化发展目标指标

2.湖南省新型城镇化重点县（市）名单

附件1

湖南省新型城镇化发展目标指标

序号	指标名称	计量单位	2010 年	2015 年
1	城镇化水平	%	43.3	＞ 50
2	城镇居民人均可支配收入	元	16566	26680
3	农村居民人均纯收入	元	5622	9050
4	城镇居民人均住房面积	M^2	31.2	35
5	农村居民人均住房面积	M^2	42.2	45
6	县以上城镇人均道路面积	M^2	12.5	13.5
7	县以上城镇供水水质		达到 GB574985	达到 GB57492006
8	县以上城镇天然气气化率	%	23	60

9	公交出行分担率	300 万人中口以上城市	%	—	35
		100—300 万人中城市		—	20
		100 万人中以下城市		—	15
10	县以上城镇人均公园绿地面积		M^2	7.88	9
11	万元 GDP 能耗降低		%	2.65	16
12	万元工业增加值用水量降低		%	—	30
13	城镇新建绿色建筑标准执行率		%	1	15
14	县以上城镇污水处理率		%	72.2	85
15	县以上城镇生活垃圾无害化处理率		%	50.64	90
16	亿元 GDP 建设用地规模		亩	—	1250
17	空气质量优良天数超过 328 天的城市		个	12	13
18	二氧化硫排放总量		万吨	71.0	65.1
19	中小学校建设规模和标准达到《城市中小学校舍建设标准》的比例		%	75	90
20	小学、初中设置所数达到《关于进一步推进义务教育均衡发展的意见》要求的比例		%	70	90
21	万人拥有公共文化设施面积		M^2		800
22	城乡家庭互联网普及率		%	18	38

附件 2

湖南省新型城镇化重点县（市）名单

序号	县市名称	序号	县市名称
1	耒阳市	21	平江县
2	醴陵市	22	澧县
3	宁乡县	23	安乡县
4	浏阳市	24	新宁县
5	祁阳县	25	道县
6	长沙县	26	宁远县
7	邵东县	27	华容县
8	吉首市	28	资兴市
9	桂阳县	29	涟源市
10	隆回县	30	汨罗市
11	沅江市	31	衡山县
12	祁东县	32	龙山县
13	常宁市	33	新邵县
14	衡阳县	34	沅陵县
15	湘乡市	35	湘阴县
16	新化县	36	溆浦县
17	武冈市	37	邵阳县
18	冷水江市	38	安化县
19	攸县	39	津市市
20	临湘市	40	汉寿县

附录三

中共湖南省委湖南省人民政府关于加快新型城镇化推进城乡一体化的意见（湘发〔2012〕6号）

为深入贯彻落实科学发展观，加快新型城镇化、推进城乡经济社会发展一体化，现提出如下意见。

一、指导思想和目标任务

1. 指导思想。坚持以邓小平理论和"三个代表"重要思想为指导，深入贯彻落实科学发展观，全面推进"四化两型"战略，把加快新型城镇化作为转变经济发展方式的战略重点和破除城乡二元结构的根本途径，更加注重以人为本和改善民生，更加注重资源节约和环境友好，更加注重城乡统筹和区域协调，更加注重提升城市综合承载能力和辐射带动能力，更加注重全面发展和可持续发展，以提升城镇发展质量、缩小城乡差距和提高城乡居民收入为目标，以统筹新型工业化、新型城镇化、农业现代化和信息化为抓手，以体制机制创新为动力，以基础设施建设为突破口，着力推进城乡规划、城乡建设、城乡产业、城乡公共服务、城乡社会管理一体化，构建新型工农关系和城乡关系，加快形成以工促农、以城带乡、城乡互动的一体化发展新格局。

2. 目标任务。到 2015 年，充分体现新型城镇化、城乡一体化内涵和要求的全省城镇体系布局规划和建设规划全面完成。以城市群为主体形态，长株潭城市群为核心、中心城市为依托、县城和中心镇为基础、大中小城市和小城镇协调发展的新型城镇体系基本形成，全省城镇化率达到 50% 以上；城乡居民收入基本实现同步增长，收入差距控制在 3∶1 以内；城乡基础设施统筹布局，城镇综合承载能力和新农村建设水平全面提升，农村道路、供水、供电、供气、通讯、环境卫生等得到明显改善；城乡劳动就业、教育文化、医疗卫生、住房保障、社会保障等一体化取得突破性进展，逐步实现城乡基本公共服务均等化。

二、坚持规划引领，推进城乡规划一体化

3. 统筹城乡空间规划。充分发挥规划的龙头引领和基础性作用，着眼于城乡经济社会、人与自然统筹协调发展，着眼于工业支持农业、城市带动农村，按照各展其能、功能互补、要素互动、衔接协调的原则，指导城乡规划建设有序开展，严格实行城乡一体规划，做好城乡统筹发展的顶层设计，提高规划的系统性、前瞻性、科学性和导向性。

4. 完善城乡规划体系。认真落实全省经济社会发展规划，做好城乡规划与主体功能区规划、土地利用总体规划的有效衔接。全面贯彻实施《湖南省城镇体系规划（2010～2020 年）》，编制完成《环长株潭城市群城镇体系规划》。启动编制《武陵山经济协作扶贫开发试验示范区城镇体系规划》。加快相关专项规划和控制性详细规划的编制进度，城市、县城和中心镇实现专项规划和控制性详细规划全覆盖。人口在 10 万以上的县、市城区，按中等城市规模进行规划建设；中心镇按小城市规模进行规划建设。着力加快县域村镇布局规划编制工作，将其作为统筹城乡发展、加快新农村建设的一项基础性、长远性、全局性工作来抓，以引导基础设施、公共服务设施向集镇和农村社区集中布局、农民建房向集镇和农村社区逐步转移。全面完成乡镇规划和村庄规划编制，实现村镇规划全覆盖。

5. 建立健全覆盖城乡的规划建设管理体制机制。理顺省、市州、县市区、乡镇四级在城乡规划建设管理上的职责和分工。建立规划建设部门牵头，相关部门相互衔接和协调配合的规划管理体制，形成政府组织、专家领衔、部门合作、公众参与、科学决策、依法办事的规划编制工作体系。城镇没有编制控制性详细规划的地块，国土资源管理部门不得办理土地使用权划拨、出让手续，城乡规划管理部门不得办理建设用地规划许可手续。在城市总体规划、镇总体规划确定的建设用地范围以外，不得设立各类开发区和城市新区。城镇新区、开发区、各类园区的开发建设，必须纳入城镇总体规划统一管理。农村住房和基础设施建设必须纳入城乡一体化规划建设管理。完善乡镇规划建设管理体制，为全省城乡规划建设提供保障。强化规划执行，进一步完善规划督察员制度，加大对违反规划行为的查处力度，切实维护规划的严肃性和权威性。

三、构建新型城镇体系，推进城乡建设一体化

6. 提高环长株潭城市群发展水平。深入推进长株潭"两型社会"综合配套改革试验区建设，按照两型化和低碳化的改革建设要求，加快实施产业结构调整升级、基础设施建设、节能减排全覆盖、湘江流域综合治理、示范区建设、城乡统筹示范、长株潭综合交通运输一体化、三网融合等八大工程，提高"两型社会"建设水准，放大"两型"引领作用和示范效应。支持长沙、株洲、湘潭三市利用"两型社会"综合配套改革试验区建设先行先试的优势，加快发展，重点支持湘潭率先统筹城乡发展、实现韶山率先富裕。统筹规划环长株潭城市群资源开发、产业布局、基础设施和市场体系建设，大力推进高速公路、城际铁路、机场、港口等现代交通网络建设，抓好长沙、株洲、湘潭、衡阳等老工业基地振兴，推动人口、产业、技术、资本和市场的聚集和融合。打破行政体制障碍，创新合作机制，增强一体化发展的活力。通过环长株潭城市群的辐射带动，把环长株潭地区建设成全省新型城镇化、城乡一体化发展的重要引擎。与此同时，支持各地因地制宜发展不同类型、不同层次的城市群,在城市群内统筹城乡规划、产业布局、设施建设、公共服务、社会管理,建立健全统筹协同体制机制,优化资源配置,最大限度实现资源共享,提高资源配置效率,提升区域竞争力。

7. 发挥区域中心城市的带动作用。按照全省区域发展的总体布局,充分发挥长株潭城市群核心增长极的引擎作用,进一步强化其他 11 个市州政府所在地城市的区域中心地位,不断扩大城市规模,完善城市功能,突出城市特色,提升城市品位,增强区域中心城市在经济、金融、信息、商贸、科教和文化等方面的辐射和带动作用,使之成为带动区域城乡一体化发展的重要平台和要素集聚中心。到"十二五"末,作为核心增长极的长株潭城市群发展规模要有显著提升,长沙城区人口达 400 万以上,株洲、湘潭城区人口超过 100 万;岳阳、益阳、常德既是环长株潭城市群的重要组团,又是沿长江和环洞庭湖地区的重要中心城市,岳阳要发展成为城区人口在 100 万左右的港口城市,常德、益阳要发展成为城区人口在 80 万左右的城市;衡阳、郴州、永州作为我省连接粤港澳和北部湾经济区的开放型前沿城市,要利用交通、区位条件和产业转移优势,加快城市发展,衡阳要加速形成城区人口过 120 万的城市,郴州、永州分别发展成为城区人口过 80 万和 70 万的城市;邵阳、娄底作为湘西南和湘中地区重要中心城市,要加速建成城区人口在 70 万和 50 万左右的城市;怀化、张家界、吉首要发展成为我省西部重要交通枢纽、经济贸易中心和生态文化旅游城市,怀化城区人口规模要扩大到 50 万左右,张家界和吉首城区人口规模要扩大到 30 万~40 万。

8. 做大做强县城和中心镇。坚持把县城和中心镇作为统筹城乡发展、推进城乡一体化的关键节点和重要纽带,建设成为生产要素集聚和承载农村人口转移的重要区域。加快 87 个县、市城区的扩容提质,增强城镇综合承载能力,提升产业发展水平,完善公共服务,使之成为县域经济社会发展的核心。具有一定发展基础和条件的县、市城区,要根据区位条件、资源状况、发展基础和环境容量,以增加就业、住房和公共服务为着力点,加快产业转型升级,加强城镇改造和建设,提升人口集聚能力,加快形成城区人口过 20 万的城市；发展相对滞后的县，要突出抓好县城基础设施建设，做大特色支柱产业，扩大城市规模，增加住房和公共产品供给，逐步发展成为县城人口规模过 10 万的城市。力争经过 5 年努力，全省有 40 个左右的县、市城区人口达 20 万以上。加快发展中心镇。每个县、市合理确定 1～3 个中心镇，全省重点支持发展 100 个左右中心镇。到 2015 年，每个中心镇镇区人口达到 4 万人以上，并建成高品质、特色型的生态宜居精品城镇。

9. 构建城乡一体的新型基础设施体系。统筹城乡基础设施布局，突出公交优先原则，按照县域城乡一体化要求，大力推动公共交通、电力、供水、通讯等基础设施向农村延伸，形成城乡基础设施一体化。加快推进城乡路网建设，到 2015 年实现所有县市区 30 分钟内上高速公路，所有具备条件的行政村通水泥路或沥青路。着重发展城乡公共交通，支持发展农村客运服务，扩大农村客运覆盖范围，100% 的乡镇和 90% 的行政村通客运班车，在有条件的地区实现城乡客运一体化；加强城乡供水资源统一管理，统筹城乡水源地、供水、排水、污水处理及中水回用。重点抓好城市供水设施的提质改造和农村安全饮水工程，5 年内争取解决 2000 万左右农村居民饮水不安全问题。加快城乡电网建设，在完善城市电网体系的基础上，着重抓好农村电网改造升级，消除供电盲区，提高供电质量，实现城乡各类用电同网同价。加快城乡信息基础设施建设，加快推进电信网、广播电视网、互联网"三网融合"，扩大"数字城市"建设范围，积极推进智能交通、智能电网、智能城市等试点工程，实施好农村上网工程，全面提高城乡信息化水平。加快城乡防洪、消防、地质灾害防治、公路安全保障等公共安全设施建设，构建覆盖城乡的防灾抗灾体系。

10. 统筹城乡住房建设。加强房地产市场调控，规范市场秩序，引导房地产市场健康发展。转变房地产业发展方式，大力发展节能省地型建筑和绿色建筑，加快住宅产业化步伐，积极推动全装修房屋建设和交易。到"十二五"末，县城以上城镇节能建筑覆盖率要达到 80%，其中区域中心城市要达到 100%。加大保障性安居工程建设力度，增加政府投入，加快公共租赁住房、廉租住房和经济适用住房建设，加强城市和国有工矿区、中央下放煤矿区、国有林场、国有农垦区的棚户区改造，加快解决城镇低收入及中等偏下收入住房困难家庭的住房问题。探索解决农村进城务工人员居住问题的机制和办法，将长期在城镇就业和生活的农民工逐步纳入城镇住房保障范围。积极推进农村住房建设和危房改造，力争"十二五"期间，每年改善 5 万～10 万户农村住房困难家庭的住房条件。把农村住房建设和改造与旧村改造、农村土地综合整治、迁村并点相结合，实行统一规划，集中安置，因地制宜推进农村新型社区，重点抓好 100 户以上农村新型社区的基础设施建设和公共服务产品供给。

四、统筹城乡生产力布局，推进城乡产业发展一体化

11. 优化城乡产业布局。按照"四化两型"建设要求，根据城市和乡村不同发展特点和消费需求，优化城乡资源配置，合理安排城乡产业布局。坚持以现代产业体系支撑新型城镇化，进一步调整城市二三产业结构，优化产业空间布局，立足自身优势和产业基础，加快改造提升传统产业，发展战略性新兴产业，壮大特色产业，承接产业转移，推进集群化发展；大力发展金融、保险、物流、会展、创意设计等生产性服务业，提升商贸、文化、旅游、保健、社区服务、家政服务等生活性服务业。与新型城镇化相协调，推进发展现代农业，优化农村产业布局，重点发展适应城镇需要的粮棉油、肉蛋奶、菜果茶等农产品和工业原材料，高标准建设优质农产品供应基地、加工业原料基地和居民生态休闲观光基地。

12. 增强城市产业带动能力。坚持以新型城镇化承载新型工业化、以新型工业化带动农业现代化，大力发展城乡关联产业，在布局、培育和发展城市二三产业项目时，要优先支持发展带动农业产业链延伸、传统农业改造和农村劳动力转移的项目。大力发展劳动密集型产业，吸引农民进城就业和落户，为农民增收和农业规模经营创造条件；大力发展农产品加工业,培育壮大一批起点高、规模大、带动能力强的大型农产品加工龙头企业,实现农产品由初级加工向精深加工转变,由农村小批量低层次加工向城镇现代化规模加工转变;大力发展农业机械制造、农村信息、支农化工等涉农支农助农产业,为农业现代化发展提供技术装备支撑;大力发展物流配送、连锁超市、电子商务等现代流通方式,加快形成城乡一体的新型流通网络,实现城市大型批发市场、专业市场、商贸超市与农村市场及农产品基地有效对接。

13. 推动城市生产要素向农村配置。引导城乡生产要素合理流动,着力构建城市生产要素向农村配置的长效机制。在政策制定、项目安排上,采取有效措施,切实推动城市资金、技术、人才、管理、信息等生产要素更多流向农村,支持农村产业建设和社会事业发展。进一步推进与规范"万企联村"活动,鼓励支持城市工商企业到农村投资兴办加工物流基地、农产品种养基地、生态休闲旅游基地和经营网点;鼓励支持大专院校、科研院所和科技型企业到农村建立产学研基地、教学实习基地,开展科技成果推广转化;鼓励支持各类人才到农村创业就业、支教、支农、支医,开展产业开发和技术创新;鼓励支持银行、保险、邮政储蓄等金融机构向农村延伸服务,强化农村要素支撑。

14. 引导农村非农产业向县城和中心镇集中。强化县城和中心镇的产业支撑,科学规划县域产业布局,因地制宜推动人口向城镇集中、产业向园区集中、土地向规模经营集中。根据产业集聚和城镇发展需要,每个县城建设一个节约集约、设施完善、服务配套的产业园区,引导县域企业进入园区发展,原则上新建项目均要落户园区,形成集群发展。建立项目审批、资金支持、用地供应、标准厂房、节能减排等激励约束机制,引导产业有序发展和集聚发展。城乡统筹的电力、交通、通信、环保、给排水等基础设施建设应主要与县城和中心镇衔接,医疗、文化、体育、养老等公共服务设施要重点向县城和中心镇集中,商贸、流通、金融等社会化服务设施应重点向县城和中心镇布局,以增强对企业和农民的吸引力。

五、加强生态环境建设与保护，推进城乡生态环境一体化

15. 提高城乡绿化水平。加强森林生态系统建设，大力植树造林，推进退耕还林、封山育林、长（珠）江防护林、石漠化治理、迹地更新、水土保持、矿山植被修复等生态工程，切实加强森林保护，扩大森林面积。加强城市绿化，保证绿化用地，推动城镇公园绿地、居住绿地、休闲绿地、单位绿地、风景林地等公共绿地建设，提倡庭院绿化、垂直绿化和屋顶绿化，建设绿色廊道和重要道路、河流绿化带，高标准建成湘江绿化风光带。到 2015 年，全省森林覆盖率稳定在 57% 以上，城市建成区绿化覆盖率达 40% 左右。

16. 加强城乡生态环境同建同治。全面实施城市环境综合整治工程，加大污染物减排和治理力度，严格控制污染物排放总量，采取有效措施防止城市污染企业和项目及有害有毒物体向农村转移。加强城镇污水和垃圾及工业废弃物处理设施建设和运营管理，县城以上城镇要积极开展垃圾分类收集，已建成的污水和垃圾处理设施要确保正常运营。大力开展农村环境综合整治，推进改水、改厕、改厨、改圈和清洁家园、清洁水源、清洁田园、清洁能源工程。加大农村面源污染防治力度，严格控制化学肥料、农药、农膜等施用，推行规模化养殖和养殖场畜禽粪便综合利用。加强河道清理管护和库、塘、池、堰、沟渠整治以及饮用水源管护，切实抓好户分类、村收集、乡镇转运、县市区处理的垃圾处理体系建设。"十二五"期间，全省县城以上城镇实现垃圾无害化处理设施建设全覆盖，中心镇基本建成污水和垃圾无害化处理设施，所有中心村（农村社区）建成垃圾临时存储设施和配置转运设备。

17. 大力推行绿色消费和宜居创建。培育绿色消费理念，倡导健康文明、节俭理性、清洁卫生的绿色消费方式，大力开展绿色公益活动，增强人们崇尚自然、保护生态的意识，推行绿色政务、绿色商务、绿色管理、绿色服务。注重改善城乡人居环境，积极开展宜居城市、宜居城镇、宜居村庄创建活动，引导基层单位和城乡居民创建绿色社区、绿色机关、绿色学校、

绿色企业、绿色医院和绿色家庭。立足地方人文特色和生态优势,加强自然资源和历史文化资源保护,促进人与自然和谐相处。

六、加快公共产品向农村延伸,推进城乡公共服务一体化

18.统筹城乡劳动就业。以城乡劳动力平等就业为目标,取消地域、户籍、行业等对农村劳动力进城就业的限制性政策,完善促进就业的政策法规体系和工作机制,健全覆盖城乡的就业服务体系。建立健全城乡一体的人力资源市场和就业管理制度。完善面向城乡的职业技能培训制度和劳动力转移培训制度,整合现有的教育培训资源,采取多种方式,突出抓好农民工回乡创业培训和农民工进城就业培训,研究制定鼓励农民工回乡创业的政策措施,以创业带动就业,促进农村劳动力就近转移就业。建立健全乡镇人力资源和社会保障公共服务机构,完善农民工工资支付监管制度,加强对进城务工农民合法权益的保护。

19.完善覆盖城乡居民的公共服务体系。合理配置城乡教育、文化、医疗卫生等公共服务资源,把由政府提供或主导的公共服务尽可能地覆盖到所有城乡居民,实现基本公共服务均等化。注重教育公平和提高教育质量,在学校布局、合格学校建设、师资力量配置等方面向农村倾斜,加大对农村义务教育经费的保障力度,到2015年初步实现县域内义务教育均衡发展。协调发展城乡职业教育和成人教育、特殊教育、老年教育、学前教育等各类教育。健全城乡医疗卫生服务体系,新增医疗卫生资源重点向农村和城市社区倾斜,推进县级医疗机构、乡镇卫生院和村卫生室标准化建设,到2015年每个县、市至少要有一所县级医院达到二甲以上水平,全面完成乡镇卫生院房屋和设备配套建设,每个行政村建有一所村卫生室。建立城市医院对口支援农村医疗卫生的长效机制,采用托管、设立分支机构和双向转诊等形式,加强城乡医疗机构之间的联系,切实解决农村医疗设施缺乏和技术服务水平低的问题。统筹城乡文化建设,合理规划建设图书馆、博物馆、文化馆、影剧院、体育场馆等公共文化设施,每个乡镇要建设公共文化站，每个行政村要建设文化活动室、农家书屋和体育设施，使城乡居民共享文化发展成果，提升城乡居民文明素质。

20．加快构建城乡一体的社会保障体系。扩大城乡养老保险覆盖面，提高农民工、非公有制经济组织从业人员、灵活就业人员养老保险覆盖率，到 2012 年，基本实现城镇居民养老保险和新型农村社会养老保险制度全覆盖。积极探索社会保险制度跨地区、跨城乡衔接和转移机制。健全城镇职工基本医疗、城镇居民基本医疗和新型农村合作医疗等三项医保制度，加快推进基本医疗保障城乡统筹管理，实行医疗保障统一管理。不断健全城乡社会救助制度，完善以城乡低保、五保供养、自然灾害灾民救助为基础，以临时救助、社会互助、优惠政策为补充，以医疗、教育、住房、司法等专项救助为配套的城乡社会救助体系。

七、破除城乡二元体制，推进城乡社会管理一体化

21．逐步建立统一的城乡户籍管理制度。加快推进户籍改革，适时取消农业户口与非农业户口的性质差别，实现城乡统一的户籍管理制度。积极探索县及县以下城镇放开户籍限制，大中城市根据本地实际情况有条件放开。

22．完善城乡一体的社会管理体制。破除城乡二元分割的管理体制，加快清理现行政策制度，凡是在特定历史条件下出台的城乡分割的政策制度，要及时废除或进行修改完善。加快建立新型社区管理体制，按照地域相近、规模适度、有利于整合公共资源的原则，稳步推进镇村体制向街道社区体制转变，将社区服务延伸到中心村。建立城乡一体的公共管理体系，推动公安、司法、建设、城管、安监、计生等领域的管理由城市向农村社区延伸，使农村居民与城市居民享受同等社会公共服务。

八、加大推进新型城镇化和城乡一体化的工作力度

23．增加资金投入。加快建立与城乡一体化相适应的公共财政体系，加大对城乡一体化建设的投入力度。重点增加对县城和中心镇基础设施建设和公共服务体系建设的投入，省财政要整合相关资金，逐年加大对小城镇建设的投入。充分发挥政府资金的导向作用，吸引更多信贷资金、社会资金、民营资本投入城乡建设，建立政府引导、市场运作的多元化投融资体制，组建省小城镇基础设施建设投融资平台。加快农村信用体系建设，优化农村金融环境，创建农村金融安全区，推动金融服务向农村延伸，鼓励区域性股份制商业银行在县域设立营业网点；规范发展新型农村金融机构和以服务农村为主的地区性中小银行，支持国有商业银行、大中型企业控股组建村镇银行。金融机构在县域内吸收的存款应主要用于县域内发放贷款。大力发展小额信贷，放宽小额信贷上限标准，开展各种微型金融服务。

24. 提高科学利用土地水平。严格执行各级土地利用总体规划，科学确定城乡建设用地、耕地和基本农田、生态用地的空间范围，统筹安排土地利用规模、结构和时序，积极探索紧凑型城市建设和节地型产业发展的模式和机制，促进节约集约用地。不断完善耕地保护机制，严格控制建设占用耕地。集中连片开展农村"田水路林村"等土地综合整治，通过实施农村建设用地的建新拆旧和土地复垦，鼓励农民住宅向中心村或城镇集中。依法依规开展城镇建设用地增加与农村建设用地减少挂钩试点工作，实现建设用地总量不增加、耕地面积不减少和农民利益得到切实保障。完善农村土地征收制度，推进农村集体建设用地流转改革，逐步建立城乡统一的土地流转市场。建立健全农村宅基地和房屋产权确权和登记制度，依法加强对农村居民宅基地物权的保护。通过政策引导，鼓励有条件的地方开展农民适度集中连片建房，大幅度减少村庄居住点。在城市郊区村庄规划相对合理、宅基地产权清晰的地方，开展农村居民宅基地置换商品房、农民公寓房、物业或货币补偿试点。

25. 充分发挥县级政府在统筹城乡发展中的重要作用。强化县级政府对推进新型城镇化、推进城乡一体化的重要责任。扩权强县，赋予县级政府科学规划，优化配置县域内生产要素，整合项目建设资金的权力。县、市要把加快新型城镇化、推进城乡一体化与发展县域经济结合起来，科学谋划县域内经济社会发展，创新发展路径和方法，有力推动城乡一体化进程。加快新型城镇化、城乡一体化示范县、市建设，全省确定 10 个县、市作为城乡一体化示范单位，加大推进力度，及时总结推广示范经验。

26. 建立评估考核机制。加强对推进新型城镇化和城乡一体化工作成效的考核，适时纳入各级政府绩效考核范畴，进行定期或不定期的跟踪落实及督促检查，考核结果作为评价市州、县市区政府绩效和领导班子、领导干部实绩的重要依据。

27. 切实加强组织领导。建立党委领导、政府负责、各部门齐抓共管的推进机制。省里成立加快新型城镇化推进城乡一体化工作领导小组，领导小组办公室设在省住房和城乡建设厅。省住房和城乡建设厅要强化责任，加强指导、协调、综合和服务。省直各部门要牢固树立大局观念，认真履职，主动参与，积极配合。各市州、县市区也要成立相应的领导班子。加强业务培训，提高各级领导班子和干部驾驭新型城镇化和统筹城乡发展的能力。加大宣传力度，总结推介先进经验，形成推进新型城镇化和城乡一体化的良好环境。